社科文库

ZHONGGUO GAODENGJIAOYU XUQIU DE RENKOU SHEHUIXUE KAOCHA

中国高等教育需求的 人口社会学考察

赵勇 著

中国社会科学出版社

图书在版编目(CIP)数据

中国高等教育需求的人口社会学考察/赵勇著.—北京：中国社会科学出版社，2016.6

ISBN 978 - 7 - 5161 - 8364 - 9

Ⅰ.①中…　Ⅱ.①赵…　Ⅲ.①高等教育—人口社会学—研究—中国　Ⅳ.①G649.2

中国版本图书馆 CIP 数据核字(2016)第 133298 号

出 版 人	赵剑英
选题策划	刘　艳
责任编辑	刘　艳
责任校对	陈　晨
责任印制	戴　宽

出　　版	中国社会科学出版社
社　　址	北京鼓楼西大街甲 158 号
邮　　编	100720
网　　址	http://www.csspw.cn
发 行 部	010 - 84083685
门 市 部	010 - 84029450
经　　销	新华书店及其他书店

印刷装订	三河市君旺印务有限公司
版　　次	2016 年 6 月第 1 版
印　　次	2016 年 6 月第 1 次印刷

开　　本	710×1000　1/16
印　　张	18
插　　页	2
字　　数	271 千字
定　　价	66.00 元

凡购买中国社会科学出版社图书,如有质量问题请与本社营销中心联系调换
电话:010 - 84083683

目　　录

第一章　绪论

一年一度的高考是中国教育发展中的一个重要事件，同时也是中国社会生活中的一个重要事件，恐怕也是世界社会史上的一个重要事件，之所以这样说，基于以下几个理由：首先，持续时间长，自1977年恢复高考以来，至今已经连续举行了39年，其间从未间断过；其次，参与人数多，历年参加高考的人数最少的时候100多万人，最多的时候超过1000万人，这是当前所有国家难以超越的数量；再次，对参与者的影响深远，长期以来，高考被视为参与者人生转折的重要关口，一旦跨越，将会拥有美好的未来；最后，影响面广，除了对参与者的深远影响外，对参与者的父母尤甚，很多父母从孩子进入幼儿园开始就准备应对高考。毫不夸张地说，每年的高考都会牵动整个中国社会的神经。在高中学校，高考学生在老师们的带领下，认为是在进行一场战争，而整个社会的表现也是如此。为了打好这场没有硝烟的"高考战"，交警部门实行交通管制，环保部门严查噪声污染，卫生部门严管食品卫生，城管部门维持场外环境秩序，公安部门严防高考作弊，老师们绷紧最后一根弦，医生们在考场外严阵以待以备不测，家长们焦急万分、在考场外翘首以盼，新闻媒体24小时密集报道……

自从1977年恢复高考以来，高考报名人数每年都在增加，2008年达到1050万人，是高考报名人数最少年份1984年164.36万人的6倍之多。可见，中国对高等教育的需求非常强烈。然而，从2009年起，高考报名人数开始下降，这引起了社会各界的强烈关注，因为在一个几十年里需求不断扩大的背景下忽然出现反趋势，更会引起人们的兴趣，随之社会上出现了较多关于中国高等教育需求要"降温"的观点，学术界对这一现象进行了探讨。有观点认为，高考报名人数的减少属于"自然减员"，这是由于出生人口减少导致生源数量减少造成的；也有观点认为，由于高考复读存在很多不确定性，高考复读生人数的减少造成了高等教育需求的减少；还有观点认为，家长和学生们的成才观趋于多样化，出国留学增多导致了高等教育需求的减少；更多的观点认为，大学生就业压力增大，考上大学不一定能找到好工作，越来越多的高中学生放弃高考，进而造成了高等教育需求的减少。

那么，中国高等教育需求的历史演变如何，当前的需求到底是一种什么样的状况，持续增加的需求是不是真的开始下降，中国高等教育需求的影响因素是什么，它们分别在多大程度上促进和制约了需求，中国高等教育需求产生和发展的深层次的原因是什么，如何引导或者满足当前的高等教育需求，如此等等，这些问题都是本书要着力解决的。

第一节　研究的背景

一　高考制度改革的呼声此起彼伏

教育部的信息显示，2014 年全国高考录取率为 74.33%，比 2013 年略有下降（见图 1—1）；而有些省份录取率达到 80% 以上，山东省 2011 年至 2013 年的高考录取率分别为 87%、88.7% 和 88.95%，2014 年的高考录取率虽有所下降，但也仍然达到了 84.93%。从这些数据来看，中国的高等教育需求在某种程度上应该得到了较大的满足。然而，近几年来，无论是参与高考的还是没有参与高考的人们，都表现出了对中国高考制度的不满，可谓批评之声不绝于耳，建议之策汗牛充栋，因而高考制度改革的呼声此起彼伏，主张小改的有之，主张大改的有之，主张干脆取消高考的也有之。然而，纵观历史，中国的高考制度在选拔人才、培养人才、推动经济社会发展方面作出了贡献，而且从制度设计及现实执行上看，中国的高考制度是设计非常严格、实施效率较高，且能够体现较高水平的公正、公平的制度。

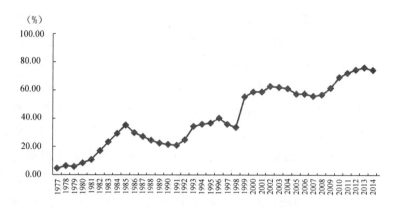

图1—1　1977—2014年全国高考录取率

二　当前大学生就业压力以及工资待遇

大学生曾被形容为天之骄子，考上大学就意味着有了工作，但当前大学生的就业压力让他们没有了"骄子"的自豪感。2009年，大学生初次就业率达到74%，2010年这一数字为72.2%，即便到每年底二次就业率达到80%，每年毕业的大学生中找不到工作的仍达百万以上。据中国社会科学院日前发布的《社会蓝皮书：2014年中国社会形势分析与预测》披露，在毕业两个月后，接受调查的应届毕业生失业率为17.6%，不少大学生毕业即失业，就业形势越来越严峻。而且，据中国社会科学院的调查，近两年受市场不景气的影响，大学毕业生初职的平均工资水平明显下降，过去的一些高校热门专业大学毕业生就业反而出现较大困难。总体来看，大学毕业生求职面临的困难主要表现在：就业大学生数量增加，市场需求存在结构性差异，就业过程中仍然存在歧视。

三　每年春节过后出现"用工荒"

每年春节过后，东南沿海一带的"用工荒"如影随形，这一现

象从 2004 年开始出现一直持续到今天。从 2011 年开始，沿海省份的
"用工荒"再次升级，浙江省的用工缺口曾达到 700 万人，广东省的
缺口达到 100 万人。然而，更让沿海各地用工单位想不到的是，连传
统的劳动力输出地也发生了"用工荒"，如安徽省就出现了 25 万人
的用工缺口。于是，沿海省份和劳动力输出大省甚至上演了劳动力争
夺战，因而具有讽刺和矛盾的一幕是：春节过后，东部一些劳动力需
求大省的企业派出专车奔赴安徽、江苏、河南、湖北等传统的劳动力
输出大省招募工人；而西部的一些省市，则在春节期间动员相关部门
的工作人员开展工作，设法把那些从东部沿海省份打工回家过年的农
民工留在老家。中国是世界上人口最多的国家，但企业却招不到工
人，这是中国近几年出现的一个奇怪现象，是经济结构出了问题，还
是人口结构出了问题，还是二者兼而有之，这都需要进行详细的
研究。

四　中国人口形势发生剧烈变化

新中国成立以来，中国的人口政策从鼓励生育到为限制人口过度
膨胀而实施严格的计划生育政策，中国仅用了 30 年左右的时间就完
成了欧美国家用 100 年甚至两个世纪才完成的人口从高出生率、高死
亡率、低增长率的农业社会人口再生产状态，向低出生率、低死亡
率、低增长率的后工业化社会人口再生产状态的转变。中国正经历着
世界上规模最大的人口转变带来的一系列巨大影响。当前中国的人口
变迁最重要的两个方面是生育率的下降和城乡人口流动的快速发展。
生育率的急剧下降最直接的影响是出生人口的减少和家庭规模的缩
小，而城乡人口流动速度的加快最直接的影响是城市人口的增加和人
们生活观念的改变。中国人口所发生的这些变化无时无刻不在影响着
我们的生活，推动或阻碍一些社会问题的发展进程。

第二节　研究的目的

高等教育需求是整个中国社会从 1977 年恢复高考以来就一直在

关注、谈论的话题，但很多人认为（或者感觉），1999 年之前整个社会尤其是学界并没有给予其过多的关注，因为之前没有出现类似当前的"高考热"现象。然而，不得不承认，1999 年之前的高考尽管没有受到像当前一样的高度关注，但当时考上大学是一件非常难的事情，高考被称为"千军万马过独木桥"，很多考生会花上 10 年的时间参加高考，目的就是为了满足自身的高等教育需求。这也正好说明，1999 年之前的高等教育需求还是很大的，只是这种需求满足的难度更大，迫使很多考生分流到了职业学校。如果说 1999 年之前是因为国家政策对高考报名人数、招生人数的控制，才出现了"千军万马过独木桥"的景象，那么 1999 年高校开始"扩招"之后，为什么这种需求仍然未减少，分流到职业学校的人数越来越少？

　　基于此，本书着力解决如下三个方面的问题。

　　第一，什么是高等教育需求。我们每一个接受过教育的人都知道高考的重要性，大部分人都参加过高考，切身感受过高考带来的压力以及参加高考时的紧张气息，从个体的角度看，参加高考就是满足自己的高等教育需求。然而，从学术的角度如何对高等教育需求进行界定？个体的高等教育需求需要考察，而整个人口的高等教育需求也需要考察，它们在过去近 40 年来是如何演变的，是持续扩大，还是持续减少，还是扩大和减少不断反复？

　　第二，从最表面和最简单的角度来理解，高等教育需求就是高中学生希望参加高考，进而通过高考实现读大学的愿望，但事实上，这一过程是多种力量共同作用的结果，并非高考参与者自身所能决定的。在多方面的力量中，起到根本性作用的首先是参加高考的主体，即高中生；其次是高考参与者的直接利益相关者，如参与者的父母；最后是高考参与者所生活的家庭，因为高考参与者生活于其中，并从中获取人生各个阶段所需的支持和支撑。那么，这三方面的力量是如何影响高考参与者满足其高等教育需求的？这最根本的三个方面的力量，无论是父母，还是高考参与者，还是其家庭，都可以概括为人口变量，那么这些人口变量是如何推动孩子做出高考决策、参加高考来满足高等教育需求的？

第三，中国高等教育需求当前的演变趋势还会存在多久，会不会出现反趋势。当前的高等教育需求现状对国家、对社会、对学校、对家庭会有怎样的影响，如果出现反趋势，又会出现什么样的影响？面对这些不同的影响，应该采取什么样的措施使其更好地服务于中国经济社会的发展？

第三节　研究的意义

第一，有利于丰富人口学界和教育学界对中国高等教育需求的认识以及家庭教育投资理论。以往关于中国高等教育需求的研究主要是从经济学、教育学的视角进行分析，本书突破已有研究视角，从需求最本质的对象——人的视角出发考察需求的演变及影响因素。本书可以回答父母的人口特征、高考参与者的人口特征及家庭特征对中国高等教育需求的影响，以及人口生育率的变化对高等教育需求的作用等一系列亟待解决的理论问题。

第二，为中国高等教育需求的研究提供新的研究视角。高等教育需求已经不仅逐渐成为一个全社会关注的问题，更重要的是，它也引起了学界的高度关注，对它的研究具有重大的理论意义和现实意义。然而，从学术界已有的研究成果来看，由于研究的视角不同，所使用的方法不同，因而结果也很不一样。而且，从已有的研究来看，研究视角集中在现象表层，没有从现象的深层及其背景出发去考察。本书通过研究教育需求的利益相关者，通过利用全新的调查数据和实证分析，可以全面、深入地了解中国高等教育需求的现状及相关影响因素，因而可以加深人们对这一现象的认识、了解和判断。

第三，有助于加深人们对我国人口转变巨大社会影响的认识和判断。几乎所有问题都离不开人，人是一切社会问题的参与者与制造者。因此，从某种意义上说，人口因素是影响几乎所有问题的根本因素，人口所发生的每一次、每一点变动都会对社会产生影响，只是这个影响力度或大或小，时间或长或短。本书通过对人口学视角的研究，不仅可以厘清影响中国高等教育需求的重要因素，更重要的是还可以加深人们对我国人口变动对社会教育领域带来巨大影响的认识和判断,进而对我国的人口规模、结构等有更深入的了解。

第四,提供有针对性的政策建议,更能满足人们的高等教育需求。针对高等教育需求问题的解决,已有研究给出了很多对策建议,但从内容上看都没有抓住问题的关键,而且绝大部分对策不能满足需求者的意见,往往起到适得其反或者失效的作用。本书通过对高等教育需求进行人口学视角的考察,不仅可以引起人们对我国当前中、高等教育的重视和思考,还会引起人们对我国当前人口形势和人口政策影响的再认识和反思。

第四节 数据和方法

一 数据

由于本书要研究的问题既属于教育学的范畴又属于人口学的范畴,所以本书所使用的数据主要与教育和人口相关。同时,为了对中国高等教育需求进行一个更加全面和细致的分析,本书除了使用历年有关教育和人口的时间序列数据外,还通过问卷调查的方式获取了时点数据。具体说来,本书所使用的数据主要包括以下三部分。

(一)人口数据

主要包括:由国务院人口普查办公室和国家统计局社会科技与人口司公布的 1982 年、1990 年和 2000 年全国人口普查汇总资料,以及 2000 年和 2005 年抽样得出的部分原始数据;历年《中国人口统计年鉴》等。

(二)教育数据

主要包括历年《中国教育年鉴》《中国教育统计年鉴》《全国教育事业发展统计公报》,以及《中国统计年鉴》中有关教育的数据等。

(三)问卷调查数据

本书对山东省的烟台市、潍坊市、淄博市、菏泽市、临沂市和东营市高中在校学生及其父母进行高考意愿问卷调查,共发放 1200 份问卷，其中，针对学生的调查问卷 600 份，针对父母的调查问卷 600 份。通过问卷调查，获得了本书所需的时点数据。

二 方法

（一）文献分析法

文献分析法主要是指收集、鉴别、整理文献资料，并通过对文献资料的分析研究，形成对事实科学认识的方法。文献分析法是一种较为经济且较为有效的信息收集方法，它通过对与研究对象相关的现有文献进行系统性的分析来获取研究信息，不仅可以夯实研究的基础，还可以使研究者从中获得启发。本书采用文献分析法主要是对中国高等教育需求的相关研究进行选择、梳理和述评，以及对中国高等教育需求进行阐释和理论演绎，以此进一步理解要研究的问题，寻找合适的分析工具，形成具体的研究思路，并且体现本书的可比性和继承性。本书主要利用公开出版或发表的图书、期刊、学位论文、科学报告、档案等常见的文献，对过去和现在与中国高等教育需求有关的研究成果进行深入分析，指出其目前的水平、动态，以及要解决的问题和未来的发展方向，并提出自己的观点、意见和建议。

（二）问卷调查法

问卷调查法是一种结构化的调查，其调查问题的表达形式、提问的顺序、答案的方式与方法都是固定的，而且是一种文字交流方式，因此任何个人，无论是研究者还是调查员，都不可能把主观偏见带到调查研究之中。其调查的结果一般都能通过相关统计分析软件定量分析出来。无论研究者是否参与了调查，或者参与了多少，都可以从问卷上了解到被访问者的基本态度和行为。为了深入探究中国高等教育需求参与者及相关者的主观动因，系统考察其人口特征因素对高等教育需求参与行动的原因，本书采用问卷调查的方法收集他们基本的人口特征信息以及与高考有关的各种态度倾向。通过这些信息的收集、整理、编码、录入，并使用相关统计软件进行分析，以获取本书的研究结果或以此作为本书的论证方法。

（三）描述性分析与回归法

描述性分析是对数据进行归类整理，并对数据进行的初步分析。

回归分析是利用数理统计中的分析方法，来确定两种或两种以上变量间相互依赖的定量关系的一种统计分析方法。本书将利用通过调查问卷法所获取的数据首先进行描述性分析，以此对研究对象有大致的判断，其中主要以交叉表分析为主。其次，本书主要利用线性回归和逻辑斯蒂回归的方法对影响中国高等教育需求的各种人口因素进行统计分析，以此确定各因素在中国高等教育需求中所起的作用。

第五节　研究的思路

刘爽在对出生性别比与性别偏好的研究过程中采用了"社会地图"（Social Mapping）的分析方法[1]，这为本书对中国高等教育需求进行人口社会学的考察提供了很好的启示，本书将借鉴这一方法提出的逻辑思路。刘爽首先对这一方法做了解释，如图 1—2 所示。"社会地图"的最上层是某一特定的社会现象，这种社会现象可以是日

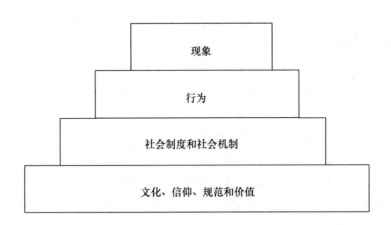

图1—2　"社会地图"的逻辑分析框架

---

① 刘爽：《中国的出生性别比与性别偏好》，社会科学文献出版社 2009 年版，第33 页。

常生活中观察到的事实，也可以是通过数据进行定量分析得出的"异常"或偏离性的社会现象。"社会地图"的第二层是明确上述现象所附带的行为，即其具体的表现。第三层是支撑或者促使这些现象和行为产生的机制和机理。第四层是这些现象和行为背后更深层次的文化溯源，即道德规范、宗教信仰和价值观念。

本书将按照"社会地图"这一方法提供的递进式的逻辑分析思路展开对中国高等教育需求的人口社会学考察。在"社会地图"逻辑框架四个相互关联的层次中，第一个层次是现象，在本书中指的是当前社会中持续存在以及公众、媒体等经常议论的"高考热"这一现象，这是被社会实际观察到的"事实"，这一"事实"实际上真正表达的是中国高等教育需求的持续扩大，是中国高等教育需求的一个直接反映。"社会地图"的第二个层面就是要明确第一层面所要研究"现象"的种种"行为"，本书将对中国高等教育需求具体表征利用大量统计数据进行深入的描述分析，即对中国高等教育需求进行定量测量，充分、直观地揭示其现状，包括需求的大小、历史演化等。"社会地图"的第三个层面是探讨引发上述行为的社会制度和社会机制。中国高等教育需求的产生和发展非常复杂，涉及教育学、政治学、经济学、人口学、社会学、心理学等方面的内容，本书将重点从人口社会学的视角，利用时间序列数据和时点调查数据，从父母、家庭和参与者（主要是高中学生）三个维度对其产生、发展的机理进行分析，并衡量人口因素从中所起到的作用。"社会地图"的第四个层面是对上述现象发生的机制、机理进行文化、价值和社会规范的探讨，而本书在这里除了指出这些深层次的原因外，还要对其现象进行趋势分析，并提出相关的对策。本书的研究思路可以用图1—3来表示。

作为一个社会现象，中国高等教育需求是从1999年之后才被广泛关注的，其直接原因是从1999年开始，中国高校实行了扩招政策。因此，一谈到中国高等教育需求，很难将其直接和人口因素联系起来。实际上，如果仔细分析中国高校扩招政策出台的根本原因就可以发现，其和人口因素密切相关，而且从一定程度上来说就是由人口因

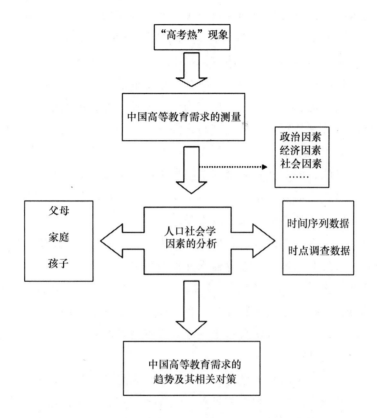

图1—3 中国高等教育需求人口学分析中的逻辑思路

素决定的。中国高校扩招政策的积极倡导者汤敏将中国高校扩招理由概括为五个方面：第一，当时中国大学生数量远低于同等发达国家水平，18—22岁适龄青年入学率仅为4%，而同期的菲律宾为31%，泰国为37%，印度为8%；第二，1998年实行国企改革，大量工人下岗，但很快这部分人又进入就业市场，如果大量年轻人也进入就业市场，势必参与竞争，国家的就业形势将面临恶性发展的局面；第三，国家提出了保持经济增长8%的目标，高校扩招前，我国的经济增长率为7.8%，因而我国亟须扩大内需，教育被认为是老百姓需求最大的，于是酝酿增加高校收费；第四，从当时高校的发展状况来看，是有能力消化扩招的，因为平均一个教师仅带7个学生；第五，也是最重要的，高等教育的普及事关中华民族的整体振兴。① 逐一分析这五个方面的理由可以发现，它们是从不同的角度提出的迫切要求。第一条理由是从人口素质方面提出的，即要提高适龄人口的文化素质，人口素质的提高是国家经济社会进步的前提条件；第二条理由是从社会因素提出的，即要解决好当时的就业问题，但就业同时也是人口问题；第三条理由是从经济因素提出的，即要保持国民经济快速发展，提高人民生活水平，其围绕的中心还是人；第四条理由是从教育因素提出的，即要使得教育资源得到很好的配置，其最终目的还是更好地满足人的需要；第五条理由是从政治因素提出的，即要提高全民素质。因此，从表面看来，这五条理由是从人口、社会、经济、教育、政治五个视角提出来的，但概括起来，其中心点是人，是为了满足中国人口的两大需求：教育需求和经济需求，再从更高层次上概括就是精神文化需求和物质财富需求。因此，1999 年中国高校扩招政策及其以后扩招产生的种种变化，都可以认为是基于中国人口因素产生的。那么，从人口因素分析中国高等教育需求就是从根源上寻找其产生和发展的基础。

人口因素对中国高等教育需求的影响主要是从人口变动的角度去分析，因此与中国高等教育需求参与主体密切相关的人口特征因素的变化，即父母和家庭是本书的切入点和重点。对这一方面问题的分析和研究，本书主要利用已有的时间序列数据进行考察。然而，已有的时间序列数据不能提供中国高等教育需求参与主体的心理意愿和期望，无法判断其参与中国高等教育需求的"非理性"因素，因此本书利用时点调查数据，从父母、家庭和参与者三个层面的人口特征因素深入挖掘其对中国高等教育需求的作用。在此基础上，本书最后对中国高等教育需求的趋势进行判断，进而提出建议。

---

① 柳建云、高鹤涛：《"中国高校扩招之父"：我不后悔谏言大学扩招》，《广州日报》2007 年 8 月 27 日。

第六节　本书的结构

第一章　绪论

首先阐述本书选题的依据及其背景、目的、意义；其次揭示中国高等教育需求研究的重要性、必要性和紧迫性；最后介绍本书所使用的数据、方法、逻辑思路和研究框架。

第二章　文献述评

对已有中国高等教育需求研究进行述评。中国高等教育需求这一社会现象包括了较多内容，高考是其中的一个重要组成部分。已有研究对中国高等教育需求的分析主要是从高考现象入手的，因此本书将其分解为三个部分逐一进行文献述评，即高考复读、高考移民和家庭教育投资，通过文献梳理和述评发现已有研究的基本结论和分歧点，并从中获得研究视角和观点的启发。

第三章　中国高等教育需求的测量

首先对中国高等教育需求的概念进行辨析，并对影响中国高等教育需求的因素进行分解和阐述；其次从需求的意愿、需求的行动表达和实施结果三个维度对中国高等教育需求进行全面、深入的定量测量，力图准确地把握中国高等教育需求的大小变化，从数量上对中国高等教育需求进行量化，为后面的研究奠定基础。

第四章　父母人口特征与中国高等教育需求

在已有研究的基础上，借鉴相关理论基础，通过使用有关父母人口特征的时间序列数据对中国高等教育需求进行分析。具体来说，首先描述分析父母的受教育水平、妇女总和生育率和妇女的平均初婚年龄三个维度的人口特征，然后利用线性回归的方法分析这些特征变量对中国高等教育需求的影响。

第五章　家庭人口特征与中国高等教育需求

在已有研究的基础上，借鉴相关理论基础，通过使用有关家庭人口特征的时间序列数据对中国高等教育需求进行分析。具体来说，先描述分析家庭收入、家庭户平均规模、城市化水平和出生人口性别比（男孩偏好）四个维度的家庭人口特征，然后利用线性回归的方法分析这些特征变量对中国高等教育需求的影响。最后，结合第四章的内容，利用父母人口特征和家庭人口特征的 7 个变量分析其对中国高等教育需求的影响。

第六章　中国高等教育需求的实证分析

在已有研究的基础上，借鉴相关理论成果，通过使用在山东省部分高中学校对高中学生进行问卷调查获得的时点数据，对影响中国高等教育需求的相关因素进行逻辑斯蒂回归分析。具体来说，分三个层次进行：父母人口特征对高中学生参加高考满足高等教育需求程度的影响；家庭人口特征对高中学生参加高考满足高等教育需求程度的影响；高中学生的人口特征对高中学生参加高考满足高等教育需求程度的影响。

第七章　中国高等教育需求的趋势分析

主要回答中国高等教育需求的趋势现状和未来走向。首先，从学龄儿童数量、新出生人口数量等视角定量分析其对小学、初中、高中在校生数量的影响，进而从时间序列上分析中国高等教育需求在"量"上的趋势；其次，利用问卷调查数据定性分析父母、孩子对待参加高考的态度，从时点上"质"性分析未来中国高等教育需求的趋势。

第八章　主要结论及政策建议

首先，依据前面章节的分析，概括本书的主要结论；其次，针对结论，主要从人口、教育的视角，从政府、社会、个人等维度提出相应的对策建议，以更好地满足人们的高等教育需求；最后，指出本书存在的亮点和不足。

第二章 文献述评

第一节 引言

学术界对高等教育的研究较为重视，这方面的文献可谓汗牛充栋，但对于高等教育需求的研究却关注较少，相应的文献也非常少。陶磊对深圳市高中生进行实地调研，概括总结出了当前高等教育需求的基本特点，即对港、澳、台和国外地区高等教育的需求强烈，对国内高等教育需求的层次较高，对财经类学校的高等教育需求强烈。但同时发现，虽然高等教育需求意愿强烈，但也存在高考弃考现象；高等教育需求的功利性取向非常明显，跨地域的需求愿望强烈，具有非理性倾向。[①] 此外，从不同层面对高等教育需求进行分类研究发现，与城市家庭相比，农村家庭对于高等教育的需求更为强烈和迫切[②]；相较于公办高等教育需求，民办高等教育的需求意愿相对较低[③]。

自中国高校扩招以来，高等教育的供给能力明显提高，高等教育需求也越来越大，但这种扩大的供给对适龄学生的求学、报考、学习、就业等方面产生了不利的影响，而且在适龄高中生的高等教育需

---

① 陶磊：《高中生高等教育需求实证研究——以深圳市 BH 中学为例》，硕士学位论文，华中师范大学，2012 年，第 55 页。

② 陈荣：《农村家庭高等教育需求的质性研究——以东部地区的一个家庭为例》，硕士学位论文，青海师范大学，2013 年，第 111 页。

③ 汤胤：《浙江省民办高等教育需求研究》，硕士学位论文，浙江工业大学，2013 年，第 67 页。

求和专业选择上仍存在着隐性的性别差异。① 同时，这种与日俱增的高等教育需求存在明显的主体差异性，然而这两大主体对高等教育的需求并不完全一样。② 这给高等教育需求研究提出了一个很好的研究视角和启示，即必须对这一需求进行不同层面的分析。

影响高等教育需求的因素较多，刘文晓研究发现，不论发达国家还是发展中国家，一般认为学生个体特征、家庭和社会因素、学校特征、国家政策、教育成本与收益等是影响民众对高等教育需求的主要方面。③ 学生的攀比或从众等非理性因素，个人学习能力或追求等理性因素，家长职业、学历层次及家庭经济收入等客观因素，高等教育费用的高低、高等教育收益率、社会传统观念、社会经济发展水平、社会人口数量等等，也是影响高等教育需求的重要因素。④ 韦芳对云南红河州少数民族地区中学生的实地调查发现，其高等教育需求差异总体不明显，但地域环境与文化这一因素对高等教育总需求及不同家庭收入、不同孩子数量家庭、不同家庭所在地的学生的高等教育需求影响显著，落后地区环境的复杂对人们的教育观念产生很大的负面影响，最终对人们的高等教育需求产生消极的影响。⑤ 闵琪和伊淑彪的研究则发现，中国高等教育需求与人口水平、收入水平和居民税收负担密切相关，中西部高等教育需求更为敏感。⑥ 也有研究指出，学业成绩、职业规划、家庭经济状况、父母的受教育程度、父母对子女的教育期望、个人预期收益、父母对学生专业的选择、性别、支付能力

① 段雪倩：《高等教育需求及专业选择中的性别差异及影响因素分析》，《当代职业教育》2015 年第 3 期。

② 彭霞：《我国高等教育需求的主体差异性》，《学园》（教育科研）2013 年第 4 期。

③ 刘文晓：《高等教育需求影响因素的国内外比较研究——兼论劳动力市场的信号功能"悖论"》，《煤炭高等教育》2015 年第 2 期。

④ 陶磊：《高中生高等教育需求实证研究——以深圳市 BH 中学为例》，硕士学位论文，华中师范大学，2012 年，第 64 页。

⑤ 韦芳：《民族地区中学生高等教育需求地域性差异比较研究——以云南省红河州为例》，硕士学位论文，云南大学，2012 年，第 105 页。

⑥ 闵琪、伊淑彪：《异地高考与税感：高等教育需求的地区差异性分析》，《江苏高教》2013 年第 3 期。

等也是影响高等教育需求的因素。①

　　然而，高等教育需求作为一个重要的心理意愿，其有很多行为表现，这些行为表现可以更好地诠释人们对高等教育的需求。这些行为表现有：逐年递增的高考报名人数；为了考上大学而不惜青春一年一年地"复读"；为了考上大学而又不惜铤而走险到录取分数线较低的省份参加高考的"移民"；还有不断加大的家庭教育投入；为高考成绩的提高而日益活跃的家教市场；等等（见图2—1）。对这些现象的研究虽没有直接触及高等教育需求的问题，但显然，这是对高等教育需求问题的间接探讨，这些探讨对于了解中国高等教育需求的现状、影响因素、问题的解决具有重要意义。

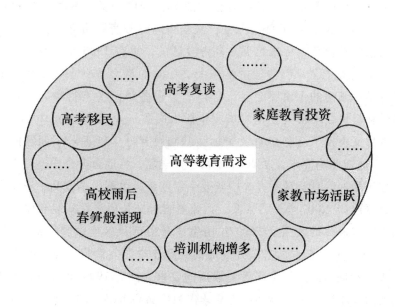

图2—1　高等教育需求的表现形式

---

　　①　陈荣：《农村家庭高等教育需求的质性研究——以东部地区的一个家庭为例》，硕士学位论文，青海师范大学，2013年，第61页。

第二节 高考复读

自 1977 年恢复高考以来，高考复读现象就随之诞生。伴随着我国高等学校扩招政策的实施，普通高中教育得到了快速的发展，但同时也出现了一些公办普通高中不规范办学的行为。[①] 而这一不规范的办学行为就包括开办高考复读班，严格来说，高考复读教育不属于正规教育，是高考制度催生出来的一种就学现象，天生具有边缘化的特点。由于这一特点，其长期以来未得到社会的广泛关注和重视。此外，复读生在高考中失利，因而在学习过程中压力巨大，在心理、心态上存在很多不足，这使得复读生成为社会中一类"尴尬的弱势群体"[②]。高考复读对于落榜考生再次获得高等教育机会至关重要，然而国家的教育政策历来是反对高考复读的。早在 1983 年，教育部就出台了《关于全日制普通中学全面贯彻党的教育方针、纠正片面追求升学率倾向的十项规定（试行）》，要求各级中学不得举办全日制升学补习班，不得吸收往届毕业生插入应届毕业班学习。[③] 2002 年，教育部又下发了《教育部关于加强基础教育办学管理若干问题的通知》，通知明确要求，从 2002 年秋季开学起，各地公办高中不得占用学校正常的教育资源举办高中毕业生复读班，也不得招收高中毕业生插班复读。[④] 2007 年 8 月 4 日，国家教育部部长周济在湖北参加"落实中职国家资助政策及 2007 年招生任务中部片区座谈会"时表示，从 2008 年起，全国所有公办普通高中禁止举办复读班。尽管有上述政策不断提出禁止举办高考复读班的要求，同时 1999 年以来高校扩招的力度不断加大，然而高考复读作为伴随高考出现的现象一直没有消失。

---

① 刘福才：《供求失衡：高考复读政策的实施困境》，《中国教师》2014 年第 1 期。

② 王锴、谭才锋：《试论高考复读现象存在的合理性及其局限性》，《教学与管理》2014 年第 6 期。

③ 杨学为：《高考文献（1977—1999）》，高等教育出版社 2003 年版，第 183 页。

④ 教育部基础教育司：《新编基础教育文件汇编（1999—2003）》，北方交通大学出版社 2003 年版，第 19 页。

一　对高考复读生类型的研究

长期以来，高考复读生就是指那些参加过高考希望获取高等教育机会而没有成功的学生，但随着我国教育事业的不断发展，高考复读生这一群体在不断发生变化，其构成变得越来越复杂。米红和徐益能对高考复读生这一群体做了较为细致的划分[①]，见表2—1。田虎把高考复读生主要分为三类：第一类是高考落榜生，即高考成绩未达录取分数线而没有被高校录取的考生。第二类是高考高分复读生，具体来说又包括三种情况：第一种情况，高考成绩达到了高校录取分数线但由于志愿填报不当而未被高校录取的考生；第二种情况，高考成绩达到了高校录取分数线并收到高校录取通知书，但拒绝被高校录取的考生；第三种情况，收到了高校录取通知书并在被录取的高校就读，但由于种种原因中途辍学，准备参加第二年高考的学生。第三类是"三校毕业生"群体，这里的"三校"指的是中等专业学校、高等职业院校、中等技术学校。[②] 米红、徐益能和田虎对高考复读生的这两种划分具有一定的相似之处。陈益林和韦宁根据复读动机的不同，将高考复读生分为工具性复读生、随波逐流性复读生、符号性复读生和惯习性复读生四类。[③] 还有研究做了更细致的区分，如从复读地点上将其分为本校复读和择校复读。[④]

表2—1　　　　　　　　　　高考复读生的类型划分

划分依据	类型
是否有高校录取	主动落榜复读生 被动落榜复读生

---

① 米红、徐益能：《高考复读：中国教育的沉重话题》，《学习月刊》2006年第8期。

② 田虎：《我国高考复读群体的现状分析与发展趋势》，《上海教育科研》2009年第1期。

③ 陈益林、韦宁：《复读现象剖析及对策》，《教学与管理》2008年第10期。

④ 杨高安：《抚州市普通高考复读行为调查研究》，硕士学位论文，江西师范大学，2005年，第34页。

划分依据	类型
平时考试成绩	平时成绩不佳 平时成绩不错 边缘学生
复读的积极性	主动复读 被动复读
复读次数	一次复读 多次复读

　　已有文献从不同视角对高考复读生进行了分类，这些分类基本上涵盖了当前我国高考复读生群体，同时也证实了我国当前高考复读生群体的复杂性和多样性，这显然与人们以往对高考复读生的认知有很大不同。相关文献的研究表明，高考复读生人数逐年递增，学术界表示忧虑；同时，高考复读现象出现了新的变化，传统意义上的复读是"被动未被录取"造成的，而当前很多复读是由于不满意所考取的高校、院系或专业造成的，即"主动未被录取"造成的，对此学术界也表示了深切关注。

二　对高考复读生群体数量的研究

　　现有文献研究发现，仅 2002 年至 2006 年，全国就有 1000 万复读生，平均每年有高考复读生 210 万人，平均每年新增高考复读生 24 万人。2006 年，全国高考报名总数为 950 万人，其中应届高考生 667 万人，占 70%，复读生占到 30%。[1] 2007 年，全国高考报名总数为 1010 万人，其中往届生有 289 万人，占高考报名总人数的 28.6%。[2]

　　杨润勇利用我国东、中、西部地区三个县的高考报名人数的数据进行分析发现，来自农村地区的高考复读人数呈现递增的趋势，2005

---

　　[1]　雷宇：《应届生儿成弱势群体》，《中国青年报》2007 年 8 月 5 日。
　　[2]　杨润勇：《农村地区"高中复读"现象的新特点及其产生的根源：政策分析的视角》，《当代教育科学》2006 年第 18 期。

年三个县的高考复读生人数占全部高考人数的比例达到了 1/3 强。①
方光宝以抚州市的高考复读生数据为例进行推算，2000—2005 年我
国高考复读生占高考报名总人数的比例约为 1/3，这一比例虽然呈现
出不断下降的态势，但高考复读生的数量却是不断上升的。②

杨高安依据 2000—2005 年抚州市高考报名人数的数据进行推算
后认为，我国高考复读生占高考报名总人数的比例呈逐年下降的趋
势，尽管这一比例由 2000 年的 33.8% 下降到了 2005 年的 26%，但
是仍然约占了 1/3，还是具有相当大的份额。他还通过相关的录取数
据进行分析发现，江西省部分高校录取的高考复读生的比例非常高，
有的院校甚至高达 50%③（见表 2—2）。

表 2—2 江西省 2004 年部分院校录取高考复读生比例

高校名称	高考复读生占录取总人数的比例（%）
南昌大学	37.93
江西财经大学	42.22
江西师范大学	43.12
华东师范大学	37.04
江西九江学院	31.92
南昌航空学院	50.37
江西上饶学院	34.75

2005—2008 年，陕西省高考复读人数占当年陕西省高考报名总
人数的比例平均为 25%，田虎利用这一数据进行估算得出，2007 年
全国报名参加高考的复读生人数是 252.5 万人，占 2006 年高考未录
取人数 404 万人的 62%。因此他断定，在不计算高分复读生和"三

① 杨润勇：《农村地区"高中复读"现象的新特点及其产生的根源：政策分析的视
角》，《当代教育科学》2006 年第 18 期。
② 方光宝：《高考复读热的原因及影响分析》，《科技信息》2009 年第 13 期。
③ 杨高安：《抚州市普通高考复读行为调查研究》，硕士学位论文，江西师范大学，
2005 年，第 26 页。

校毕业生"数量的前提下，我国每年高考未录取考生中大约有 62%
的人会选择复读参加第二年的高考。① 根据他在文献中给出的历年高
考报考人数、录取人数以及未录取人数（见表 2—3），本书计算出了
2002—2007 年高考复读生的数量（表 2—3 第 5 列数据）。当然，这
种推算存在很大的风险：第一，田虎使用的是陕西省招生办公室的数
据，这一数据难以代表全国的水平；第二，在高考录取率越来越高、
高分复读生的数量越来越多的情况下，单靠高考未录取考生的数量难
以说明高考复读生的数量到底有多大。

表 2—3　　　　　　　　高考复读生人数测算　　　　　　　单位：万人

年份	报考人数	录取人数	未录取人数	复读人数
2002	527	321	206	127.72
2003	613	382	231	143.22
2004	723	447	276	171.12
2005	867	504	363	225.06
2006	950	546	404	250.48
2007	1010	567	443	274.66

　　通过对上述文献的分析可以发现，尽管已有研究认为高考复读生
的数量越来越多，但每年全国具体有多少复读生，以及这些复读生数
量的构成和变化趋势是怎样的，由于官方并没有公布权威、全面、及
时的数据，学术界对此只能进行粗略的估计。尤其是随着我国教育事
业的不断发展，高考高分复读生以及"三校毕业生"的人数不断增
加，但其增加的幅度和总量到底有多大，目前还没有研究出具体并令
人信服的答案。当然，通过已有官方公布的相关数据以及学术界给出
的大致推算，有一点可以肯定，即我国当前高考复读生基本上占历年
高考报名总人数的 1/3。

---

　　① 田虎：《我国高考复读群体的现状分析与发展趋势》，《上海教育科研》2009 年第
1 期。

三 对高考复读原因的研究

（一）社会转型的需要

改革开放是我国历史上的一个重大事件，它不仅对我国的政治、经济、社会等产生了重要影响和深远的历史意义，也对世界产生了极其重要的现实影响。例如，改革开放不仅改变了我国的社会经济结构，同时也改变了我国社会对人才消费的基本观念。尤其是我国加入世界贸易组织之后，经济发展速度明显加快，而且我国的经济开放程度越来越大，相应地，我国企业对人才的要求也越来越高，我国社会逐渐向学历型社会转变。在此社会背景下，高等教育大众化使得人才供给和需求也日趋市场化，这与高校招生所采取的严格的计划产生了矛盾，因此使得社会用人单位的人才消费观念出现了不正常的状态，直接导致了一些学生和家长追求高学历，从而推动了高考复读现象的出现。①

（二）高考制度本身的影响

符太胜和王培芳认为，高考复读现象的一个重要原因在于我国现行的高考制度，现行的高考制度是高考复读的内因。他们认为，从表面来看，考生进行复读是一种积极追求高校文凭的主动行为，但也是一种被迫行为，其目的在于规避当前不合理的高考制度。他们从三个方面进行了论证：第一，当前的高考改革过于频繁，从客观上来说致使高考复读生的数量大大增加，究其原因在于其不能及时有效地衔接高考改革方案；第二，高考试题的风格与高考生个体之间存在差异，高考试题的区分度、信度和效度较低，以及高考阅卷的时间紧迫性等，都使得高考生三年的学业成绩和学习潜能难以较为科学、准确地进行评价和测量，从而导致了高考复读现象的产生；第三，当前，我国主要采用两种高考录取机制，一种是"志愿优先"的传统录取模式，另一种是平行志愿的录取模式，然而，这两种模式都不能使考生选择自己满意的学校和专业，不能有效地保护自己的受教育权，因此

---

① 方光宝：《高考复读热的原因及影响分析》，《科技信息》2009 年第 13 期。

不得已选择高考复读。[①] 刘婷和尧新瑜也认为,我国历年的考试大纲变化不大,且具有相似性;考试几乎完全是笔试,很少有口试的形式,因此尽管每年的高考题目都在变,但考查的知识点和内容始终都没有大的变化。在这种情况下,复读生只要对以往学过的知识进行再加工并反复练习,加深记忆和理解就可以掌握以前学过的东西,基本上不用重新学习新的知识,高考的这一考试特性使高考未被录取者很容易选择复读。[②]

复读现象的出现是由高考制度本身造成的,最有力的证据就是高分复读现象。2001 年,教育部颁发了《普通高校招生工作规定》,该规定取消了对考生年龄和婚否的限制,而且对于那些考生被大学录取不报到和大学生退学再次参加高考的现象不予限制,即在一定程度上放宽了高考报名条件。[③] 与此同时,在 1999 年高校扩招之前,考上大学是件非常不容易的事情,大学的门槛比较高,相对来说,几乎没有人会因为考取的学校不理想而放弃被录取,更重要的是,国家的相关文件规定,对于那些被录取后不去报到上学的考生要取消其两年参加高考的资格。显然,当这些政策发生了完全相反的变化的时候,高分复读也就成为了自然而然的事情。[④]

(三)就业压力的推动

一般来讲,报考研究生有主动和被动之分,主动报考是为了实现更高的学业目标,而被动报考是为了更好地就业。1999 年高校扩招之前,毕业生与用人单位之间的关系是"供不应求",而随着招生数量的扩大,这种关系变成了"供过于求",在此情况下,用人单位在筛选毕业生的过程中更多的是看毕业生的第一学历和毕业学校的档

---

①   符太胜、王培芳:《从高考复读生群体的主体视角透视高考改革:问题及方向》,《现代教育管理》2010 年第 6 期。

②   刘婷、尧新瑜:《高中生"高分复读"的原因及对策》,《教育理论及实践》2010年第 11 期。

③   杨润勇:《农村地区"高中复读"现象的新特点及其产生的根源:政策分析的视角》,《当代教育科学》2006 年第 18 期。

④   唐国锋、徐梅:《高考"高分复读"现象分析及学习建议》,《教学与管理》2004年第 7 期。

次，这是因为其没有更多的时间、财力、物力和人力等进行更多考察。这自然走入了"学历主义"的误区，不能看到学生的实际能力，使得大量的非名校和非重点大学的毕业生相比之下就业困难。[①] 显然，这种影响很容易就会传导到正在高考的考生，如果考不上大学或者考不上"好"的大学，那么将来就业就会变得很困难，因此即使一些考生考取了某些院校某些专业，可能也会觉得这些院校和专业不够好而选择复读。

（四）部分学校受利益驱使

无论公办高中还是民办学校，其举办高考复读班主要是受到了"名"和"利"的驱使。由于基础扎实、学习刻苦、成绩优异，所以有些高考复读生尤其是高分未被录取的考生，其复读一年后将来考取名校的可能性很大。因此很多学校通过实行各种优惠措施，甚至通过免除学费的方法招收复读生，其根本目的是为了增加学校的录取人数，以提高升学率。[②③] 这种措施确实起到了较好、较快的作用，可谓立竿见影，因此这导致很多学校，不管是公办学校还是民办学校，都在高考后到处寻找高考失利的尖子生源，以提升"教学水平"。[④]

同时，举办高考复读班还可以获取高额的收益。从成本收益的角度看，学校举办复读班的投入无非是几间教室、几十张课桌、几名教师，这些资源对于学校来说是非常充裕的，但其带来的收益却是巨大的。因为大部分复读生并不能像高分未被录取的复读生那样可以被免除学费，他们需要交纳正常的学习费用，此外还要向所在复读学校交纳相当数量的复读费，有的学校对学区以外的学生还要收取更多的择校费、借读费。[⑤] 尽管国家政策明令禁止举办高考复读班，但对于举

---

① 方光宝：《高考复读热的原因及影响分析》，《科技信息》2009年第13期。

② 李鹏举：《关于当前普通高中复读现状的思考》，《中国建设教育》2007年第2期。

③ 雷宇、袁于飞、陈红艳：《高考复读深陷应试怪圈为哪般》，《中国改革报》2008年6月24日。

④ 黄伟：《高考复读之风为何盛行不衰》，《中国教育报》2010年11月10日。

⑤ 田虎：《我国高考复读群体的现状分析与发展趋势》，《上海教育科研》2009年第1期。

办高考复读的学校以及地方政府的教育主管部门来说，由于举办高考复读班名利双收，所以其都会对招收复读生的这一做法持默许的态度。[①]

（五）家长和学生的期望

在中国的传统文化和传统思想中，"学而优则仕"、"金榜题名，光宗耀祖"等根深蒂固。对于家长来说，支持孩子考大学，接受高等教育，其目的主要是为了将来能够找一份好的工作，这是我国高中生家长的普遍愿望。当一次高考没有考好，无论是孩子还是父母，都不会甘心，都会寻找第二次机会，因此复读甚至多年复读都是经常存在的现象。此外，在我国，大多数学生和家长都希望就读名校，精英教育的思想特别浓厚，认为只有考取了"名牌大学"才是真正地上大学，对于一般高校往往视而不见。[②] 在这种背景下，高校往往过分宣传自己的实力，夸大自己的专业优势，使得很多高考学生和家长产生急功近利、爱慕虚荣、心存侥幸等思想，进而使得自我认知、自身定位不准，在报考中失利。[③]

四　对高考复读现象影响的研究

任何事物都有两面，高考复读也不例外，其既有对社会发展有利的一面，也有不利的一面。以往的文献都对高考复读的有利影响和不利影响进行了分析。学界认为，有利的影响主要表现在：首先，对于中学而言，高考复读增加了学校的额外收益，提高了升学率，同时也增加了校际之间的竞争，有助于教学质量的提高；其次，对于政府和教育主管部门而言，高考复读能够在客观上提供更多更优质的学生，同时也满足了公民对高等教育渴求的心理；最后，对于高校而言，高考复读间接地提供了更好的生源，提升了高校学生素质的基础

---

① 李鹏举：《关于当前普通高中复读现状的思考》，《中国建设教育》2007年第2期。

② 侯慧、陈亮：《对"高分复读"热的冷思考》，《湘潮》2007年第10期。

③ 潘俊峰：《关于高考复读生增多的思考及对策》，《黑龙江教育学院学报》2004年第5期。

水平。[①]

尽管我国的教育制度禁止举办复读班，但整个社会对此是容忍、接纳，甚至是欢迎的，表明了我国整个社会环境尊重家长和学生的教育选择权，体现了教育机会均等的教育理念。[②] 然而，高考复读现象还是不可避免地带来了一系列不利影响。首先，高考复读现象的出现不利于高中教育的大规模扩招和普及，与高等教育大众化的趋势不协调。[③] 其次，高考复读现象的出现阻碍了基础教育改革，影响了基础教育的发展，同时也对高中教育资源造成了一定程度的浪费。最后，高考复读现象的出现对录取的公平性产生了一定程度的不良影响，提高了应届高考生的考试竞争水平，加大了其录取难度，同时也使得部分应届高考生被迫进入复读的"怪圈"。[④]

在对高考复读现象对社会发展影响的评价中，大部分文献认为不利影响大于有利影响，即对高考复读现象持否定态度的居多。其原因除了上述所列之外，还有很重要的一个，即复读生经过复读，其成绩提高的程度并不是很大。例如，北京市教育学会心理学研究会的调查结果显示，八成高考复读生经过一年的辛苦复读后，其成绩都不能有所提高，大多数复读生的成绩几乎维持在原有的水平上，复读结果不尽如人意。[⑤]

五 对高考复读现象对策的研究

近年来，复读人数逐步减少，原因主要有适龄考生减少、高考录取率攀升、高中毕业后留学及社会成才观转变等。而且，预计在未来一段时期内，复读人数逐渐减少的趋势还将持续下去。然而，复读人数的减少并未从根本上解决激烈的高考竞争以及由高考复读所引发的

---

① 方光宝：《高考复读热的原因及影响分析》，《科技信息》2009 年第 13 期。

② 米红、徐益能：《高考复读：中国教育的沉重话题》，《学习月刊》2006 年第 8 期。

③ 李鹏举：《关于当前普通高中复读现状的思考》，《中国建设教育》2007 年第 2 期。

④ 雷宇、袁于飞、陈红艳：《高考复读深陷应试怪圈为哪般》，《中国改革报》2008 年 6 月 24 日。

⑤ 喻柔涓：《高考复读生的社会支持网——基于江苏省南通市 150 例在读高复生调查的研究报告》，《教育学报》2008 年第 5 期。

社会机构办学混乱等问题。①

　　当前学界对高考复读现象治理的对策主要集中在对高考制度、教育制度的改革上。符太胜主要从高考制度改革的角度提出了改变高考复读现象的措施，认为首先要平稳进行高考制度的改革，要让社会群体充分参与，要尊重我国的国情和民族文化传统；其次要科学引进等级评价方法和质性评价方法，使定量评价和定性评价合理互补；最后要改善高考录取机制和志愿填报方式，切实维护考生的权益。② 米红和徐益能也认为，国家应出台政策，适当控制复读生的数量与复读的年限，同时加强职业技术教育，拓宽办学门路，大力发展继续教育、终身教育。③

　　对于参加高考的学生和家长，米红和徐益能也给出了具体建议，认为复读并不适合每一个人，复读不一定会如愿以偿，复读存在较大的"风险"，即虽然花费了时间、精力、金钱，但有可能仍未被录取或未考上如意的高校。米红和徐益能认为，参加高考的学生和家长一定要转变观念，要重视第二学历的作用，不能把目光完全放在名校上。当然，对于已经正处于复读过程中的学生，学生自身要确立合理的奋斗目标，树立信心，家长或教师在给予其学业指导的同时，也要对其进行正确有效的心理健康教育。④ 研究认为，在所有的教育对策中，树立大众化的高等教育理念，改变传统的教育观念和教育理念，被认为是最重要的。⑤ 显然，只有全社会人人都树立了正确的人才观，这一问题才可能从根本上得到解决。

---

　　① 李凌燕、黄民、陈涵：《高考复读的变化趋势及其规范化管理研究》，《文教资料》2014 年第 4 期。

　　② 符太胜、王培芳：《从高考复读生群体的主体视角透视高考改革：问题及方向》，《现代教育管理》2010 年第 6 期。

　　③ 米红、徐益能：《高考复读：中国教育的沉重话题》，《学习月刊》2006 年第 8 期。

　　④ 王冲：《关注高考复读生》，《中国教育报》2003 年 8 月 5 日。

　　⑤ 潘俊峰：《关于高考复读生增多的思考及对策》，《黑龙江教育学院学报》2004 年第 5 期。

六 已有研究存在的不足

通过对已有文献进行分析可以发现，已有研究涉及的内容基本上涵盖了高考复读现象的方方面面，但具体来看，由于这些研究主要是从高考制度改革的视角出发的，即将高考复读现象的出现作为高考制度改革的一个重要原因来看待，所以这些研究的重点和热点主要集中在了高考复读产生的原因和造成的影响上。这种研究思路和逻辑本身并没有什么问题，实际上，对高考复读现象的思考和分析还可以从很多研究视角展开，譬如人口学视角。任何社会事件的产生都离不开人，离不开人口的发展和变动。高考复读现象作为当前我国社会一个重要的教育事件，其产生和发展都与人口的发展和变动息息相关。已有文献对高考复读现象的研究较为充分深入，但基于人口学视角，这些研究还存在一些不足，主要表现在以下四个方面。

（一）对高考复读现象的分析忽略了人口背景

从已有文献的分析来看，多数研究始终没有摆脱教育学领域的束缚，即便有研究从中国传统文化入手，但分析的力度非常有限，没有深入到中国传统文化对高考教育制度的影响。人是一切事件的创造者、参与者，离开了人，所有的事件都不会成立。自 1977 年高考制度恢复以来，高考复读就成为一个重要的社会现象。如果深入考察其发生的背景就会发现，它是伴随着高考人数的不断增多、高校扩招而出现的。那么，其所发生的宏观人口背景又是什么，譬如计划生育政策从中起到了什么样的作用？众所周知，家庭人口数量的减少，独生子女数量的增多，是我国长期实行计划生育造成的一个普遍结果，这种人口结构的变化与高考复读现象有没有必然的、本质的联系？再比如，绝大部分研究认为，高考复读的背后反映的是高等教育这一公共产品的供求矛盾问题，即教育供给小于教育需求，同时也是教育资源配置不合理的映射。[①] 然而，高考复读群体的结构变化根本不能合理解释这一现象，因为即便有上大学的机会，很多考生还是放弃而选择

① 陈晓展、冯晓彤：《高考复读热的背后》，《瞭望》2007 年第 34 期。

复读。作为一个特殊的社会群体,高考复读生的个人特征是什么,其所具有的社会心理又是什么,这是现有文献都没有回答的问题,要想深入挖掘其中的原因,显然必须要从这一群体本身出发,才能更好地予以探究。

诚如马璀莹所指出的,高考复读现象不是一个简单的教育问题,它涉及国家的教育体制、教育思想、教育收费政策、社会就业形势、社会经济发展、人们的思维习惯和方式、民族文化传统等一系列问题。[①] 因此,如果不从多学科的视角入手进行考察,那么针对这一现象的分析就会停留在现象的表面,基于人口学视角的分析已经证明了这一点。理所当然,其所提出来的改善对策也就不可避免地会失之偏颇。

(二) 对高考复读生类型构成和数量规模的研究不够深入和细致

前文已述,从某种程度上来说,高考制度一建立,高考复读现象就应运而生了,从 20 世纪五六十年代的"同等学力考生",到 70 年代的"补习生",再到八九十年代的"高考落榜生",都说明高考复读现象如影随形,且在高考过程中具有很大的需求。但需要指出的是,受限于我国当时的教育政策,那时高考复读生的数量是非常有限的。[②] 然而,自从 1999 年高校开始扩招之后,高考复读生的数量发生了很大的变化,主要表现出了逐年增多的趋势,而且其构成结构也发生了很大的变化。在过去,未被录取的考生是自卑、不自信的,在某种程度上还是受歧视的,然而现在这些观念越来越淡化,复读在某种程度上已经不是一种失败,而是一种向更高理想迈进的"策略",是高中考生更自由地选择高等教育机会的通道。那么,高考复读生的总量在高校扩招前后有什么变化,特别是"主动复读生"群体是如何产生的,其背后的巨大推动力来自于哪里,以及其量变是如何形成的,并具有什么样的发展趋向。更重要的是,这些现象及其现象发生

---

① 马璀莹:《高考复读问题研究综述》,《河南职业技术师范学院学报》(职业教育版)2008 年第 3 期。

② 张克新、朱成科:《关于我国高考复读现象之"繁荣"的思考》,《当代教育论坛》2007 年第 6 期。

的量变与人口学因素有什么样的关系？已有文献对于上述这些看似基本而又简单的问题并没有给出一个深入细致的回答，其所进行的对高考复读生总量的推算过于简单粗略。

（三）缺少定量的实证研究

思辨研究主要从身边的经验入手去看待、分析问题，这种研究方法往往受到人的主观认识的影响，所以在研究的精度上存在缺陷；实证研究通过调查获取科学的数据进行问题分析，具有自然科学的特征，在研究的结果上具有较高的精度，同时往往也能够科学地得出与主观经验不同的结论。从以往对高考复读原因的研究来看，其绝大部分属于思辨研究，很少采用实证研究的方法，由于其缺乏定量数据的支持，因而其所使用的论据以及所得出的结论相对来说缺乏科学性，准确度也大打折扣。

人口学一个较大的优势在于，其不仅具有较强的思辨研究理论和基础，同时还能利用人口数据进行准确的科学分析，这种定量分析往往能够透过数据本身抓到现象的本质，这显然是思辨研究所不能及的。在物质条件日益发达、调查技术日益先进的今天，将高考复读生作为高考生中一个特殊的群体，完全可以对其进行全面、细致、准确的实地调查研究，获取相关翔实的数据，尤其是其人口特征变量、社会变量的数据，以此研究高考复读背后深层次的动因，应该是未来对高考复读原因研究的一个重点。然而，现有研究使用一手数据进行相关分析的还很少，很多问题和有价值的发现还有待提出。

（四）没有注意到城乡之间的差异

当前，我国社会结构的一个显著特点就是城乡二元制结构，这一结构对于我国经济、社会、政治制度的影响非常大。因此，进行社会科学研究，必须时刻注意到这一特征，在进行分析研究时，必须予以不同视角的进行。很明显，在人口学研究中，城乡是一个重要的研究变量，由于城乡差异的存在，研究过程中往往出现不同的研究结果。然而，当前对高考复读现象的大多数研究主要是从城市的角度出发的，农村视角的很少，或者说大部分研究根本没有分城乡进行分析，这些研究显然忽视了城乡之间的差异。究其原因，可能主要是由于很多高中学校都位于县城及以上城市造成的。然而，不能不注意到，尽管随着社会的发展，城乡人口流动的加剧使得城乡差距在不断缩小，但农村生源和城市生源的高考复读生还是存在很大差异，在数量、结构以及复读的原因、影响方面仍有很大的不同。这种城乡二分法的研究有助于发现教育制度、教育过程中的城乡差异，为制定公平、公正的教育政策，缩小城乡差距提供帮助。所以，未来应强化实地调查研究，从生源地差异的角度出发进行高考复读原因的研究，从中发现高考复读决策、运行、结果中的不同，进而提出有针对性的改进建议。

　　总之，在我国现行的体制下，高考复读现象不可能在短时期内消亡，它是一个不以人们主观意志为转移的客观存在。① 所以，应该在认真调查、分析、研究的基础上，使全社会都来正视和重视这个问题，采取有力的措施来规范和引导复读行为。尤其是要在宣传上多下功夫，避免当前捧"状元"吹"名校"、捧"白领"贬"蓝领"的不利于年轻人多向选择的舆论导向。②

第三节　高考移民

　　"高考移民"现象不仅在我国存在，在美国也存在，但二者之间有很大不同。③ 我国的"高考移民"现象始于 20 世纪 80 年代，盛于 90 年代，而随着高校扩招，进入 21 世纪之后，这一现象愈演愈烈，不仅渐渐演变成为一个重要的教育问题，也成为人们高度关注的社会问题。然而，为考试取得好的成绩和名次而"移民"的现象并非只是从 20 世纪 80 年代才出现的，在我国历史上，科举考试制度产生后这种现象就如影随形了。研究发现，历史上大名鼎鼎的白居易就是一位标准的"移民考生"。④ 而到了明清时期，这种为考试而"移民"

---

① 杨高安：《抚州市普通高考复读行为调查研究》，硕士学位论文，江西师范大学，2005 年，第 55 页。

② 新华社：《高考复读市场：繁盛得让人难以接受》，《新华每日电讯》2007 年 8 月18 日。

③ 于时语：《美国的名校竞争和"高考移民"》，《南风窗》2006 年第 2 期。

④ 孙欣：《白居易也是"高考移民"》，《国学》2008 年第 12 期。

的现象就更多了。①

一 "高考移民"的含义和类型

在对"高考移民"原因的研究进行概述和讨论之前，有必要对"高考移民"的含义和类型做一界定和描述，这样对于深入理解和分析"高考移民"的原因可以起到管中窥豹、略见一斑的作用。

（一）"高考移民"的含义

"高考移民"，是指一些高考录取分数线较高省份的高中学生通过各种迁移或购买户口的方式转入到录取分数线较低的省份，以期在高考中凭借原来较好的学习基础和迁入地较低的录取分数线，考上理想的大学而出现"曲线"上大学的现象。② 从性质上看，"高考移民"不是严格意义上的移民行为，它是以参加高考作为目标的一种暂时的、短期性的户籍迁移活动，这种迁移的目标非常明确，它是受到"以较小的代价获取优质高等教育资源这个利益驱动"而产生的一种自发性的行为。③ "高考移民"的特征可以概括为三点：移民的条件：利用省际间的高考录取分数线差异；移民的手段：办理非正常的户口迁移；移民的目的：获取报考资格和较多的录取机会。④

（二）"高考移民"的类型

"高考移民"考生按学习成绩可分为两类：一类是在原籍考不上大学的考生，希望通过移民来考取大学；另一类是那些成绩不是特别优秀的考生，渴望考上更好的大学。成绩非常优秀的不需要"移民"，成绩太差的也不会"移民"，所以"高考移民"一般是在本籍

① 张学强、张建伟：《明清"冒籍跨考"现象探析——兼论对解决当代"高考移民"问题的启示》，《高等教育研究》2007年第5期。

② 李小运：《"高考移民"现象的成因及出路——以西藏为例》，《教育发展研究》2006年第8期。

③ 刘祖强：《"高考移民"反思：一种教育失范的社会制度分析》，《当代教育论坛》2006年第7期。

④ 王燕：《"高考移民"现象的博弈分析》，硕士学位论文，华南师范大学，2007年，第67页。

成绩中等的考生中发生。① 但也有研究表明，现在"高考移民"的结构发生了变化，并不是只有成绩中等的考生才会选择"移民"，一些成绩优秀的考生也加入了"移民"队伍。②

"高考移民"的考生按照流向可以分为两大类：一类是国内的"高考移民"；另一类是"国外"的"高考移民"，这里的"国外"之所以加引号，是因为这些考生并不是外国人，而是地地道道的中国人，只是伪造了自己的国籍而已。国外"高考移民"现象比国内"高考移民"现象出现得要晚，持续的时间也较短。很多家长之所以让孩子"国外移民"参加高考，一个重要的原因就是，我国高校在招生时采用与国外接轨的申请入学制度，外国留学生入学门槛比较低，相关的入学制度不是很完善。③ 但由于国外"移民高考"花费成本较高，再加上国家教育行政部门以及招考高校措施得力，其产生的影响较为有限。因此，一般来说，"高考移民"现象主要是指国内的"高考移民"。国内的"高考移民"按照流向目的地主要分为三类：第一类是指流向京、津、沪等经济发展水平高且高考录取分数线低的大城市的考生；第二类是指流向海南、安徽等经济发展水平较低且高考录取分数线也较低的少数东部省份；第三类是指流向经济和教育发展水平都很低而高考录取分数线更低的西部地区，如新疆、甘肃、青海等明显具有高考少数民族政策的地区。④

二　"高考移民"的原因

（一）中国传统文化观念的影响

中国传统文化观念认为，"万般皆下品，唯有读书高"，因此读书、考试长期以来是我国教育倡导的基本理念，也是我国每个家庭追

---

① 黄庆峰：《"高考移民"及其背后的制度原因探讨》，硕士学位论文，中国政法大学，2006 年，第 34 页。

② 耿俊峰：《"高考移民"问题探析及治理对策》，硕士学位论文，西南政法大学，2009 年，第 111 页。

③ 肖娟群、王彦民：《"高考移民"国际化与教育公平问题》，《教育与考试》2007 年第 1 期。

④ 邵云娜：《"高考移民"的教育社会学分析》，《教学与管理》2008 年第 1 期。

求的目标。这一观念经过长期潜移默化的影响，渐渐形成一种强烈的社会氛围和社会认同，在人们心里根深蒂固，到现在，读书、考上大学接受高等教育乃至接受更好的高等教育，已经成为人们改变自己声望、地位的重要方式之一，已经被视为改变人生命运的关键节点，人们对高考抱有过高的心理期望。[①]

当然，当前我国社会用人单位的"唯学历主义"的存在，也将考生们赶上了通往大学殿堂的"独木桥"。[②] 此外，国家实行的教育改革也将高校分成了三六九等，如"211工程"高校、"985工程"高校等，这在某种程度上加重了家长和学生的名校情结。[③] 要上大学，而且还要上"好"的大学，这些也可以看作是传统观念造成的影响。因此在高等教育资源需求膨胀和相对较大的高等教育资源稀缺这一矛盾存在的前提下，考生为了使自身利益最大化，必然要从教育利益小的地方流动到教育利益大的地方，"高考移民"是考生追求高等教育权利平等的一种迫不得已的自救行为。[④]

（二）地方政府及学校对经济利益的追求

对于地方政府来说，被考核的重要指标是国内生产总值，因此地方政府的工作重点主要是围绕经济利益展开的。很多地方政府为了争取投资，以户口指标为交易条件，从而使得"高考移民"顺利实现。例如，1999年海南省政府为了处理积压的商品房，出台了《海南省积压商品房转化为经济适用房管理办法》，该办法规定，每购买25平方米的商品住房，即可解决一个由购买者自主决定的户口，该户口下的高中学生在普通高等院校入学考试、中小学入学等方面，可以享受与当地户籍人口同等的待遇。[⑤] 显然，这样做只是看到了眼前的经济利益，虽在一定时间内促进了当地的经济发展，但这样做对于当地

---

① 刘建：《"高考移民"何时休——基于我国"高考移民"现象的理性思考》，《教育测量与评价》（理论版）2008年第11期。

② 彭秀丽：《"高考移民"现象的成因及其对策》，《现代教育科学》2005年第3期。

③ 孙冬梅：《"高考移民"现象的公共政策思考》，《知识经济》2011年第7期。

④ 李爱良：《"高考移民"的利益博弈》，《中国教育学刊》2006年第4期。

⑤ 黄蓉：《近十年海南封堵高考移民相关政策浅析》，《内蒙古师范大学学报》（教育科学版）2009年第6期。

教育公平、教育质量的提升很不利。

此外，我国当前实行的教育改革迫使高中学校必须多渠道筹集办学经费，自主解决教育发展过程中遇到的问题，而"高考移民"考生，需要给学校交纳一笔择校费，这可以增加本校的财政收入，同时还可以提高本校的高考录取率；学校高考录取率的提升将赢得社会各界的关注、捐助乃至政府的拨款资助，反过来又解决了学校的经费问题。[①]

（三）各省市不同的高考录取分数线

"高考移民"产生的原因有很多，其直接动因在于各省市之间客观存在的高考录取分数差异，以及升学率的高低。[②] 同样的分数，由于录取分数线高低不同，结果完全不同，同等分数的考生在录取分数线低的地区显然有更大的可能被实力较强的高校录取。录取率高低的差异表明，同等分数的考生在录取率较高的地区显然有更大的可能被实力较强的高校录取。

虽然高考录取分数线不同，录取率不同，但就考试的内容来看，全国各地的差异并不大。尽管当前我国很多省市已经实行了自主命题，各省市的考试题目不尽相同，且评卷中掌握的宽严尺度也存在一定的差异，但由于这些命题都是围绕着国家教育部颁布的考试大纲展开的，因此这些命题所考核的知识点基本相同，试题难度也基本保持在差不多的水平上。这样一来，无论在哪个省市参加高考，难度几乎都是没有差异的，这在客观上为"高考移民"的产生提供了巨大的便利。[③]

（四）优质高等教育资源分配不均匀

我国现有的高等教育资源分布极不平衡，这是由历史的和现实的种种原因造成的。从教育资源的分布上来看，北京、上海及江苏等省市占据了全国大量优质的高校教育资源，而历年的高考大省河南、陕

---

① 王刚：《高考移民：从哪里来，到哪里去?》，《中小学管理》2005 年第 5 期。

② 刘衡：《大众化发展阶段"高考移民"现象长期存在的合理性分析》，《当代教育论坛》2008 年第 4 期。

③ 姜世健：《高考移民现象的成因分析》，《教育发展研究》2008 年第 17 期。

西、河北等省份的高校教育资源相对匮乏。总体来看，东部沿海地区的大城市集中了全国绝大多数的重点大学，而一些人口大省以及西部地区的大部分省区仅在大城市有少数几所知名高校。[①]

王怀章、朱晓燕及姜世健按照高等教育资源分布和高考录取分数线高低把全国各省市进行了组合，划分出了四种情况，即：高考录取分数线低、人均高等资源丰富的地区；高考录取分数线高、人均高等教育资源丰富的地区；高考录取分数线低、人均高等教育资源不丰富的地区；高考录取分数线高、人均高等教育资源欠缺的地区。[②] 可以说，这种划分基本上描述了"高考移民"的原因和流向，原因在于录取分数线存在差异，流向则是从录取分数线高的地区到录取分数线低的地区。

（五）我国现阶段的高等教育招生政策存在缺陷

我国现行的高等教育招生政策源于计划经济时期，因此受计划经济时期的影响很深。同时，改革开放初期，我国实行了"多出人才、快出人才和出好人才"的方针政策，这一政策对于我国现行高等教育招生政策的影响更是巨大，人才培养的速度、数量成为一个重要的衡量标准。然而，我国实行的高等教育招生政策增进了地区利益和组织利益，却对个人利益考虑不多，因为高等教育招生政策作为一项公共政策，其利益分配最终还是要落实到每个具体的个人身上。[③] 尤其是近些年来，我国贫富差距加大，困难家庭的高考学生的利益没有被很好地保护和照顾，高等教育公平有所缺失。

耿俊峰以及闫敏姣、王之希认为，我国现行的高等教育招生政策属于典型的精英偏好政策，高等教育招生政策制定时没有很好地考虑民众的意见，特别是高考考生和家长的意见，忽视了大众的利益。[④]因此，我国高等教育的招生制度存在的缺陷之一，也是最重大的缺陷

① 彭秀丽：《"高考移民"现象的成因及其对策》，《现代教育科学》2005年第3期。

② 王怀章、朱晓燕：《高考移民现象的再认识——从分配公正的视角》，《黑龙江教育学院学报》2005年第6期。

③ 孙冬梅：《"高考移民"现象的公共政策思考》，《知识经济》2011年第7期。

④ 耿俊峰：《"高考移民"问题探析及治理对策》，硕士学位论文，西南政法大学，2009年，第102页。

就是招生计划名额的不平衡分布。目前，我国各重点大学的招生实行配额制，即在不同的省市分配不等的录取名额，然而录取名额分配的依据并非人口分布的多少，而是人为的设定，这直接导致了这些重点大学在各个省市的录取分数线存在巨大的差异。[①]

（六）全国各省市之间的基础教育差异

"高考移民"现象出现的深层次动因，还在于全国各省市之间的教育差异。姜世健对全国各省市普通高中的生均预算内教育事业费、教师学历达标率两项指标的分析发现，那些所谓"高考高地"的"高考移民"来源地省份，像山东、河南、四川、安徽、江西、湖南等，并不是基础教育资源丰厚的地区，这些地区无论在经费投入、师资水平、高等教育毛入学率等方面都不居全国前列。而且，各省市之间的基础教育差距是从幼儿园、小学就开始的，教育的投入、师资水平等使得学生从起跑线上就开始了不公平的竞争。这种客观存在的从基础教育阶段就开始的教育资源的不平衡分布，导致了各地教育水平的巨大差异。到了高考阶段，这种积累的差异的一个明显表现便是各地高考巨大分差的出现。[②]

（七）人口流动产生户籍松动以及户籍管理中存在不足

劳凯声认为，长期以来，高等教育院校的招生考试都是按照计划进行的，当地根据实际情况预测需要多少人，并下达招生指标。在计划经济时代这样做是没有多大问题的，因为人口基本是不流动的，可是社会在不断地发生变迁，人口流动的频率越来越高、规模越来越大、范围也越来越广。[③] 目前，我国人口户籍政策对人口迁徙的限制越来越小，这给异地高考打开了方便之门。而且，随着我国社会主义市场经济的深入发展，统一开放的市场体系逐渐建立，人口流动必然加剧，其规模和范围将更加巨大和广泛，户籍制度必然会越来越松

①　姜世健：《高考移民现象的成因分析》，《教育发展研究》2008 年第 17 期。

②　王怀章、朱晓燕：《高考移民现象的再认识——从分配公正的视角》，《黑龙江教育学院学报》2005 年第 6 期。

③　原春琳：《现行高考政策已不适应人口政策松动》，《中国青年报》2004 年 6 月 28 日。

动，考生跨省市迁移的能力也将越来越强，而高等教育院校的招考政策却没有积极跟进这些发展变化。① 我国城市化快速发展，农民工进城打工的方式不断发生变化，其子女也开始进城随读，农民工随迁子女的高考问题将是一大难题。②

同时，我国当前实行的户籍管理制度也存在不足。例如，户口迁移实行的是事前迁移制度，即一个居民可以先办理户口迁移手续再在该地居住，这就为一些考生临时移民提供了可乘之机。考生不必在当地接受教育，只要高考前办理完户口迁移手续就取得了常住居民的资格，就可以在当地参加高考。③

三 不同学科视角下的"高考移民"原因研究

"高考移民"是在高考过程中出现的一个教育现象，对这一现象的研究，教育学界主要从历史的角度考察"高考移民"的历史渊源及其与教育公平之间的关系，其内容集中体现在高考录取分数线差异、高考升学率的高低、高考的重要性、户籍制度的客观存在及各地教育资源分配的不公平等方面。然而，"高考移民"现象牵涉到社会的多个方面，仅从教育学一个学科出发很难把这种现象做一充分的分析和探讨。④ 为此，已有文献尝试运用不同学科的经典理论对其进行研究，其中包括社会学、法律学、经济学等，为我们深入了解"高考移民"的产生、发展及对社会的影响提供了宝贵经验。

（一）社会学

社会学是一门研究对象较为广泛的学科，目前单纯运用社会学经典理论进行"高考移民"分析的还很少，绝大部分有关"高考移民"

---

① 黄蓉：《近十年海南封堵高考移民相关政策浅析》，《内蒙古师范大学学报》（教育科学版）2009 年第 6 期。

② 胡秀锦：《农民工随迁子女高考升学政策思考——基于上海的研究》，《教育发展研究》2011 年第 3 期。

③ 苗宁礼：《高考移民问题的基本分析及解决思路》，《菏泽学院学报》2006 年第 6 期。

④ 杨淑娥：《"高考移民"现象研究——高考录取制度地区差异问题归因分析及解决策略思考》，硕士学位论文，西南大学，2006 年，第 131 页。

的社会学研究都是以教育社会学的视角为出发点进行的。

张蓓、李芬和邬远和利用社会结构理论分析认为，"高考移民"现象的产生实质上是历史传统、文化价值观等目标规范所提出的社会期望，与实现这种目标的手段、规范的结构性缺失相矛盾造成的。①

杨淑娥利用社会学的基本原理，尤其是利用社会学领域中的社会流动、社会分层、社会结构等重要概念，辅之以社会学的调查研究方法，归纳总结出了"高考移民"现象的重要原因。她试图通过对"高考移民"的文化反思来透视当下中国大众的社会心态嬗变与焦虑状态。但其研究存在的明显不足在于，从社会学领域挖掘出的具有重要价值的理论发现和实践对策并没有创新性，依旧没有脱离教育学的技术规范。

冲突理论是社会学中的一个重要理论，刘魁和高慧君利用该理论从观念冲突、利益冲突和价值冲突三个方面分析了"高考移民"现象中的不同利益冲突方，探究了"高考移民"现象背后深层次的原因。②

樊本富从西方社会学结构功能主义、冲突论、社会行动论和社会建构论多个理论视角对"高考移民"问题进行了分析，认为"高考移民"问题实质上是不同群体之间矛盾的表现与展开过程。他认为，要深刻理解"高考移民"问题就需要整合其他多个学科的各种理论范式，从多个方面去探究"高考移民"问题的实质，只有这样才能完整地认识"高考移民"问题以及与其相关的各种因素，进而更加科学、合理地解决它。③

（二）法律学

法律学领域对"高考移民"的研究，其视角多为宪法学、民法学、行政法学等，其内容主要集中在教育平等权和教育机会平等权两

---

① 张蓓、李芬、邬远和：《"高考移民"的失规和规范》，《中国青年研究》2004年第9期。

② 刘魁、高慧君：《"高考移民"现象的社会学分析》，《教育学术月刊》2010年第11期。

③ 樊本富：《社会学视角下的"高考移民"问题》，《教育与考试》2007年第3期。

个方面。郭殊和冯雪敏认为，造成"高考移民"现象的最根本原因，是我国缺乏基本的教育平等权，进一步来说，是作为公民宪法权利的平等权缺失的问题。[①] 另外，"高考移民"现象出现的直接原因是我国现行法律制度存在诸多漏洞，这些漏洞存在于很多方面。例如，在高考报名及考试的环节和流程中，我国目前对报考资格的审查、户籍学籍的规定、"高考移民"与正常的户口迁移的考生的区别等众多问题，都还没有一个统一的标准或法律条文。[②]

（三）经济学

经济学是很多研究中都要使用的学科。当前，我国实行市场经济，在此条件下，很多社会现象都可以利用经济学的观点加以分析和研究。在经济学领域中，成本和收益是一对重要的概念，李艳和袁祖望从这一对概念入手分析了"高考移民"现象，他们认为，"高考移民"现象之所以出现，其根本原因在于移民的收益大于移民的成本，这是由当前高考监管机制和录取机制不完善造成的。[③]

另外，很多学者利用利益博弈论对"高考移民"现象进行了分析，该理论是经济学中的一个重要理论。例如，李爱良认为，"高考移民"考生、地方政府和移入地学校是一个利益链条，透过这个利益链条可以发现"高考移民"的真正原因；他提出，要消解各利益方的利益，必须从行政控制、法律规范、体制创新这三条路径入手，唯有如此，才能最终解决"高考移民"问题。[④] 在对利益博弈论详细阐述的基础上，王燕构建了利益博弈模型，对"移民"考生、移入地学校、地方政府部门三者之间的博弈关系进行了细致分析。此外，她还对"移民"考生和地方政府之间的博弈，移入地学校之间以及移入地学校和地方政府之间的博弈，以及"移民"考生、移入地学

① 郭殊、冯雪敏：《对"封堵高考移民"事件的宪法学思考》，《辽宁警专学报》2004 年第 1 期。

② 孙平：《"高考移民"现象与教育平等权问题的法学思考》，《教育考试》2011 年第 1 期。

③ 李艳、袁祖望：《"高考移民"现象的深层原因及对策分析》，《湖北招生考试》2005 年第 20 期。

④ 李爱良：《"高考移民"的利益博弈》，《中国教育学刊》2006 年第 4 期。

校和地方政府之间的相互博弈进行了具体分析。通过对不同利益方之间相互博弈的分析，她清晰地勾勒出了不同利益方在"高考移民"现象中所起的作用。①

四　"高考移民"的影响

对"高考移民"影响的研究，几乎所有的研究都持否定态度，认为"高考移民"对社会、对学校、对考生都造成了不利的影响，应该严格禁止。具体表现在以下几个方面：第一，"高考移民"在很大程度上产生了进一步的教育不公平，对原本相对平衡的高考招生录取秩序造成了扰乱和破坏。②③ 一方面，"高考移民"考生觉得高考制度不公平，所以自己才选择"移民"，不仅经济成本花费较大，而且还要承受不小的心理压力，付出较大的精神成本；另一方面，"高考移民"移入地的考生觉得这些"移民"考生侵占了自己的利益，也觉得不公平，偶尔也会对"高考移民"考生采取一些过激的行为。④⑤ 第二，扰乱了对高考移入地中学教育水平的考察。对于移入地中学来说，"高考移民"考生的学习成绩一般好于移入地的考生，他们的"加入"可以提高移入地学校的录取率，造成升学率提高的假象。⑥ 这种假象会使上级教育主管部门在进行教育决策时发生偏差，做出实际上不利于移入地的教育政策，尤其是导致基础教育落后。第三，不利于高考移入地经济的发展。李若衡和陈志霞认为，有些省份希望利用倾斜的高考政策和相对较低的高考录取分数线来吸引参加高考学生的家长进行投资，但很多家长的投资只是为了子女教育进行的，并不是真正意义上的商业投资，当孩子教育目标实现以后，

---

① 王燕：《"高考移民"现象的博弈分析》，硕士学位论文，华南师范大学，2007年，第59页。

② 古光启：《当代中国"高考移民"问题的政策取向研究》，《天津师范大学学报》（基础教育版）2010年第2期。

③ 马岩茹：《对"高考移民"问题的法理思考》，《法制与社会》2009年第11期。

④ 邵云娜：《"高考移民"的教育社会学分析》，《教学与管理》2008年第1期。

⑤ 傅泉胜：《社会正义与高考移民》，《中央社会主义学院学报》2006年第1期。

⑥ 赖志琼、吴中宇：《"高考移民"现象分析》，《当代青年研究》2003年第4期。

这种投资就停止了，这没有对当地经济发展带来好处，而是造成损害，打破了当地经济发展的已有规划和持续性。"高考移民"带来的房地产的发展及小城镇的建设也并不是真正意义上的城市化，是虚假的城市化。[①] 第四，造成社会资源的极大浪费，不利于各种社会资源的优化配置。"高考移民"的学生及其家长为了"移民"要耗费大量的财力和精力，各地政府封堵"高考移民"还要耗费大量的人力、物力。这些社会资源没有用来发展经济，增进社会福利，而是用在了由于制度缺陷产生的内耗上，不仅造成了新的不公平，而且带来了极大的社会资源浪费。[②]

五 "高考移民"的治理对策

尽管有研究认为，"高考移民"现象的存在具有一定的合理性，在录取分数线相差悬殊、招生计划本地化倾向严重及城乡之间的录取名额分布不公平的条件下，"高考移民"的产生是有其现实原因的，是可以理解的，一味指责进而封杀"高考移民"显然是极不公平的。"趋利"与"避害"是一直存在的自然规律，在不公平的教育体制下，"高考移民"就是为了趋利避害，是遭遇招生不公平待遇的考生的一种社会化的本能行为。[③] "高考移民"是考生实现平等受教育权、追求考试公平的自我救赎之举，并且拉动了移入地的经济发展，促进了移入地考生勤奋向学风气的形成。[④] 但绝大多数的研究认为，"高考移民"损害了现有的教育机会均等与教育公平，限制"高考移民"，有利于经济落后地区人才的培养和发展，有利于缩小东西部地区之间的经济发展差距，有利于经济落后省区获取较大的高等教育投

① 李若衡、陈志霞：《封堵"高考移民"的社会学思考》，《湖北社会科学》2006 年第 1 期。

② 黄庆峰：《"高考移民"及其背后的制度原因探讨》，硕士学位论文，中国政法大学，2006 年，第 37 页。

③ 张继明、闫月娇：《为"高考移民"辩》，《学习月刊》2008 年第 6 期。

④ 韩欣欣：《私权利之视角下的高考移民现象》，《河北师范大学学报》（教育科学版）2006 年第 5 期。

资收益。①

　　针对"高考移民"现象，各地纷纷出台了相关措施进行打击和封堵，如新疆、甘肃、青海、内蒙古、广西、海南等地都出台了较为严格的措施。这些措施在很大程度上发挥了作用，但"高考移民"现象并没有杜绝，其根本原因在于这些措施出台的思维是将过错主要或全部推到了考生这一边，而没有从政府和社会这两个方面入手考察其中的原因，这种只针对学生的方法和措施显然不能从源头上解决问题。② 对"高考移民"进行封堵和拦截，只能使高考制度背后隐藏的失范状态和社会矛盾继续保持下去，是治标不治本的短视之举。③ 因此，解决"高考移民"问题不能只"堵"不"疏"，只"堵"不"疏"不能从根本上解决"高考移民"问题，必须"疏堵"并举，双管齐下。④

　　已有文献从多个视角提出了解决"高考移民"现象的措施，概括起来主要表现在以下六个方面。第一，逐渐合理地缩小地区间高考录取的分数差。尤其是要改变目前偏重大城市的招生名额配置办法，多侧重中小城市，同时扩大高校自主考试招生的权力，使高校形成独有的教育理念和办学特色。⑤ 第二，政府需要重新审视中国的教育制度及政策导向。弱化高考的作用，创新多元化的选拔机制和更多的选拔机会，强调终身教育，建设和开发"立体、多层、多元的优质教育资源"，努力开创职业技术教育、社会教育与普通教育共同发展的新局面，尤其是要重视职业技术教育的发展。⑥ 第三，加大欠发达地区，尤其是西部落后地区的基础教育投入和扶持力度。杨淑娥认为，

---

　　① 谢秀英：《政策限制的合理性分析》，《陕西青年管理干部学院学报》2007 年第1 期。
　　② 黄信恒：《"高考移民"政策分析》，《现代商贸工业》2009 年第9 期。
　　③ 姜传松：《高考供求均衡问题探析——"高考移民"的视角》，《高教探索》2008 年第2 期。
　　④ 马岩茹：《对"高考移民"问题的法理思考》，《法制与社会》2009 年第11 期。
　　⑤ 潘彩霞：《高等教育公平视角下应对"高考移民"现象的路径选择》，《中国成人教育》2010 年第7 期。
　　⑥ 刘祖强：《"高考移民"反思：一种教育失范的社会制度分析》，《当代教育论坛》2006 年第7 期。

消除分数线差并不是解决"高考移民"的根本办法，只有把教育相对落后地区的基础教育提高才是最根本的策略，国家必须加大对这些经济落后地区基础教育的扶持力度，逐步缩小发达地区和落后地区学校之间的差距。① 同时，要从根本上推动西部发展，调整产业布局，增强西部的经济实力。② 第四，加强户籍管理，提高高考报名门槛。增加高考报名透明度，加大"高考移民"的成本，降低"高考移民"的收益，完善社会监督机制，严惩"高考移民"过程中的各种腐败现象，维护高考公平。③ 第五，合理配置全国知名高校录取指标。在教育机会均等的前提下，让不同群体中相同比例的人接受高等教育，即在每个省份中有相同比例的学生进入高等教育系统，公开、透明地面向全国各地招生。④⑤ 第六，大力支持一般高校的发展，创造环境让一般高校在其中公平竞争；对于一些边远落后地区的高校建设，要设法加快其发展，尤其是要通过各种办法加强融资，加大对其重点高校建设资金的投入，增加优质高等学校教育资源存量。同时，从政策上鼓励和实行全国重点大学与边远地区省市的帮扶计划，对边远地区建设重点大学进行支援，促进全国重点大学优质教育资源的快速传播和发挥作用。⑥

六　已有研究存在的不足

已有研究对"高考移民"原因的探讨较为全面深入，然而综观这些研究，还是可以发现一些不足，主要表现在以下四个方面。

---

① 杨淑娥：《"高考移民"现象研究——高考录取制度地区差异问题归因分析及解决策略思考》，硕士学位论文，西南大学，2006 年，第 25 页。

② 彭秀丽：《"高考移民"现象的成因及其对策》，《现代教育科学》2005 年第 3 期。

③ 李小运：《"高考移民"现象的成因及出路——以西藏为例》，《教育发展研究》2006 年第 8 期。

④ 孙冬梅：《"高考移民"现象的公共政策思考》，《知识经济》2011 年第 7 期。

⑤ 周绣阳：《由"高考移民"现象引起的高考过程中教育不公思考》，《东方企业文化》2010 年第 10 期。

⑥ 王学海：《浅析西部地区出现的"高考移民"现象》，《西藏民族学院学报》（哲学社会科学版）2004 年第 3 期。

（一）局限于中国传统文化的影响

很多研究在分析"高考移民"的原因时都注意到了中国传统文化及观念的影响，但还仅仅是局限于这些文化和观念之中。除了这些传统观念之外，家长们、考生们是不是还受到了其他观念的影响，因为随着我国改革开放程度的不断加深以及加入世界贸易组织后与国际社会交往日渐频繁，人们的观念总要发生一些变化，而这些变化与传统观念之间的关系如何，这些观念又是如何影响家长和学子们决策的，只有分析清楚了这些问题，才能更好地探寻"高考移民"的深层次动因，而现有研究并没有给出明确的回答。

（二）过分迷信经济学理论

大部分的研究把"高考移民"现象的行为主体当成"理性经济人"，或者是从这样的假设和视角出发进行研究，认为其行为完全遵从"投入必有产出"、"投入必要大于收益"的假设。在市场经济条件下，这样的假设似乎合情合理，因为市场经济条件下一切围绕"利润"展开。然而，中国的实际和发达国家不同，中国有深厚传统观念的影响，很多社会、经济行为有悖"常理"。譬如，在中国农村地区经常会发现"再苦不能苦孩子"、"再穷不能穷教育"的现象，父母即使吃不上饭，也要想尽一切办法供孩子读书。显然，这是经济学原理难以解释的。"高考移民"现象就是类似情形。因此，在对"高考移民"原因进行研究时，不能简单地把"高考移民"参与主体看作纯粹的"理性经济人"，而是要考虑到掺杂其中的非理性成分。

（三）缺乏实证研究

目前，几乎所有对"高考移民"原因探讨的研究都是定性研究，缺乏实证研究。"高考移民"参与主体是一个特殊的群体，有别于一般的高考生群体，那么这一群体和一般高考生群体有何差别，哪些人口特征、社会特征导致或者影响了其选择"高考移民"？很明显，只有对"高考移民"参与主体的特征进行了全面、细致、准确的定量化分析，才能更好地把握其选择"移民"的背后推力。恰恰相反，现有研究只是泛泛而谈"高考移民"，对于参与其中的考生和考生家长的具体特征并没有清晰地刻画，对于影响变量并没有细致地归纳和探讨，这样得出的结论自然也就难以"对症"。因此，在未来的研究过程中，应把"高考移民"参与主体作为一个具有统一性格、统一思维方式的社会群体进行定量研究，进而挖掘出"高考移民"动因的影响因素。

（四）缺乏城乡之间的比较研究

我国特殊的城乡二元制结构，使得很多社会科学研究要进行城乡差异化研究或者比较研究，对"高考移民"原因的研究也不例外，但已有相关研究明显忽略了这一点，目前还没有研究针对城市、农村生源的"高考移民"原因进行探索。来自农村和城市的"高考移民"考生会在家庭收入、人际关系、教育信息获取等方面存在很大差异，而这些变量对于"高考移民"决策具有重要的影响作用。例如，不同家庭收入水平的考生所做出的移民决策会有很大不同。要进行城乡之间的比较研究，首先需要获取相关数据，通过定量化的调查研究就可以实现这一目标。有了一手的调查数据后，就可以进行科学、准确的定量分析。关于教育制度、教育过程中的城乡差异，通过对实地调查获取的数据进行分析就可以很容易地发现，发现这些差异对于制定公平、公正的教育政策、缩小城乡差距有很大的帮助。基于此，要加强城乡之间的比较研究，未来必须强化实地调查研究，从生源地差异的角度出发进行"高考移民"原因的探究，以从中更好地发现其移民动机。

第四节　家庭教育投资

一　对家庭教育投资原因的研究

国外对于家庭教育投资原因的考察，绝大多数是从经济因素出发的，即从成本和收益的视角对家庭教育投资决策过程进行分析，如贝克尔（Becker）和汤米（Tomes）基于传统的联合偏好函数形成的新古典家庭模型和社会相互作用模型[①]，迪顿（Deaton）提出的"家庭内部资源分配模型"（Intrahousehold Resource Allocation Model）[②]，卡琳（Karine）提出的"讨价还价模型"[③]，岳（Yueh）和艾德曼·德霍尔（Edmund Hall）在贝克尔的研究基础上提出的关于儿童人力资本投资的家长投资模型（A Model of Parental Investment in Children）[④]。

　　国内对于家庭教育投资原因的考察首先是从非经济因素出发的，而且重点也集中在非经济因素。例如，何更生对家庭教育投资的动机进行了更为细致的区分，认为家庭教育投资行为受五种动机影响：一是谋生动机；二是保险动机；三是荣耀动机；四是成就动机；五是提升动机。何认为，在不同的家庭中，进行教育投资的动机是有所区别的，有的家庭主要受谋生动机的驱使，有的家庭主要受荣耀动机的驱使，有的家庭为的是获得提升的资格，有的人则想成就一番事业。但是，无论对哪个家庭或个体而言，进行教育投资的动机都不是单一和固定不变的。一个家庭进行教育投资往往要受到几个动机的驱使，同时在家庭经济发展的不同时期或个体成长的不同阶段会有不同的动机。[⑤]

　　当然，在市场经济条件下，经济因素越来越凸显其重要性，对家庭教育投资原因的分析中也开始重视经济原因，但相对来说，国内在这方面的研究不多，研究得不够深入。例如，刘慧认为，家庭教育投资的主要原因在于：满足人的基本的精神和生活技能需要；通过投资帮助形成所需要的人力资本，并最终得到相应的经济收益，实现自我价值的体现。[⑥] 洪恺、李克强和周亚家认为，家长对子女的教育投资

---

① Becker, G. and N. Tomes, Child Endowments and the Quantity and Quality of Children, *Journal of Political Economy*, Vol. 84, No. 4, 1976.

② Deaton, A., *The Analysis of Household Surveys*, Baltimore: The Johns Hopkins University Press for The World Bank, Haddad, L. J. Hoddinott and H. Alderman, 1997.

③ Karine S. Moe, *Women, Family, and Work*, Blackwell Publishing Ltd. , 2003.

④ L. Y. Yueh, St. Edmund Hall, *A Model of Parental Investment in Children's Human Capital*, SKOPE Research Paper, 2001, No. 15.

⑤ 何更生：《家庭教育投资行为的动机分析》，《教育与经济》1999 年第 4 期。

⑥ 刘慧：《我国家庭教育投资行为分析》，硕士学位论文，首都师范大学，2009 年，第 116 页。

可以视作利己动机驱动下的利他行为，家长对子女进行教育投资的选择受到交易和利他两种动机的混合驱动。①

兰军认为，人们之所以进行家庭教育投资是因为教育能够带来经济和非经济的双重效益，表现在三个方面：一是通过进行教育投资获得教育机会，可以满足求知的欲望，充实精神生活，完成其劳动力尤其是智力的再生产，从而获得一定的社会地位，取得一定的经济收益。二是受教育程度越高，就业机会越多。在充满竞争的劳动力市场上，接受过良好教育的劳动者获得工作技能及各方面能力的提高，较容易获得就业机会，选择的范围也相对较大。三是受教育程度越高，工作保险系数越大。在社会转型过程中，产业结构必将调整，受教育程度较高的劳动者由于能力较强，可高质量地承担工作，或更容易转换其他工作，受教育程度低的人比受教育程度高的人失业的可能性更大。②

二　对家庭教育投资影响因素的研究

胡芳日认为，按照新古典经济学理论的观点，在人们合理行为的追求下，人们各种投资活动将均衡在它们投资收益率相等这一点上，但用它来解释中国人力资本投资是失效的。③ 中国家庭教育投资偏好的形成是多种因素共同作用的结果，有经济的因素，也有非经济的因素，其中非经济因素是造成中国家庭教育投资偏好形成的主要原因。国内的许多研究也发现了同样的问题。投资的私人成本、预期收益、就业状况及失业水平等是农户在做出教育投资决策时首先考虑的影响因素④；而子女自身学习状况、母亲决策权以及母亲受教育年限、教育投资价格、父亲受教育年限、人均家庭收入等也是影响农村家庭教

---

　　① 洪恺、李克强、周亚家：《家庭教育投资的动机与行为分析》，《北京师范大学学报》（自然科学版）2008 年第 10 期。

　　② 兰军：《关于家庭教育投资的理性思考》，《统计与决策》2002 年第 8 期。

　　③ 胡芳日：《我国家庭教育投资偏好形成及其影响》，《企业家天地》2006 年第 12 期。

　　④ 李宏：《农村家庭人力资本投资：基于现状与基本模型的框架分析》，《新疆财经》2006 年第 1 期。

育投资的重要因素①。由此可见，影响家庭教育投资的因素比较复杂。由于影响家庭教育投资的因素很多，本书在分析这些因素时，主要从人口学的视角出发，希望其对本书的研究有所裨益。

（一）家庭收入水平的高低

国外大部分学者认为收入是影响父母对子女教育投资的重要因素。伯尔曼（Behrman）指出，贫困的家庭不会向子女最大限度地提供发展其人力资本的充足财富。② 菲利普·H. 布朗（Philip H. Brown）和艾伯特·帕克（Albert Park）认为，在影响教育投资及子女学习成绩的因素中，贫穷是非常重要的因素，例如在借贷约束限制的条件下，生活在贫困家庭的子女其辍学率要高出富裕家庭 3 倍。③埃里克·莫林（Eric Maurin）认为在对子女学习成绩产生影响的因素中，贫穷比父母受教育程度的影响更大，父母的收入每增加 10% 将引起小学教育中的降级下降 6.5%。④ 劳埃德（Lloyd）和布兰克（Blanc）的研究指出，男孩的教育获得比女孩更易受家庭经济状况影响。⑤

国内学者普遍认为，家庭是教育成本的当然承担者，也是教育的当然投资者。因此，家庭教育投资规模的大小，主要由家庭可支配收入多少来决定，居民家庭收入的增加为家庭教育投资和改善家庭成员的生活质量提供了坚实的保证。⑥ 此外，家庭收入的稳定状况直接影响到了家庭对子女上学的支撑能力，而且家庭收入决定家庭对优势教

---

① 李旻、赵连阁、谭洪波：《农村地区家庭教育投资的影响因素分析——以河北省承德市为例》，《农业技术经济》2006 年第 5 期。

② Becker, G. and N. Tomes, Child Endowments and the Quantity and Quality of Children, *Journal of Political Economy*, Vol. 84, No. 4, 1976.

③ Philip H. Brown, Albert Park, Education and Poverty in Rural China, Department of Economics, 2001.

④ Eric Maurin, The Impact of Parental Income on Early Schooling Transitions A Re - examination on using Data over Three Generations, *Journal of Public Economics*, Vol. 85, 2002.

⑤ Lloyd, C. B., Blanc, A. K., Children's Schooling in Sub - Saharan Africa: the Role of Fathers, Mothers, and Others, *Population & Development Review*, Vol. 22, No. 2, 1996.

⑥ 栾俪云：《城镇居民家庭教育投资趋向探析》，《教育与经济》2001 年第 2 期。

育资源的获取以及对扩展性教育投资的选择。[①]

　　焦巍巍和王祯昌利用北京市的统计资料定量分析了家庭教育投资和家庭收入之间的关系，研究发现：第一，家庭教育支出与家庭收入水平是正相关的，在其他因素不变的条件下，人均国内生产总值每增加 1 个单位，家庭教育支出将增加 0.056 个单位；第二，家庭教育支出并非是刚性的必需支出，只有当收入达到一定水平时，居民才有可能用于家庭教育消费支出；第三，家庭教育支出水平增长的速度大于家庭收入水平增长的速度，即家庭教育支出水平随家庭收入增长而超前增长。[②] 殷红霞对西部农村地区的调查也证实了家庭收入对家庭教育投资的影响，她发现，家庭收入越高，子女受教育年限越长，其成才的机会越多，相应地，子女受教育年限越长，其独立生活能力越强，并以各种形式给予家庭的回报越多。[③]

　　但是，张俊浦和李燕琴的研究却认为，在对家庭教育投资的影响因素中，家庭经济收入是一个复杂的因素，其并不直接对家庭教育投资力度产生明显的影响，但是当家庭经济状况达到一定水平时，它就会明显提高家庭教育投资的水平。教育投资价格是影响父母对子女教育投资的重要因素，而家庭收入对子女教育投资的影响是不显著的。[④] 龚继红和钟涨宝基于对湖北省随州市农村家庭的研究发现，在家庭人均纯收入为 3000 元以下的水平状况下，家庭经济状况并不直接对家庭教育投资力度产生明显影响，只有当家庭经济状况达到相当水平（年人均纯收入达到 3000 元及以上）时，家庭教育投资水平才会有明显提高。[⑤] 杨利平和宋元梁的研究认为，农村家庭的经济能力

　　① 吴银涛：《城市新移民家庭教育影响因素探索——以成都市部分流动家庭的亲子关系为例》，《成都大学学报》（人文社会科学版）2007 年第 1 期。

　　② 焦巍巍、王祯昌：《北京市居民家庭教育投资分析》，《商场现代化》2009 年第 12 期。

　　③ 殷红霞：《西部地区农户家庭教育投资与收入变动关系的调查分析——以陕西关中地区为例》，《教育科学》2007 年第 5 期。

　　④ 张俊浦、李燕琴：《西北农村家庭教育投资影响因素分析——以甘肃农村为例》，《河西学院学报》2008 年第 3 期。

　　⑤ 龚继红、钟涨宝：《农村家庭子女数量对家庭教育投资行为影响的实证研究——基于湖北省随州市农村家庭的调查》，《经济师》2006 年第 8 期。

对其教育决策起着重要作用，其中，人均收入在 2500 元以上的农户更愿意投资，相反，人均收入少于 1500 元的农户投资意愿较弱。[①] 刘守义的研究也支持了这一观点，他认为家庭经济收入并不对家庭教育直接投资产生什么影响，只有当家庭收入状况达到相当水平时（年人均收入 2000 元以上），家庭才会决定增加教育投资。[②]

（二）父母的受教育程度

贝克尔的研究已经表明，母亲的受教育程度与子女的质量成正比例关系，即在养儿育女方面，母亲受教育程度的提高对子女的质量有显著的正面影响。国外的很多研究发现，父母的受教育程度显著地影响子女的受教育程度［如哈夫曼（Haveman）和沃夫（Wofe），1995］。但母亲的受教育程度对家庭教育投资是否也具有正面的影响呢？很多研究表明，母亲的受教育程度在家庭教育投资上具有重要的影响。

李旻、赵连阁和谭洪波认为，母亲在家庭中的决策地位和母亲的受教育程度都会影响对子女教育投资的选择，文化程度高且在家庭地位高的母亲，对子女的教育投资有积极促进作用，而且母亲的受教育程度对子女的影响要大于父亲。[③] 吴银涛通过实地调查发现，父母的文化程度和父母的职业地位待遇影响了亲子关系，进而又影响到其对孩子教育的投入。张俊浦的研究也认为父母的文化程度直接影响农村家庭教育投资状况。[④]

丁小浩通过数据分析得出结论，父亲受教育程度越高，子女接受高等教育的机会就越多。[⑤] 李著、林毅夫和姚洋的研究更精确地表

① 杨利平、宋元梁：《西部农村家庭教育投资意愿影响因素的 Logistic 分析——以陕西省为例》，《农业技术经济》2007 年第 5 期。

② 刘守义：《农村家庭母亲文化程度对家庭教育投资影响的研究》，《河北北方学院学报》（人文社会科学版）2009 年第 2 期。

③ 李旻、赵连阁、谭洪波：《农村地区家庭教育投资的影响因素分析——以河北省承德市为例》，《农业技术经济》2006 年第 5 期。

④ 吴银涛：《城市新移民家庭教育影响因素探索——以成都市部分流动家庭的亲子关系为例》，《成都大学学报》（人文社会科学版）2007 年第 1 期。

⑤ 丁小浩：《对中国高等院校不同学生群体的调查报告》，人民教育出版社 2005 年版，第 32 页。

明，母亲的受教育年限每增加 1 年，子女完成高中阶段学业的概率就增加 3%，农户子女的高中完学率将增加 6%。与初中相比，母亲的作用在子女的高中教育投资方面更加显著。[①] 孔慧对贫困地区妇女地位对农村家庭教育投资影响的实证研究发现，随着母亲受教育程度的提高，其子女有过择校经历的比例也越来越大（表明家庭教育投资比例增大），而且把这种期望变成现实的动力也越大；其子女辍学人数的比例逐渐减少。[②]

（三）家庭子女数

在家庭对子女教育投资的因素中，父母的经济能力与家庭子女数是重要的影响变量，因为家庭教育投资的需求主体是子女，而投资主体是父母。因此，在父母收入既定的情况下，家庭子女的数量越多，那么家庭对食品和衣服等商品性消费就越多，相应地，对子女教育等方面的消费就会减少，反之亦然。也就是说，少年抚养指数越低，经济人口负担受教育人口就越容易，对教育的投入也就越大。20 世纪 70 年代末期以来我国实行的计划生育政策，使我国的少年抚养指数迅速下降。我国少年抚养指数的快速下降，说明我国一般家庭在子女教育方面的负担将由单纯的量的要求向质的要求转变，家庭对教育的投入也必将大幅度增加。[③] 但就家庭教育投资意愿来说，农村家庭无论子女多少，都把考大学作为教育投资的主要动机，尤其是独生子女家庭和多子女家庭，与子女少的家庭相比，更希望子女考大学，更迫切希望子女通过教育实现社会流动。[④]

研究发现，在家庭教育投资选择上，独生子女家庭对子女的教育期望没有显著的性别差异，而多子女家庭对子女的期望却存在比较显著的性别差异，多子女家庭存在一定程度的性别和年龄偏向，而且容

① 李著、林毅夫、姚洋：《信贷约束、土地和不发达地区农户子女教育投资》，《中国人口科学》2006 年第 6 期。
② 孔慧：《贫困地区妇女地位对农村家庭教育投资影响的实证研究——以云南省梁河县为例》，硕士学位论文，云南师范大学，2008 年，第 73 页。
③ 栾俪云：《城镇居民家庭教育投资趋向探析》，《教育与经济》2001 年第 2 期。
④ 龚继红、钟涨宝：《农村家庭子女性别结构对家庭教育投资行为的影响——湖北省随州市农村家庭的调查》，《青年研究》2005 年第 3 期。

易受情感影响做出非理性的选择。[①]

杜堂、任丽莉和刘守义通过对农户的抽样调查分析发现，农村家庭子女数量的多少不仅将会直接影响到农村家庭对子女的教育投资，同时还会对家庭教育投资方式产生重大影响。家长在为孩子进行教育投资的时候，孩子的数量往往会影响其考虑的方式，家庭孩子数量越少，其教育投资的压力越小，那么投入的内容会越多，这也就是说子女数量少的家庭，教育投入的内容多，子女数量多的家庭其教育投入的内容相对少。[②] 龚继红和钟涨宝的实证研究发现：多子女家庭进行一定的货币投资，在物质投资上多为耐用品，但在人力投资上却较少；子女少的家庭在子女接受教育的过程中较少进行经济投资，少量的物质投资也多为短期的消费品，但在人力投资上相对多些。[③]

（四）家庭子女性别结构

国外已有研究发现，子女的性别结构对家庭教育投资是有影响的。迪特瑞（DeTray）发现，家庭收入对马来西亚女孩的影响要大于对男孩的影响。[④] 伯尔曼和诺尔斯（Knowles）也发现，在越南女孩很难接受到家庭教育投资。伯尔曼认为，家庭教育投资存在重男轻女的现象，这一现象的发生主要是因为家庭资源不足造成的，家庭资源不足，父母倾向投资于儿子，而在家庭资源充裕的时候父母会投较多的资源在女儿身上，以免女儿被不公平对待。[⑤]

刘守义、任丽莉和韩惠鹏的实证调查研究发现，在农村家庭教育投资过程中，子女性别结构不构成影响家庭投资的一个重要因素；在农村家庭对教育的投资过程中，不存在比较严重的性别偏好。然而，

① 刘守义：《农村家庭母亲文化程度对家庭教育投资影响的研究》，《河北北方学院学报》（社会科学版）2009 年第 2 期。

② 杜堂、任丽莉、刘守义：《农村家庭子女数量对农村家庭教育投入影响的研究》，《安徽农业科学》2009 年第 24 期。

③ 龚继红、钟涨宝：《农村家庭子女数量对家庭教育投资行为影响的实证研究——基于湖北省随州市农村家庭的调查》，《经济师》2006 年第 8 期。

④ DeTray, D., Government Policy, Household Behavior, and the Distribution of Schooling: A Case Study of Malaysia, *Research in Population Economics*, No. 6, 1988.

⑤ Behrman, J. R. and J. C. Knowles, Household Income and Child Schooling in Vietnam, *The World Bank Economic Review*, Vol. 13, No. 2, 1999.

在家庭有困难，仅能维持少数或一个孩子的教育时，农村家庭的选择标准基本上都是依据成绩的好坏，但除此以外，还是存在一定的性别偏向和年龄偏向。男孩和年龄小的孩子成为家庭选择的第二标准，且突出地表现在一女多子和多子结构的家庭身上。在农村家庭教育投资过程中，大多数家庭都会做出理性的行为，其中也存在非理性的性别偏好和年龄偏好，其表现为以男孩为重和以幼为重。[①]

龚继红和钟涨宝根据对湖北省随州市进行的随机抽样调查得出结论认为：性别偏好在农村家庭教育投资中比较严重，家庭教育投资的数量在很大程度上取决于子女的性别结构；在教育投资目标的选择上，其选择标准除学习成绩上的择优外，还有年龄上的择小、性别上的择男倾向；如果家庭中的子女结构为单一性别，那么该家庭没有性别偏好，但倾向于进行额外投资，以为子女求得继续接受教育的机会。[②]

孙志军和杜育红对内蒙古农村家庭状况进行了调查，得出结论认为：家庭经济条件对女童教育的影响超过了对男童的影响；父亲的教育对儿童入学有正的影响，母亲教育的影响并不明确，前者对儿童入学的影响超过了后者，两者对男童的影响都超过了对女童的影响。[③]

（五）父母的职业与年龄

已有研究发现，父母的职业和年龄也是影响家庭教育投资的重要因素。李红伟借助1999年国家统计局中心城区社会经济调查总队的数据研究发现，家庭教育投资最高的是科研技术部门，其家庭人均教育消费是最低的从事采掘业的家庭支出的1.7倍。[④] 父母的年龄对子女的家庭教育投资具有重要的影响。李立荣对上海城乡居民家庭教育投资行为的实证研究发现：越是年轻的父母，越是倾向于共同决定子女的家庭教育投资情况；年龄越大的父母期望孩子接受的教育程度越

---

① 刘守义、任丽莉、韩惠鹏：《农村家庭子女性别结构对家庭教育投资行为影响的研究》，《教育经济》2008年第35期。

② 龚继红、钟涨宝：《农村家庭子女性别结构对家庭教育投资行为的影响——湖北省随州市农村家庭的调查》，《青年研究》2005年第3期。

③ 孙志军、杜育红：《农村居民的教育水平及其对收入的影响——来自内蒙古赤峰市的证据》，《教育与经济》2004年第1期。

④ 李红伟：《中国城镇居民家庭教育消费实证研究》，《教育与经济》2000年第4期。

高；年龄越大的父母在进行家庭教育投资决策时越会考虑孩子的学习成绩，也就是考虑教育投资的实现程度，而年轻的父母因为生活的时代高等教育得到较快的发展，获得升学的机会相对容易些，所以对这一点的考虑相对较少；年龄越大的父母考虑孩子将来的就业期望越少，也就是说对教育投资的收益考虑较少；年龄较大的父母在家庭教育投资过程中习惯于量力而行，做任何投资的时候都会考虑到家里的经济条件，在进行教育投资时自然也不例外；年龄大的父母在教育投资动机上更有功利性，而年轻父母对教育的本质有更清楚的认识；在家庭教育的情感投资方面，年龄较大的父母更加任劳任怨全身心投注到孩子的身上，而年轻父母更注意自我，对孩子投注的时间和情感会相应减少。[1]

（六）孩子的学习质量

李旻、赵连阁和谭洪波对河北承德农村的调查研究显示，子女自身学习情况是决定父母对子女教育投资的最重要因素。[2] 邹小芄、杨莹和钱英所做的实证研究发现，在大多数情况下，对于学习质量较高的子女，家长对其后续的教育投资支出会相对较多，且效应十分强烈。子女的学习质量可以看作家庭教育投资收益，家庭教育投资支出相当于投资成本。[3] 洪恺、李克强和周亚家（2008）利用经济学原理进行的研究也认为，家长对子女的教育投资主要与子女的才智水平有关，其动机和行为比较接近于一般的投资活动。[4]

三　对家庭教育投资风险及原因的研究

任何投资都有风险，家庭教育投资也不例外。一般认为，家庭教

---

① 李立荣：《上海城乡居民家庭教育投资行为实证研究》，硕士学位论文，复旦大学，2009 年，第 73 页。

② 李旻、赵连阁、谭洪波：《农村地区家庭教育投资的影响因素分析——以河北省承德市为例》，《农业技术经济》2006 年第 5 期。

③ 邹小芄、杨莹、钱英：《影响家庭教育投资收益的因素：来自中国的实证数据》，《浙江统计》2007 年第 6 期。

④ 洪恺、李克强、周亚家：《家庭教育投资的动机与行为分析》，《北京师范大学学报》（自然科学版）2008 年第 10 期。

育投资的风险源于其本身的特点。孔慧和刘慧对此进行了详细分析：首先，家庭教育投资具有长期性，不是一年两年就能完成的，而且一旦做出投资选择，学制过程是不可重复的；其次，家庭教育投资的收回具有一定的迟效性，即教育投资转变为教育能力，发挥教育的经济效益又需要一个很长的时间和过程，因为所学的理论用于实际工作，在生产中发挥作用也还需要一段时间；最后，家庭教育投资具有不确定性，家庭教育投资只有和劳动环节结合才有可能实现投资回报，如果做出教育投资之后没办法实现或不参与生产性、非生产性的劳动产出过程，投资视为失败。[1][2]

由于家庭教育投资风险包括很多内容，丘兆逸对此根据风险能否通过分散进行规避，把家庭教育投资风险分为两种类型：其一，非系统风险，指某些因素对单个家庭教育投资造成损失的可能性；其二，系统风险，指由于某些因素给市场上所有的家庭教育投资都带来损失的可能性。丘兆逸认为，低收入家庭面临的家庭教育投资风险主要来自非系统风险，而中高收入家庭面临的家庭教育投资风险则主要来自系统风险。[3]

家庭教育投资风险的存在主要是因为居民家庭教育投资的风险意识比较淡薄，家庭教育投资决策存在非理性的因素，家长在利他主义动机的推动下，只看到教育投资给孩子将来可能带来的各种收益，而看不到教育投资存在的风险和孩子个体之间的差异。[4] 已有研究把家庭教育投资风险形成的原因主要归结为以下几点：第一，投资目的功利化、目标单一化。随着当前就业压力的增大，上大学找到好工作的现代功利主义模式也成为家庭教育投资的一种普遍的社会心态。很多家长并不把子女上学看作是提高子女素质的方式，其家庭教育投资只

---

① 孔慧：《贫困地区妇女地位对农村家庭教育投资影响的实证研究——以云南省梁河县为例》，硕士学位论文，云南师范大学，2009年，第43页。

② 刘慧：《我国家庭教育投资行为分析》，硕士学位论文，首都师范大学，2009年，第62页。

③ 丘兆逸：《浅析不确定性条件下家庭教育投资的风险》，《广西师范学院学报》（哲学社会科学版）2004年第1期。

④ 李立荣、林荣口：《上海居民家庭教育投资行为的调查》，《上海教育科研》2009年第7期。

是为了提高学习成绩、特长培养，重视的只是孩子的文化学习和智力开发，严重忽视思想品德教育，忽视家庭文化氛围建设，忽视了对孩子的人格培养，而较少关心孩子的道德品质、学习习惯和劳动技能等方面的发展。① 第二，家庭教育投资水平的评估能力差。城镇居民中个人家庭对自己教育投资水平的判断比较容易出现误差，且存在着更容易低估自身教育投入水平的倾向。而实际情况是，多数个人家庭教育投资比较合理，而相当多的个人家庭存在着教育投资过度的现象。② 宗利永和孙绍荣的研究也认为，除了很多家庭在教育投资时不考虑自身经济状况、不计回报之外，更多的家庭由于处于信息不对称的外部环境、社会文化背景，以及受自身的认知水平、个人选择偏好等诸多因素的影响，其很难对自身家庭教育投资成本和收益进行评估，在缺乏定量分析的情况下，他们往往参考媒体宣传的显著的、具体的、典型的事例作为决策的依据和参照对象。③ 第三，存在盲目攀比和从众的心理。当前为数众多的家长存在贸然做出教育投资决断的现象，他们往往根据社会上的热门专业、教育潮流和周围人群的教育行为做出教育投资判断并付诸行动，而不考虑孩子的兴趣爱好、先天禀赋。在这种情况下，父母往往是看到别人的孩子送私立学校，就慌忙把自己的孩子也送进去；发现别人的孩子进了辅导班、请了家教，又赶紧照搬不误。而且，家长在这样做的时候，往往对孩子的兴趣和意愿置之不理，自作主张。④

四　对家庭教育投资风险应对的研究

刘慧利用相关数据进行宏观分析后认为，随着收入差距、地区经

---

① 吴晟：《现代家庭教育投资问题的分析与对策》，《湖南广播电视大学学报》2006年第4期。

② 王远伟、朱苏飞：《中国城镇居民家庭教育投入的状况和特征》，《教育与经济》2009年第4期。

③ 宗利永、孙绍荣：《家庭教育投资行为误区与决策认知偏差》，《成人教育》2007年第7期。

④ 陈金梅、王群松：《家庭教育投资的非理性化探析》，《当代教育论坛》2007年第7期。

济政策等因素影响，城乡家庭教育投资差距、各地区家庭教育投资差距以及不同收入家庭的教育投资差距越来越明显，差距开始扩大，而且在家庭教育投资过度这一常态下，部分家庭开始停止教育投资。[①]胡芳日认为，家庭教育投资过程中存在的种种问题会对中国社会经济的发展造成较大的影响：首先，使我国教育发展速度明显快于经济发展速度，容易出现结构性人才过剩，造成人才闲置和浪费，人力资本投资收益率低于物质资本投资收益率，甚至低于同期银行存款利率；其次，影响中国宏观经济政策的执行效果；再次，加快了社会分化的速度；最后，容易导致教育寻租行为，产生教育腐败。[②]

针对家庭教育投资过程中存在的风险，已有研究给出了相关对策。第一，政府要加大教育投入承担起发展教育的职责，创造环境降低家庭教育的投资风险。[③] 第二，政府要加快教育体制改革，规范教育市场，为居民家庭参与教育投资创造良好的市场环境，公平体现投资中所涉及的各方利益关系，合理分配各种利益。[④] 此外，教育市场的政策制定者应当重视教育投资心理和投资行为的研究，合理引导教育投资者行为，避免盲目地追随"潮流"；舆论管理部门应加强信息化建设，注重政策宣传的作用，重视信息舆论对家庭教育投资行为的影响，构建教育投资的"理性"环境；建立个人生涯规划咨询行业和家庭理财的专门机构，弥补投资者的认知不足。[⑤] 第三，家长要提高自身文化修养和投资能力，摒弃学习至上的价值观和功利主义思想，要改变对高职高专类学校的偏见，树立正确的"成才观"，为孩子选择真正适合的教育方式。合理预期家庭教育投资的收益，提前做

---

① 刘慧：《我国家庭教育投资行为分析》，硕士学位论文，首都师范大学，2009 年，第 62 页。

② 胡芳日：《我国家庭教育投资偏好形成及其影响》，《企业家天地》2006 年第 12 期。

③ 陈江：《北京市城镇居民家庭教育投资的变动分析》，《商场现代化》2009 年第 7 期。

④ 吴晟：《现代家庭教育投资问题的分析与对策》，《湖南广播电视大学学报》2006 年第 4 期。

⑤ 宗利永、孙绍荣：《家庭教育投资行为误区与决策认知偏差》，《成人教育》2007 年第 7 期。

好对事前风险的估计和预防，提高教育投资质量和能力，不仅要重视子女的智力投资，还要重视除智力外的各方面的投资。[①] 第四，大力发展职业教育和成人教育。[②] 第五，尽快完善我国社会保障制度，特别是农村社会保障制度要尽快纳入全社会的社会保障体系大家庭中来，以减少人们对未来风险的预期压力。[③]

第五节　小结

已有研究对高考复读、"高考移民"以及家庭教育投资这些强烈表征"高考热"的现象进行了全面细致的分析，基本涵盖了"高考热"现象的前因后果，尤其是对其背后深刻的原因进行了阐释，为将来的相关研究奠定了良好的基础。但由于这些研究出发点不尽相同，视角各异，因此还存在这样或那样的不足，主要表现在以下五个方面。

第一，研究视角主要集中在教育学、法学、经济学、管理学等领域，虽有一些文献是从社会学的视角出发进行分析的，但内容较为宏观、粗略，而且还没有文献从人口学视角予以论述。例如，对高考复读的研究，始终没有摆脱教育学的领域，即便有的从中国传统文化上入手进行分析，但力度非常有限。高考复读作为一个重要的社会现象，是伴随着高考人数不断增多、高校扩招出现的，其所发生的人口宏观背景是什么，作为一个特殊的社会群体，其所具有的社会心理又是什么，这是现有文献都没有回答的问题。诚如马璀莹所指出的，高考复读现象不是一个简单的教育现象问题，它涉及国家的教育体制、教育思想、教育收费政策、社会就业形势、社会经济发展、人们的思维习惯和方式、民族文化传统等一系列的问题，不是一个简单的措施

---

① 栾俪云：《城镇居民家庭教育投资趋向探析》，《教育与经济》2001 年第 2 期。
② 陈江：《北京市城镇居民家庭教育投资的变动分析》，《商场现代化》2009 年第 7 期。
③ 胡芳日：《我国家庭教育投资偏好形成及其影响》，《企业家天地》2006 年第 12 期。

就可以解决的。① 因此，如果不对高考复读进行深入的考察，那么针对这一现象所提出来的改善对策不可避免地会存在一定的问题。

第二，大部分的研究都把高考复读、"高考移民"和家庭教育投资的行为主体当成"理性经济人"，或者是从这样的假设和视角出发进行研究，而没有把这些行为主体当作一个具有统一性格、统一思维方式的社会人来进行研究。这种研究思路在对家庭教育投资的研究中尤为常见。现实是，如果所有参加高考的孩子包括其参与高考决策的父母在内都是"理性经济人"的话，那么"高考热"现象就不可能存在了，因为现实中大量存在的是不计教育回报、超越家庭经济能力盲目加大对孩子的教育投入的现象，而这些现象往往是经济学很难解释的。

第三，对家庭教育投资影响因素的分析较多地考虑到了人口变量，但从现有的研究看，这些研究并没有系统地从人口学的视角出发，而仅是在某一项研究中零散地使用到了人口特征变量。在对高考复读和"高考移民"原因的探讨中，虽然内容相对丰富，但其探究流于表面。例如，绝大部分研究认为，"高考复读热"的背后，反映的是高等教育这一公共产品的供求矛盾问题，即教育供给小于教育需求，同时也是教育资源配置不合理的映射。② 但"高考复读"群体的结构变化根本不能合理解释这一现象，因为即便有上大学的机会，很多考生还是选择放弃而去复读，因此这其中的原因必须从这一群体本身出发才能更好地予以探究。

第四，高考复读、"高考移民"和家庭教育投资三个方面的研究都注意到了中国传统观念的影响，但除了这些传统观念之外，家长们、学子们是不是还受到了其他观念的影响，因为随着社会的发展以及国际化的影响，人们的观念总要发生一些变化，而这些变化与传统观念之间的关系如何，这些观念是通过什么传播途径影响家长和学子们决策的，而且又是如何影响家长和学子们决策的，现有研究并没有

---

① 马瑾莹：《高考复读问题研究综述》，《河南职业技术师范学院学报》（职业教育版）2008 年第 3 期。

② 陈晓展、冯晓彤：《高考复读热的背后》，《瞭望》2007 年第 34 期。

给予一定的回答。

第五，对高考复读、"高考移民"和家庭教育投资中涉及的数量规模问题探讨较少，或者说研究得不够深入和细致。例如，在对高考复读的研究中，在某种程度上来说，高考制度一建立，高考复读现象就应运而生了，从20世纪五六十年代的"同等学力考生"，到20世纪70年代的"补习生"，再到20世纪八九十年代的"高考落榜生"，都是高考复读现象的直接表现形式。但需要说明的是，那时高考复读生的数量是非常有限的。[①] 然而，自从1999年高校开始扩招之后，高考复读生的数量发生了很大变化，逐年增多，而且其构成也发生了很大变化，让人自卑、不自信的"落榜生"的概念越来越淡化，复读在某种程度上已经不是一种失败，而是成为一种向更高理想迈进的"策略"。那么，高考复读生的总量在高校扩招前后有什么变化，特别是"主动复读生"群体是如何产生的，其背后的巨大推动力来自于哪里，以及其量变是如何形成的，并具有什么样的发展趋向。更重要的是，这些现象及其现象发生的量变与人口学因素有什么样的关系。已有文献对于上述这些看似基本而简单的问题并没有给出一个深入细致的回答，其所进行的高考复读生总量的推算过于简单粗略。

总之，已有研究之不足可以大体概括为：第一，没有直接触及"高考热"这一现象本身，再进一步说，没有对"高考热"现象本身进行定量化、明确化，进而对其展开研究，譬如研究对象"家庭教育投资"是比"高考"更广义的现象，对它的研究虽然在某种程度上说明了"高考热"，但仍不具有明确的指向性。第二，没有利用广义数据进行定量研究，大部分研究还是文献研究；虽然有时点调查数据对家庭教育投资进行实证研究，但其出发点不是为了研究"高考热"，所以得出的结论不够全面。第三，没有完全针对高中时期的家庭教育投资进行分析，笼统地谈家庭教育投资不能很好地考察"高

---

① 张克新、朱成科：《关于我国高考复读现象之"繁荣"的思考》，《当代教育论坛》2007年第6期。

考热"这一复杂的社会现象。第四，尽管国内绝大部分研究是从非经济因素出发来考察我国家庭教育投资的，但对经济因素的重视和考察胜于对非经济因素，这与中国一直以来较为强烈的高考冲动是不相符的。

第三章　中国高等教育需求的测量

第一节　基本概念及测量思路

一　基本概念

从经济学的角度讲，需求指的是在一既定的条件下，消费者愿意并且能够购买的商品或者服务的数量。从这一定义出发，需求主要包括两个方面的内容：一是意愿；二是能力。据此，中国高等教育需求指的是，在一既定的条件下，人们希望并且能够获得的高等教育机会。这里的"人们"主要是指高考参与者和相关者。高考相关者主要是高考参与者的父母，长期以来，在中国传统文化的影响下，父母对于高考参与者的影响是非常大的，即要想测量中国高等教育需求不能忽视高考参与者父母的因素，然而要测量高考参与者父母对于高等教育需求的大小，当前并没有相关数据，只能通过问卷调查获得。但实际上，高考参与者父母的高等教育需求往往通过高考参与者表达出来，所以只要测量高考参与者的高等教育需求即可。

相对来说，高考参与者是一个较为笼统的概念，它包含了一个较为广大和广泛的群体。"广大"比较容易理解，指的是人数多，众所周知，中国的受教育人口数量很大。"广泛"指的是参与者作为一个人口群体类型较多，既有高中毕业生，也有职业学校学生，还有社会考生，而这些是"直接"参与高考满足自己高等教育需求的人群；还有初中生、小学生，这是几年之后"间接"参与高考满足自己高等教育需求的人群。而从实际高考参与者人数上来说，小学生、初中生和高中生是主流，是大多数，因此只要测量他们间接、直接的高等教育需求基本上就可以了解中国高等教育需求现状了。

二 测量思路

对小学生和初中生高等教育需求的考察，反映的是人们对中国高等教育需求的普遍状态，即人们对高等教育有多高的需求，在高等教育的选择上有怎样相似、相同的思维方式及操作路径。这种需求在很大程度上来说还是一种"潜在的"需求，某种正在积极酝酿还未爆发的需求，更多地表现为人们的心理投向，没有触及真正意义上的"需求"。然而，这种"需求"貌似不是本书所真正要研究的高等教育需求，但从其实际的意义和作用来看，它更能说明人们对高等教育需求的强度。譬如，假设全国所有入学的一年级小学生都无一例外地表示要在十几年后参加高考，这对当前高等教育需求的测量意义不大，但它从时间的角度透露出一个重要的信息，即使未来还有十几年的时间可以让现在的一年级小学生去选择受教育的方向，可他们还是要选择参加高考，可见人们对高等教育需求的强烈。

对高中生高等教育需求的考察，是对高等教育需求现状的基本考察，它展现了当前高中学生积极投身高考中的热情、热力和热度，更直接地表明了对高等教育需求的强度。可以说，对小学生和初中生的需求考察，是从浅层和外围对高等教育需求的描述，对高中生的高等教育需求的描述，是从深层和内部对高等教育需求的描述，考察的是高中学生的高考参与行为和状态。再进一步比较，从时间上来说，对小学生、初中生的考察是发现人们较为远期的高等教育需求意愿，以及对高等教育需求、选择的强度；对高中生的考察是发现人们近期或者是即期的高等教育需求意愿。

总之，上述阐述的是对高等教育需求远期和即期的需求情况，也可以理解为间接需求和直接需求的情况。除此之外，对高等教育需求的测量还可以从结果上进行表示，即这些远期、间接和即期、直接的高等教育需求到底实现了多少，达到了一个怎样的程度，即其对社会产生了怎样的影响和效果。可以说，这个测量是对前面二者考察结果的总结，是对二者的应答和呼应。需要指出的是，这一层面的考察仍然是从浅层和外围对高等教育需求的考察，但它不同于前面的考察，原因有二：其一，从考察对象上来说，它不是对初中生、高中生高等教育需求意愿的描述，而是对高中生高考结束后升入大学的描述；其二，从考察时间上来说，它不是对高等教育需求远期和即期的描述，是对高等教育需求完成状态的描述。

通过上述对高等教育需求测量的三个层面的分析可以看出，高等教育需求"远期"、"即期"和"完成"状态的考察是相互联系、相互耦合而又相互作用的统一体，它们结合在一起贯穿了人们对高等教育需求的"意愿—行动—结果"的三个步骤，是一个事件从计划到实施，再到评估的三步走。对中国高等教育需求的考察和测量，只有从这三个层面入手，才有可能更全面、更深入地反映其全貌。

第二节　高等教育需求意愿的测量

中国高等教育需求意愿是一个较为模糊的概念，因为在中国传统文化的熏陶下，"万般皆下品，唯有读书高"，几乎每一个人都会希望有机会参加高考、考上大学，如小学生、初中生都会有考大学的想法。因此，小学生、初中生的高考意愿也是高等教育需求的范畴，但从实际意义上来说，他们的意愿更多的还是一种"人生理想"或者"人生志向"，随着时间的发展，这种意愿发生变化的可能性会很大。然而，当初中生开始真正为高考做出努力，进行不懈的付出时，其高等教育需求就有了切实的意义。一般来说，当初中生放弃考入中专、技校、职业高中、毕业后就业等而努力升入普通高中时，其高等教育需求意愿就被注入了实际行动，其意愿就有了较强的"可靠性"，因为读高中的目的绝大部分是为了考大学，因此从这个意义上来说，初中升入高中具有较强的高等教育需求意愿。

一　初中毕业生弃学的人数和比例

初中生毕业后会发生重要的分流，他们将面临很多的人生选择和学业选择。虽然说很多初中毕业生都没有成年，但一部分学生还是将踏入社会，参加工作，从事一个成年人应从事的工作，承担起一个成年人所承担的责任。本书将这一现象称为"初中毕业生弃学"。数据显示，这一部分学生的数量很大。根据 2010 年《中国统计年鉴》的数据，初中生毕业后会有以下四种选择：第一种选择是升入高中；第二种选择是升入职业中学；第三种选择是升入特殊教育学校；第四种选择是其他未知的可能。第三种选择从统计数据上来说，人数非常少，也可以忽略不计。第四种选择中的其他未知的可能包括升入或者转入其他类型的学校（如出国留学）和弃学，而其中前者的人数非常少，可以忽略不计，因此第四种选择可以近似地认为是弃学。

表 3—1 显示了初中毕业生弃学的人数及比例。根据上述选择种类的划分，表 3—1 第 2 列数据减去第 3 列和第 4 列数据就可以得出第 5 列数据——初中弃学人数。而用第 5 列的数据除以第 2 列的数据再乘以 100% 就可以得到第 6 列的数据，即初中毕业生的弃学比例。数据显示，初中毕业生弃学的数量很大，1980 年是人数最少的年份，但也达到了 550 万人；2003 年是最多的年份，达到了 1021 万人。

表 3—1　　　　　　　　初中毕业生弃学的人数及比例　　　　　单位：万人、%

年份	初中毕业生人数	高中招生人数	职业中学招生人数	初中毕业生弃学人数	初中毕业生弃学比例
1980	964.70	383.40	30.70	550.60	57.07
1985	998.30	257.50	116.10	624.70	62.58
1986	1057.00	257.30	112.80	686.90	64.99
1987	1117.30	255.20	113.20	748.90	67.03
1988	1157.20	244.30	119.50	793.40	68.56
1989	1134.30	242.10	118.30	773.90	68.23
1990	1109.10	249.80	123.20	736.10	66.37
1991	1085.50	243.80	137.80	703.90	64.85
1992	1102.30	234.70	152.10	715.50	64.91
1993	1134.20	228.30	161.50	744.40	65.63

续表

年份	初中毕业生 人数	高中招生 人数	职业中学招生 人数	初中毕业生弃 学人数	初中毕业生 弃学比例
1994	1152.60	243.40	175.30	733.90	63.67
1995	1227.40	273.60	190.10	763.70	62.22
1996	1279.00	282.20	188.90	807.90	63.17
1997	1442.40	322.60	211.20	908.60	62.99
1998	1580.20	359.60	217.60	1003.00	63.47
1999	1589.80	396.30	194.10	999.40	62.86
2000	1607.09	472.69	182.70	951.70	59.22
2001	1706.98	557.98	185.02	963.98	56.47
2002	1879.87	676.70	216.88	986.29	52.47
2003	1995.60	752.10	222.10	1021.40	51.18
2004	2070.40	821.50	229.10	1019.80	49.26
2005	2106.52	877.73	259.27	969.51	46.02
2006	2062.40	871.60	294.00	897.20	43.50
2007	1956.84	840.16	306.93	809.75	41.38
2008	1862.89	837.01	294.09	731.80	39.28
2009	1794.73	830.34	315.23	649.15	36.17
2010	1750.40	836.20	310.50	603.70	34.49
2011	1736.70	850.80	324.90	561.00	32.30
2012	1660.80	844.60	314.80	501.40	30.19
2013	1561.50	822.70	318.40	420.40	26.92

资料来源：据《中国统计年鉴（2010、2014）》中的数据整理计算。

从其绝对量的演化来看，总体可以概括为两个阶段：一个是从1985 年至 2003 年的平缓上升过程；另一个是从 2003 年至 2013 年的急剧下降过程。但如果再细分，可以将其划分为五个阶段：（1）在整个 20 世纪 80 年代，该学生数量一直处于上升的态势，从 550 多万人一直增加到了 730 多万人，增加了超过 30%，初中毕业生的弃学现象非常严重；（2）在 20 世纪 90 年代初期，这一部分学生的数量开始下降，但一直维持在 700 万人左右，降幅有限；（3）从 20 世纪

90 年代中后期开始，这一部分学生的数量又开始不断增加，从 730 多万人的水平上升到历史高点 1000 多万人，增幅接近 40%；（4）从 1999 年高校扩招开始，这一数量开始稳定，没有大起大落，一直维持在 1000 万人左右的水平上；（5）从 2004 年开始，这一数量处于急剧下降过程，从 1000 万人左右的水平一直降到 600 万人左右，降幅达 40%（见图 3—1）。

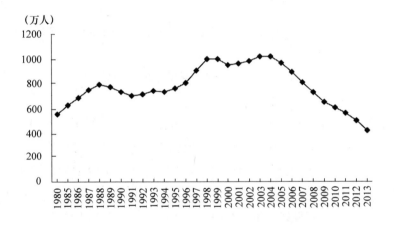

（万人）

图 3—1　初中毕业生弃学绝对量的演化趋势

从其相对量上来看，其表现没有绝对量那么复杂，基本上可以概括为三个阶段：（1）在整个 20 世纪 80 年代，其一直处于上升态势，这和其绝对量的发展趋势是一致的；而且，在这一历史阶段，其比例也达到了最高水平，接近 70% 左右，表明初中毕业生仅有 30% 左右继续就学而不是就业。（2）在整个 20 世纪 90 年代，这一比例一直处于下降态势，但降幅较为平缓，从 70% 左右降到 60% 左右，幅度仅为 10% 左右。（3）进入 21 世纪，这一比例处于急剧下降过程，其比例也从 62.86% 下降到 36.17%，即在 10 年左右的时间里下降了 26.69%（图 3—2）。

初中毕业生弃学人数的增加显然不是件好事，说明很多学生和家长对上学没有兴趣或信心，或者没有能力继续上学，这就更不用说具

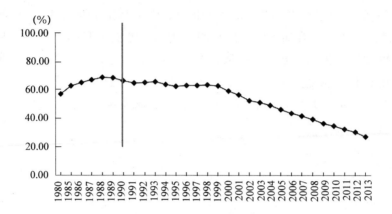

图 3—2　初中毕业生弃学相对量的演化趋势

有高等教育需求的意愿和行动了。数据显示，在 1985 年至 2003 年，虽然有些年份初中毕业生的弃学人数保持稳定，没有大幅增加，但从总体趋势上看是一直增加的，从 624.70 万人增加到 1021.40 万人，增加了 400 万人左右。初中毕业生弃学人数的增加与初中毕业生的增加有关，还不能很好地说明初中毕业生的就学愿望以及未来参加高考的愿望。然而，初中毕业生弃学人数相对量的变化却很明显地显示，从 1990 年至 2013 年，初中毕业生弃学人数的比例就一直处于下降过程，尤其是从 1999 年开始，这一下降过程更加剧烈。这一下降过程充分说明，很多初中毕业生在毕业后不是"就业"，而是选择继续就学。选择继续就学的原因有很多，既有国家政策方面的，也有家庭经济方面的，当然还有个体意愿方面的。继续就学不能保证就是要去参加高考，满足自身的高等教育需求，但确实在通向满足高等教育需求的道路上增加了可能性。

二　初中升高中的人数和比例

通过考察初中毕业生弃学的人数比例可以从侧面了解到初中毕业生升入高中进而参加高考满足高等教育需求的意愿，但直接考察初中毕业生升高中的人数和比例就可以从正面了解其高等教育需求意愿。

因此，根据前面对初中毕业生面临的四种选择的分析，直接计算第一种选择的学生的人数和比例就可以推断出初中毕业生的高等教育需求意愿。之所以将初中升入高中的人数和比例作为了解高等教育需求意愿的指标之一，基于的基本判断就是，在参加初中升高中考试的学生中，很大一部分或者说绝大部分考生的目标是为了参加高考实现高等教育需求的满足，而不是为了获取三年高中学习的经历或者一张高中毕业证。因此，通过考察初中升高中的人数和比例可以更"远"地追溯高中生的高等教育需求意愿，而且从某种程度上来说，参加初中升高中的考生的高等教育需求意愿比参加初中升中专、高职的考生的高等教育需求意愿要单纯、要强烈，因为即便后者在学习期满后也可能会参加高考，但从一开始就选择中专、高职进行技术技能学习的动机来看，其参加高考满足高等教育需求的意愿没有前者坚定、稳定。

初中升高中的比例的计算公式为：（N 年的高中招生人数÷N 年的初中毕业生数）×100%。

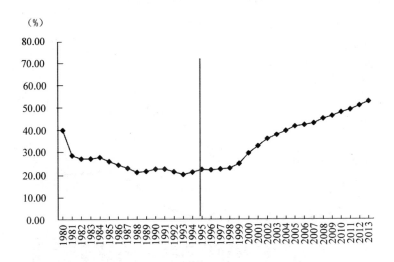

图3—3　初中升高中的学生比例

从图3—3 中可以发现，从 1985 年开始一直到 1988 年，初中升高中的比例处于较快的下降过程中，从 25.79% 一直下降到了

21. 11%。从 1988 年至 1998 年的 11 年间，初中升高中的比例不温不火，基本维持在 20% 左右；其间，从 1994 年开始，一直到 1998 年，初中升高中的比例小幅上升，正酝酿一波上涨。然后，从 1999 年开始，初中升高中的比例开始快速上升，至 2013 年，这一比例超过了 52%，即从 1999 年以后的 14 年间，该比例增加了 30% 以上，翻了一番还要多。这一比例也说明，当前每两个初中毕业生中就有一个会选择升高中，参加高考以满足高等教育需求。

从初中毕业生数和高中招生数的绝对量比较来看（见图 3—4），1985—2003 年二者均处于波动起伏阶段，其中初中毕业生数的起伏较大。从 1994 年至 2005 年，二者都经历了一波人数的快速增加阶段，具有正向的一致性，且二者都在 2005 年创下了历史新高，初中毕业生人数达到了 2106. 52 万人，高中招生人数达到了 877. 73 万人。从 2006 年开始，二者都开始了一波下降过程，具有反向的一致性，但初中毕业生数的下降要远远剧烈于高中招生人数的下降，这也是从相对量上看初中升高中的比例快速增加（见图 3—3）的原因。

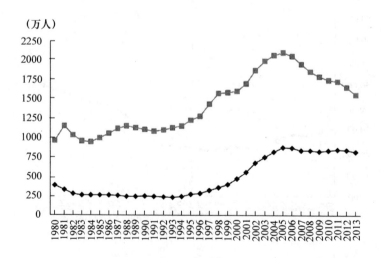

图 3—4　初中毕业生数和高中招生数的比较

如前文所述，越来越多的初中毕业生选择就读高中有很多原因，单就某个个体来说，可能会是一个被动的过程，但从当前初中毕业生毕业后可供选择的就学渠道来看，其选择就读高中还是具有很大的高等教育需求愿望和较为强烈的高考动机的。因此，1994 年以来初中毕业生数和高中招生数的演化过程，以及初中升高中比例的变化过程，都证明了有越来越多的初中毕业生选择读高中，其参加高考满足自身高等教育需求的意愿表露无遗。

第三节　高等教育需求行动的测量

高等教育需求行动的测量指标也具有高等教育需求意愿的成分，因为任何一个理性的行为都会有一个成熟的思想动机予以支撑，但由于这些行动具有较强的现实意义，并具有直接满足和实现高等教育需求的作用，所以本书将其单独划为一类。由于只有高中生的选择行为才会产生满足高等教育需求的直接作用，所以本书使用的高等教育需求行动的测量指标局限在高中生身上。这些指标局限在高中生身上并被称为"高等教育需求行动"，还有一个原因就是基于这样的假设：步入高中学校就读就是为了参加高考，就是为了考取理想中的大学而采取的基本行动，而不仅仅是怀揣着一个实现高等教育需求的梦想了。因此，本书设计的高等教育需求行动的测量指标有：高考报名人数、高考报名比例、高考生流失比例、复读人数和非高中生的报名人数五个。

一　高考报名人数

高考报名人数是对高等教育需求最直观、最直接的测量指标，它以绝对量的形式说明了整个社会要实现高等教育需求的"总量"。自从 1977 年恢复高考制度以来，高考报名人数的变化可谓"一波三折"。总体来看，高考报名人数呈现不断增加的趋势，但期间又有高低起伏的波动。由于 1977 年前十几年的时间里高校没有招考，很多生源逐渐沉淀下来，所以在恢复高考后的几年时间里，高考报名人数激增。特别是由于 1977 年恢复高考的决定和当年高考的时间较近，很多人没有时间准备，导致 1978 年的高考报名人数高达 610 万人。但在随后的几年时间里，高考报名人数逐年下降，至 1984 年降为 1977 年恢复高考以来的新低 164 万人。应该说，这一期间高考报名人数的下降并不是高等教育需求下降的表现，而是高考恢复之前的十几年时间里累积生源的不断消化、吸收的表现，即需求不断被满足的过程。此后，从 20 世纪 80 年代中期开始，一直到 90 年代初期，高考报名人数出现一波上涨，但这一波上涨的力度有限，1992 年达到最高水平，总人数仅为 300 万人出头。之后高考报名人数经过两年的微降后，从 1994 年的 250 万人左右，一直上涨到 2008 年的 1050 万人，即在近 15 年的时间里增加了 800 万人，年均增加人数 50 多万人，年均增长速度为 20%。这一段时间是中国高考报名人数增加最快、最稳、持续时间最长的历史时期，这一段时间也是中国社会经济制度发生重大变化的历史时期。高考报名人数在 2008 年创历史新高之后，从 2009 年开始逐年下降，并在 2010 年跌回到 1000 万人以内，2013 年和 2014 年虽有增加的趋势，但总体上仍在 1000 万人以内。

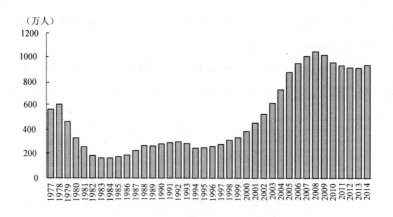

图 3—5　1977—2014 年高考报名人数

从图 3—5 中所描述的 1977—2014 年高考报名人数的演化轨迹来看，如果除去 1977 年高考恢复后人数激增、激降不稳定的几年，并且忽略 90 年代中期高考报名人数缓降的历史过程的话，可以发现，从 80 年代中期开始，一直到 21 世纪初期，在近 25 年的时间里，或者从更大时间范围的意义上来说，在改革开放后的 30 多年间，中国高考报名人数一直处于不断增加的态势。具体来说，中国高考报名人数从 1984 年的 164 万人增加到了 2008 年的 1050 万人，即在 25 年的时间里增加了 4 倍多，增加了 886 万人，年均增加 37 万人，年均增长率为 3.5%。

二　高考报名比例

高考报名比例反映的是，进入高中学习的学生，在三年高中学习结束后报名参加高考的人数的比重。这一指标的作用主要是考察高中毕业生在三年高中学业期满后对高考的热衷程度，检验其对自身高等教育需求意愿的坚守和付出能力。

这一指标的计算公式是：（N 年的应届高中高考报名人数 ÷ N 年的高中毕业生人数）×100%。

通过《普通高等教育招生工作年鉴（1990）》《教育考试年鉴（1995）》以及《中国教育统计年鉴（2002—2010）》提供的城市和农村普通高中应届生高考报名人数可以计算出全国应届生的高考报名人数，然后再根据《中国统计年鉴（2010）》提供的历年高中毕业生人数就可以计算出应届高中毕业生的高考报名比例。表 3—2 显示了应届高中毕业生的高考报名比例。由于数据不全，本书只列出了1990 年、1995 年和 2001—2008 年的比例。数据显示，1990 年和1995 年的应届高中毕业生的高考报名比例分别只有 68.51% 和63.31%，而到了 2001—2008 年，这一比例始终稳定在 90% 以上。也就是说，在 1990 年和 1995 年（甚至可以扩展到整个 90 年代），有20%—30% 的应届高中毕业生在高中毕业后没有报名参加高考，其原因或是被动的（当年有预考制度，只有通过了学校组织的考试才有资格报名），或是主动的，但都说明有 20%—30% 的应届高中毕业生放弃了参加高考的机会。而到了 21 世纪初期，放弃参加高考的应届高中毕业生比例完全降到了 10% 以下，也就是说，每 10 个应届高中毕业生中只有不到 1 人会因为种种原因而放弃高考，高等教育需求的强度可见一斑。

表3—2　　　　1990—2008 年应届高中毕业生的高考报名比例　　　　单位：人、%

年份	城市普通高中应届报名人数	农村普通高中应届报名人数	报名人数	毕业人数	高考报名比例
1990	733100	978400	1711500	2498000	68.51
1995	762600	969600	1732200	2736000	63.31
2001	1610616	1552187	3162803	3404600	92.90
2002	1726247	1811696	3537943	3837600	92.19
2003	1932026	2246693	4178719	4581000	91.22
2004	2679722	3234983	5914705	5469000	108.15
2005	2706654	3347906	6054560	6615713	91.52
2006	2943627	3716056	6659683	7271000	91.59
2007	3077643	4099482	7177125	7883143	91.04
2008	3141983	4462220	7604203	8360593	90.95

三　高考生流失比例

一般来说，进入高中学习的学生，在三年的学习过程中绝大部分会参加高考满足自己的高等教育需求。然而，现实中还是存在很大不确定性的，譬如在三年的学习过程中，随着大量社会信息的获取，有的学生思想发生了变化，不再对高考情有独钟，高等教育需求消失；有些学生家长的思想发生了变化，不再支持孩子参加高考，或者支持孩子去国外学习，获取高等教育机会；有些学生的家庭发生了变故；有的学生的学习成绩直线下滑，与初中升高中时的预期和目标差距越来越大，进而对高考丧失信心，进而不再有高等教育需求。因此，在三年的学习过程中，会由于种种原因而出现学生中途弃学、流失的情况，出现放弃高考仅获取一纸高中文凭的现象。

这一指标的作用是，它过滤掉了那些在通向参加高考的道路上"中途退场"的学生，检验了高考行动中对高等教育需求起直接作用的正向和反向的力量。延伸开来讲，它也更进一步测量了高中生的高等教育需求意愿，因为它可以过滤掉初中升高中参加高考意愿不强、意志不够坚定的一部分学生，即这一部分学生虽然升入高中时抱着参加高考获取高等教育机会的意愿，这种意愿可能一开始就不是很强烈，而且经过三年的学习，这种意愿被其他一些因素稀释或替代。

这一指标具体的计算公式为：［（N−3）年的高中招生人数−N年的高考报名人数］÷［（N−3）年的高中招生人数］×100%。

单从指标名称上看，"报名"和"流失"（不报名的）是一对反义词，求得其中的一个比例就可以得到另一个比例。例如，如果报名比例为90%，那么流失比例即为10%（1−90% = 10%）。然而，通过比较公式可以发现，二者在计算上不存在上述关系，因为二者的分母不同，报名比例使用的分母是"高中毕业生人数"，流失比例使用的分母是"三年前的高中招生人数"。因此，尽管这一指标和高考报名比例指标看似相同，二者作用殊途同归，但其考察的重点和方向并不相同。高中报名人数的比例是从高考报名结果上考察学生的高等教育需求意愿，而高考生流失比例则是从准备高考的过程中考察学生的高等教育需求意愿。如果再结合初中升高中的比例这一指标来看，初中升高中的比例体现出的高等教育需求意愿从时间上看还较为模糊，还没有经历三年高中学习、生活的砥砺，只是学生初步的高等教育需求意愿，而高考报名比例和高考生流失比例体现出的高等教育需求意愿不仅从时间上来说较为清晰，而且从具体行动上来说也更为接近学生们的实际意愿。

表3—3显示了高考生流失的比例。表中第5列数据为三年前高中招生人数，第4列数据为应届高中生报名人数，譬如1990年的应届高中生报名人数为1711500人，而这一批高考报名学生是在1987年被录取的高中生。因此，第5列数据减去第4列数据再除以第5列数据即可得到高考生流失比例。1990年的高考生流失比例为32.93%，即将近1/3的高中学生在经过三年的学习生活后没有报名参加高考。相对来说，这一比例是较高的，即使到了1995年，这一比例仍高达26.20%，表明90年代的高考生流失比例较高。而数据同时还显示，进入21世纪，这一比例大大下降，只有10%左右，且

保持相对稳定，说明从这个角度看，"高考热"虽然没有持续升温，但保持在一个相对"高热"的水平上。

表3—3　　　　　　　　高考生流失的比例　　　　　　　　单位：人、%

年份	城市应届报名人数	农村应届报名人数	应届生报名人数	三年前招生人数	高考报名流失人数	流失比例
1990	733100	978400	1711500	2552000	840500	32.93
1995	762600	969600	1732200	2347000	614800	26.20
2001	1610616	1552187	3162803	3596000	433197	12.05
2002	1726247	1811696	3537943	3963000	425057	10.73
2003	1932026	2246693	4178719	4726900	548181	11.60
2004	2679722	3234983	5914705	5579800	-334905	-6.00
2005	2706654	3347906	6054560	6767000	712440	10.53
2006	2943627	3716056	6659683	7521000	861317	11.45
2007	3077643	4099482	7177125	8215000	1037875	12.63
2008	3141983	4462220	7604203	8777317	1173114	13.37

四　复读人数

从字面意义来理解，"复读"是指重读高中课程，因此考察复读人数似乎与考察高等教育需求并无太大关系。但实际上，复读人数真正所指的是"复考人数"，即再次参加高考的人数，复读的真正目的是为了再次参加高考，而不是为了重温高中的课本知识。这样一来，复读人数的多少就可以用来考察参加高考满足高等教育需求的意愿和实际行动，进而代表学生和家长的高等教育需求强度。再进一步来考察，复读可以分为第一次复读、第二次复读、第三次复读，乃至更多次的复读，这种更多次的复读在现实生活中屡见不鲜。此外，复读可以是因为没有考上任何一所大学而进行的复读，这种复读最为常见，名落孙山，来年再战，合情合理；但也可以是因为考上了大学却没有考上心目中所期望的大学而进行的复读。在实际的研究过程中，很难或者准确获取复读生的复读次数以及其由于何种原因而选择复读，但无论什么样的复读，都表达了一种追求高等教育机会的意愿和积极的行动。

图3—6显示了1997—2008年往届高考生的报名人数变化情况。从图3—6中可以看出，从1997年开始，往届高考生的报名人数一直处于不断上升的态势。1997—2000年，往届高考生的人数一直维持在100万人左右，但从2001年开始，这一人数迅速增加，从100万人快速增加到2008年的220万人，翻了一番还要多。而已有数据也表明，这一部分学生所占高考报名人数的比例基本维持在20%—30%之间，即在10个高考报名的学生中，起码有2—3人已经参加过一次或者更多次的高考了。往届高考生较大规模的报名人数、不断增加的趋势以及较快的增幅充分表明了人们对接受高等教育的渴望和不断追求。

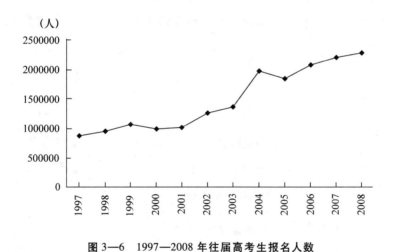

图3—6　1997—2008年往届高考生报名人数

五　非高中生的报名人数

一般来说，参加高中升学考试就读高中的目的是为了考大学，而参加中专、高职、技校等学习的考试，目的是为了增加专业技能，但这并非是绝对的，在学校期间会有一部分学生在学习目的上发生变化。例如：有些就读高中的学生会因为升大学无望而主动放弃，直接进入社会求职；而有些专业技术学校的学生会因为高等教育需求持续扩大，尤其是社会对高学历人才的重视，转而放弃技能的学习而参加高考。通过考察这些非高中学校学生参加高考的人数可以发现高等教育需求的大小。

图3—7对高考报名人数、应届高中毕业人数以及非应届高考报名人数进行了比较。比较发现，高考报名人数从1988年开始一直大于应届高中生的毕业人数，这说明从1988年开始，即使所有应届高中毕业生都参加高考，高考报名学生中仍有大量的学生是往届高中毕业生、非高中应届毕业生和非高中应届生，即非应届高考报名学生。这一部分的学生数量很大，尽管1988—1998年的11年间基本维持在五六十万人的水平，但从1999年至2009年的11年间却急剧增加到200万人的水平，翻了两番，年均增加19%。说明从1999年开始，有大量的高中往届生和非高中考生积极踊跃参加高考，高等教育需求日趋强烈。

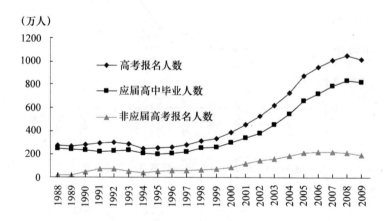

图3—7　高考报名人数、应届高中毕业人数及非应届高中生的高考报名人数

高中往届生即复读生在"复读人数"指标中已经做过分析，其人数基本上呈逐年递增的趋势，对中国高等教育需求的产生和扩大具有较强的推动作用。同时还应该看到，非高中生的报名人数也基本上呈逐年递增的趋势。《中国教育统计年鉴（2000—2009）》将高考报名人数按照"毕业类别"将其分为高中毕业、中师毕业、其他中专毕业、职高毕业、技工学校毕业和其他中学毕业，本书在此将除"高中毕业"之外的其他类别归为"非高中毕业"。图3—8显示了1999—2008年非高中毕业生的报名人数。尽管2007年和2008年非高中毕业生的报名人数略有下降，但从趋势上看，1999—2008年非高中毕业生的报名人数一直呈持续增加的态势。1999年，非高中毕业生的报名人数只有17万人左右，而2006年这一人数达到了100万人，8年增加了近90万人。这一数据变化充分表明，中国高等教育需求不仅仅是由于高中学生的推动，也有非高中生的"贡献"。

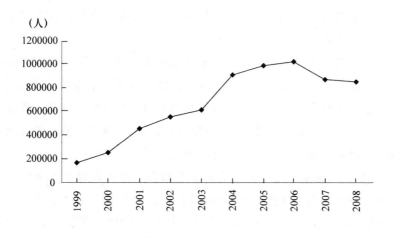

图3—8　非高中毕业生的报名人数

资料来源：据《中国教育统计年鉴（2000—2009）》中的数据绘制。

第四节　高等教育需求结果的测量

高等教育需求结果的测量可以用"中国高等教育毛入学率"、"普通高等教育毛入学率"以及"每万人人口平均普通高等学校在校生数"等指标来表示，它表明人们为了满足自己的高等教育需求，实现自己的高等教育选择，经过努力达到的最终结果。

一 高等教育毛入学率和普通高等教育毛入学率

高等教育毛入学率的计算公式为：（高等教育在校学生数÷高等教育适龄人口数）×100%。

在这一公式中，高等教育在校学生数是指宽口径的高等教育在校人数，包括研究生、普通高校本专科、成人高校本专科、军事院校本专科、学历文凭考试专科、电大开放教育本专科、网络教育学院本专科、在职攻读学位研究生、高等教育自学考试本专科在校人数。根据联合国教科文组织制定的《国际教育标准分类》，高等教育适龄人口范围定为18—22岁。

普通高等教育毛入学率的计算公式为：（普通高等教育在校学生数÷高等教育适龄人口数）×100%。

这一公式和上述公式的分母都是相同的，均为18—22岁的高等教育适龄人口；不同的是分子，这一公式的分子不是指宽口径的高等教育在校人数，而是指普通高等教育本专科在校人数。显然，普通高等教育本专科在校人数要小于宽口径的高等教育在校人数，计算出来的普通高等教育毛入学率要始终小于高等教育毛入学率。

图3—9显示了高等教育毛入学率和普通高等教育毛入学率以及二者之间的差值。从图3—9中可以看出，高等教育毛入学率一直以较大的斜率上升，从1991年的2.5%上升到2007年的23%。普通高等教育毛入学率也一直处于上升的态势，从1991年的1.6%上升到2007年的17.2%，但其斜率并没有高等教育毛入学率大，尤其是在1998年之前。因此，在1998年之前，二者体现出了较大的差异，表明普通高等教育的发展虽有较快的进步，即"高考热"所带来的影响虽然越来越大，但其影响还是有限的，还是有较大比例的学生接受了除普通高等教育之外的其他类型的高等教育。从1999年开始，高等教育毛入学率和普通高等教育毛入学率均以较大的斜率上升，表明"高考热"带来的影响逐渐扩大，并紧追高等教育毛入学率。从二者之间的差异也可以看出，随着"高考热"持续不断的影响，二者差

值并没有持续扩大，而是稳定在 6% 左右的水平上。

从辩证的角度来说，在生源保持一定的情况下，普通高等教育形式之外的高等教育越发达，抢占的生源越多，普通高等教育就会越萎缩；反过来讲，普通高等教育越发达，抢占的生源越多，普通高等教育形式之外的高等教育就越萎缩。因此，从这个意义上来说，正是1999 年之后"高考热"的有力影响，才使得高等教育毛入学率没有以更大的斜率大幅上升，"高考热"的存在抢占了大量除普通高等教育形式之外的其他高等教育形式的生源。

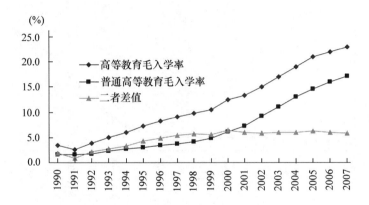

图 3—9 高等教育毛入学率和普通高等教育毛入学率比较

资料来源：据《中国教育统计年鉴（2007）》中的数据绘制。

二 每万人人口平均普通高等学校在校生数

由于参加高考被录取的学生主要进入普通高等学校读书，因此通过考察"每万人人口平均普通高等学校在校生数"就可以发现"高考热"产生的直接结果。《中国统计年鉴》在 2003 年以前提供了每万人人口平均普通高等学校在校生数这一指标的数据，但从 2004 年之后不再提供这一数据，而是提供"每 10 万人口高等学校平均在校生数"。由于"高等学校"包括普通高等学校和成人高等学校，所以这一指标对于考察"高考热"带来的影响不是很准确。因此，为了保持数据的稳定性和一致性，同时更是为了更准确地测量"高考热"的影响，本书直接计算了 2004 年之后的每万人人口平均普通高等学校在校生数量。具体的计算方法是：利用每年的普通高校在校生人数除以当年的平均人口数再乘以 10000。经过计算，2004—2009 年的每万人人口平均普通高等学校在校生数量分别为 102.59 人、119.44 人、132.28 人、142.66 人、152.18 人和 160.68 人。

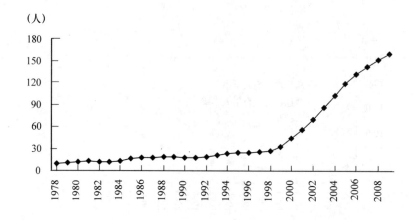

图 3—10　每万人人口平均普通高等学校在校生数

资料来源：据《中国统计年鉴》历年所提供的数据计算整理绘制。

图 3—10 显示了每万人人口平均普通高等学校在校生数。从图 3—10 中可以看出，1978—2009 年，中国每万人人口平均普通高等学校在校生数一直处于增加的态势。具体来看，这一趋势可以分为两个阶段：一个阶段是 1978—1998 年；另一个阶段是 1999—2009 年。1978—1998 年，中国每万人人口平均普通高等学校在校生数从 8.90 人增加到了 27.30 人。如果从增加水平来看，21 年的时间里翻了两番，但从绝对量上看，21 年的时间里增加了 18.40 人，平均每年增加不到 1 人。但从 1999 年开始，中国每万人人口平均普通高等学校

在校生数迅速增加，从 32.80 人增加到了 160.68 人。从相对水平上来说，10 年内翻了四番；从绝对量上来说，增加了 127.88 人，平均每年增加了近 13 人。显然，1999 年开始增加的每万人人口平均普通高等学校在校生数正处于"高考热"迅速发展的时期，因此完全可以有理由认为是"高考热"造成了每万人人口平均普通高等学校在校生数快速增加。

第五节　小结

本章从高等教育需求意愿、高等教育需求行动和高等教育需求结果三个维度，使用初中毕业生弃学的人数和比例、初中升高中的人数和比例、高考报名人数、高考报名比例、高考生流失比例、复读人数、非高中生的报名人数、高等教育毛入学率、普通高等教育毛入学率、每万人人口平均普通高等学校在校生数十几个指标对中国高等教育需求进行了测量。这些指标角度各异、思路迥然，对中国高等教育需求进行了多视野、全方位的测量和描述。

对于初中毕业生来说，弃学的绝对量稳中有降，而弃学的相对量从 20 世纪 90 年代开始就已经开始呈下降趋势，为中国高等教育需求的不断扩大奠定了基础；而到了 21 世纪初，其急剧下降的过程直接推动了高等教育需求的快速发展。从初中升高中的人数和比例指标可以更清晰地发现，1999 年以来，更多的初中毕业生选择读高中、考大学，这一比例最高时可达 50%，即每两个初中毕业生就有一个选择读高中。中国高等教育需求的扩大从初中毕业生身上已经看出了端倪，而初中毕业生读高中的选择更说明了当前社会上学生和家长对高等教育机会的追捧。

对于高中学生来说，其学习动机和行为对于高等教育需求扩大的产生、发展具有即时的效果和效应。从高考报名人数来看，可以说，中国高等教育需求从 20 世纪 80 年代中期就开始扩大了，但从 1999 年开始得到了总爆发。高考报名比例也表明，到了 21 世纪初，每 10 个应届高中毕业生中就有 9 人选择参加高考，只有 1 人会从高考报名机会中流失掉。复读（复考）人数从 1997 年开始的不断增加及每年达 200 多万人的巨大数量都说明，很多学生为了考取大学或者考取理想中的大学，宁可付出金钱和时间的代价，中国高等教育需求扩大的速度、力度惊人。而非高中毕业生的报名人数从 1997 年开始的持续增加也说明，即使初中毕业后没有高考的理想，但几年后的学习也会使得越来越多的学生思想发生反转，进而加入到高等教育机会的努力获取中。

高等教育毛入学率、普通高等教育毛入学率和每万人人口平均普通高等学校在校生数这三个指标表明，中国高等教育需求从 90 年代就已经开始酝酿扩大，而在 1999 年得到了快速爆发。

通过上述指标的测量可以发现，中国高等教育需求从 90 年代开始就已经开始扩张，1999 年后得到全面展开。无论从学生和家长的高等教育需求的意愿、高等教育需求的行动还是高等教育需求的结果上看，都证明了这一点。上述指标的测量结果也一再证明，高考报名人数的增加，家长和学生想考取大学的意愿的增强，当前大学生在校人数越来越多，这些都表明中国高等教育需求在不断扩大，人们对高等教育的需求几乎出现了失衡的状况，这不得不令政府、教育部门及社会各界深思。

第四章　父母人口特征与中国高等教育需求

第一节　理论基础

一　孩子数量质量替代理论

孩子数量质量替代理论是现代西方微观生育理论的重要理论之一，其代表人物是美国芝加哥大学的 G. S. 贝克尔教授，是他首先使用西方经济学的消费者行为理论和消费需求理论来分析人口的生育问题的。贝克尔提出的孩子数量质量替代理论是在哈维·莱宾斯坦理论的基础上完成的，该理论的一个重要内容是对孩子成本的研究。莱宾斯坦将孩子的成本分为直接成本和间接成本（机会成本），但实际上，莱宾斯坦理论中所指的成本主要是数量成本。贝克尔的贡献在于，他不仅首先提出了"净成本"的概念，而且将孩子的成本分为数量成本（包括直接成本和机会成本）和质量成本。

贝克尔指出，孩子的"净成本"等于父母在孩子身上预期支付的现值加上已经劳务投入的现值，减去孩子的预期收入现值与孩子劳务收入现值之和，通俗地讲，也就是指父母所投入的抚养、培育孩子的费用，减去孩子为家庭所能回报的收入和服务的费用。贝克尔认为，"净成本"的值非常重要，它决定了孩子的性质：如果"净成本"为正值，说明父母投入的抚育费用大于孩子提供的收益，这时孩子为耐用消费品；如果"净成本"为负值，说明父母的投入小于孩子提供的收益，此时孩子是耐用生产品。因此，在市场经济条件下，当孩子的数量成本上升时，家庭对孩子数量的需求就会减少，对孩子的质量需求就会增加；当孩子的质量成本下降时，家庭对孩子数量的需求就会上升，对孩子质量的需求就会减少。

贝克尔进一步指出，在父母时间有限、家庭收入一定的条件下，父母对孩子质量需求的增加必定减少对孩子数量的需求，即孩子的数量和质量之间存在负相关关系；反之，对孩子数量需求的增加，必然降低对孩子质量的需求。由于父母对孩子数量需求的收入弹性小于孩子质量需求的收入弹性，而对孩子数量需求的价格弹性大于孩子质量需求的价格弹性，所以孩子的数量、质量可以相互替代。因此，随着家庭收入的提高，家庭将注重的是孩子的质量，而不是孩子的数量。[1]

贝克尔的理论从一个侧面为本书分析中国高等教育需求提供了另一个研究思路，即在家庭收入水平不断提高而生育率水平被动下降的过程中，随着孩子数量的减少，父母就会主动提高孩子的质量来弥补孩子数量上的不足。因此，本书将从这个视角进行相关分析。

二　家庭资源稀释模型

家庭资源稀释模型最初是由布莱克（Blake J.）提出来的，唐尼（Downey D. B.）等一些学者对其进行了补充。[2][3] 简言之，家庭资源稀释模型主要是探讨家庭资源分配与孩子学习成就之间的关系，认为在每个家庭中，父母的时间、金钱、精力都有限，随着子女数量增加，资源逐渐被稀释。资源稀释模型的主要观点包括：

第一，尽管父母所拥有的资源随着时间的变化也会产生相应的变化，但总体而言，他们的资源是有限的，不会无限扩大。父母所拥有的资源主要分为四种：场景资源，如房子类型、生活必需品和文化产品（书、图片、音乐等）等；心理资源，如父母的关注、干预和教诲等；机会资源，主要是指孩子和外界接触的一些特殊机会；经济资

---

① 黄乾：《孩子质量数量替代与持续低生育率》，《人口学刊》1999 年第 3 期。

② Blake J., Family Size and the Quality of Children, *Demography*, Vol. 18, No. 4, 1981.

③ Downey D. B., When bigger is not better: family size, parental resources, and children's educational performance, *American Sociological Review*, Vol. 60, 1995.

源，主要体现为家庭收入。

第二，在一个家庭里，孩子越多，每个孩子所能享受的资源会越少。

第三，父母在分配所拥有的资源的时候，其分配方式是不同的，因为其所拥有的资源的形式不同。例如，父母所拥有的书籍、图片等固体化的资源可以很均匀地分配给每个孩子，而且只要这些资源保管得当，以后出生的孩子一样可以享受先前出生的孩子所拥有的这些资源，即这些资源可以循环使用。

第四，在诸多家庭资源当中，父母所拥有的经济资源受家庭孩子数量的影响最大，这在经济条件欠佳的家庭体现得尤为突出。之所以如此，有学者认为，这与经济资源本身的特性有关，因为经济资源最不具有传递性，它们一旦被消耗掉，就需要很长时间才能再生出来。[①]

可见，该模型对探讨家庭资源，尤其是解释经济资源与孩子受教育机会之间的关系具有一定的启示意义，即在家庭经济资源有限的情况下，一个家庭的孩子越多，每个孩子能够享受到的经济资源会越少。[②] 而一个家庭孩子数量的多少显然是生育率的问题，再进一步说，妇女的生育率水平对孩子的教育成就具有一定的影响。

研究发现，父母是影响孩子教育的一支重要力量。父母对孩子是否要接受教育取决于对孩子利益的利他考虑和对自己利益的利己考虑，利他考虑是指对孩子未来发展的付出，利己考虑是指孩子对家庭收入或家庭生产的贡献、预期未来经济上或感情上的支持等，除此之外，还取决于对孩子的期望以及其他信念和价值观。[③] 父母对孩子教育的影响体现在多个方面，如受教育水平、职业及社会地位，乃至结婚时间、生育水平等。本章将就这几个方面对高等教育需求的影响进

---

① Powell B. and Steelman L. C. , The Liability of Having Brothers: Paying for College and the Sex Composition of the Family, *Sociology of Education*, Vol. 62, 1989.

② 朱剑:《高校扩招何以实施——基于"资源稀释模型"的解释》,《中国高教研究》2011 年第 4 期。

③ Brown P. , A. Park, Education and Poverty in Rural China, *Economics of Education Review*, Vol. 21, 2002.

行分析。

第二节　父母的受教育水平

一　已有研究发现

桑德拉·休斯顿（Sandra J. Huston）研究了美国的家庭教育支出问题，发现父母的受教育水平是仅次于父母年龄的对家庭教育支出影响较大的变量。[1] 事实上，很多研究都证明了这一点，而且不论是在发达地区还是在贫困和教育发展落后的地区，结果也是如此。[2] 然而，研究也表明，父亲和母亲在孩子教育上的作用有所不同。莱博维茨（Leibowitz A.）认为，父亲的受教育水平仅仅表现为遗传因素，而母亲的受教育水平不仅表现为遗传因素，还表现为家庭投资的因素。[3] 有些研究发现，父亲的受教育水平对孩子的教育没有影响，但几乎所有的研究都发现，母亲的受教育水平对孩子的教育具有正相关关系。[4] 有研究对其原因进行了分析，认为可能是由于家庭分工造成的，母亲要比父亲花费更多的时间在孩子身上，从而使得母亲在帮助孩子学习课程上有很大的优势。[5] 不管怎样，几乎所有的研究都认为父母对于孩子的受教育具有重要的影响作用，而母亲的作用似乎更大一些。

---

① Sandra J. Huston, The Household Expenditure Ratio: Exploring the Importance of Education, *Journal of the Family Economics and Resource Management division of AAFCS*, 1995.

② Mukhopadhyay, Sudhin, Adapting Household Behavior to Agricultural Technology in West Bengal, India: Wage Labor, Fertility, and Child Schooling Determinants, *Economic Development and Cultural Change*, Vol. 43, 1994.

③ Leibowitz A., Home Investment in Children, Journal of Political Economy, Vol. 82, No. 2, 1974.

④ Tansel Aysit, Schooling Attainment, Parental Education and Gender in Coted' Ivoire and Ghana, *Economic Development and Cultural Change*, 1997.

⑤ Lloyd, G. B. Blanc, A. K., A. Blanc, Children's Schooling in Sub – Saharan Africa: the Role of Fathers, Mothers and Others, *Population and Development Review*, Vol. 22, No. 2, 1996.

二　父母出生年份的估算

然而，如果具体到父母的受教育水平对高等教育需求的产生和发展是否有影响，以及这个影响有多大，目前还没有研究给出答案。没有研究给出答案的原因在很大程度上是由于数据的问题，即父母的受教育水平如何被测量出来。要考察父母受教育水平对高等教育需求的影响，最好的方式就是通过调查初中升高中学生、高考报名学生以及复读（复考）学生等父母的受教育水平，进而考察二者之间的关系，并发现其中的影响。但事实上，用这种方式获取父母的受教育水平数据几乎是不可能的。

如图 4—1 所示，本书实际要考察的是"A 参加高考的学生"所对应的"A′参加高考的学生的父母"的受教育水平，但正如上文所阐述的，全国没有这方面的调查，数据很难获取。如果能够获取"B 高等教育适龄人口"所对应的"B′高等教育适龄人口的父母"的受教育水平，那么也可以用"B′高等教育适龄人口的父母"的受教育水平代表"A′参加高考的学生的父母"的受教育水平来探讨其对中国高等教育需求的影响。问题在于，"A—B"和"A′—B′"之间是否具有对应和代表关系。深入分析可以发现，由于 A 和 A′具有一一对应关系，B 和 B′具有一一对应关系，而 A 包含于 B，A 属于高等教育适龄人口，是 B 的群体代表；同理，A′包含于 B′，A′属于高等教育适龄人口的父母中的一部分，所以可以用"B′高等教育适龄人口的父母"的受教育水平来说明其对高等教育需求的影响。然而，现在的问题是，"B′高等教育适龄人口的父母"的受教育水平也是难以估算出来的，因为还没有相关的调查可以提供类似的数据。如果能够获取"A′参加高考的学生的父母"所在群体的"C′所有父母"的受教育水平，也可以用来说明其对高等教育需求的影响，但这样的数据也难以获得。利用 2005 年全国 1% 抽样调查可以获得所有男性和女性的受教育水平，如果知道参加高考学生父母的平均出生年份，那么与其同一批人（同一年出生的人）的受教育水平可以用来反映其受教育水平，并可以用此考察其对高等教育需求的影响。

　　显然，A′包含于 B′，B′包含于 C′，C′包含于 D′。"B′高等教育适龄人口的父母"这一批人的受教育水平可以代表"A′参加高考的学生的父母"这一批人的受教育水平，"C′所有父母"这一批人的受教育水平可以代表"B′高等教育适龄人口的父母"这一批人的受教育水平，而"D′和父母同一批的人"的受教育水平可以代表"C′所有父母"这一批人的受教育水平。需要指出的是，"B′高等教育适龄人口的父母"是"A′参加高考的学生的父母"内涵的延伸，其范围更广；"C′所有父母"是"B′高等教育适龄人口的父母"内涵的延伸；而"D′和父母同一批的人"是"C′所有父母"的延伸。相应地，"D′和父母同一批的人"受教育水平的代表性要稍差，对高等教育需求的影响的解释力要偏弱，但其仍具有一定的说服力，因为如果整个群体的受教育水平提高了，那么作为其中的个体的、小群体的受教育水平在总体上也是提高的。

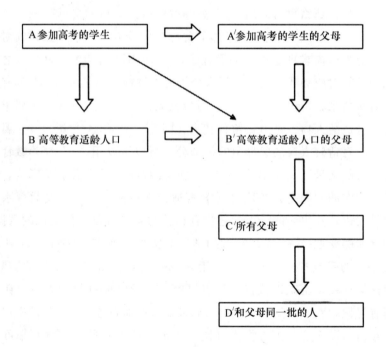

图4—1　学生和家长的对应关系

　　本书在倒推母亲的出生年龄时，使用的指标之一是"母亲平均初育年龄"。使用这一指标所得到的是第一个孩子参加高考时母亲的受教育水平，而第二个、第三个孩子参加高考时母亲的受教育水平无法测量出来，这似乎使得这种计算方法存在很大漏洞。然而，实际上，母亲在第一个孩子参加高考时年龄已经在40岁左右，其受教育水平已经基本定型、完成，中、高等教育已经接受完毕，即便还会有人参加硕士、博士研究生的学习，这一部分人的数量也极少，可以忽略不计。因此，利用"母亲平均初育年龄"这一指标倒推出母亲的出生年龄，再通过出生年龄计算出其受教育水平，以此作为高等教育需求影响因素的分析是可行的。

　　根据联合国教科文组织制定的《国际教育标准分类》，高等教育适龄人口范围定为18—22岁。因此，孩子参加高考的年龄范围为18—22岁。《中华人民共和国义务教育法》第十一条规定：凡年满6周岁的儿童，其父母或者其他法定监护人应当送其入学接受并完成义务教育；条件不具备的地区的儿童，可以推迟到7周岁。基于儿童年满6周岁的规定，以及有些地区尤其是农村地区校舍、教师资源有限的考虑，本书假设绝大部分儿童在7周岁入小学。由于义务教育为九年，高中三年，所以本书假定孩子参加高考的年龄基本在19周岁。

　　据此，可以推导出历年高考孩子的出生时间（见表4—1第3列数据）。利用历年母亲的平均初育年龄（见表4—1第4列数据），进而可以推导出母亲的出生时间（见表4—1第5列数据）；同时，利用妇女的平均初婚年龄可以推导出母亲的结婚时间。

表4—1　　　　　　　　历年参加高考学生母亲的出生时间

孩子参加高考年份	孩子参加高考年龄（岁）	孩子出生年份	母亲平均初育年龄（岁）	母亲平均出生年份	妇女平均初婚年龄（岁）	母亲平均结婚年份
1980	19	1961	22.15	1939	19.66	1959
1981	19	1962	22.30	1940	19.60	1959

孩子参加高考年份	孩子参加高考年龄(岁)	孩子出生年份	母亲平均初育年龄(岁)	母亲平均出生年份	妇女平均初婚年龄(岁)	母亲平均结婚年份
1982	19	1963	22.29	1941	19.59	1960
1983	19	1964	22.18	1942	19.55	1961
1984	19	1965	22.02	1943	19.71	1963
1985	19	1966	21.93	1944	19.83	1964
1986	19	1967	21.97	1945	20.00	1965
1987	19	1968	21.95	1946	20.18	1966
1988	19	1969	21.95	1947	20.29	1967
1989	19	1970	22.00	1948	20.17	1968
1990	19	1971	21.97	1949	20.32	1969
1991	19	1972	22.17	1950	20.56	1970
1992	19	1973	22.33	1951	20.93	1972
1993	19	1974	22.55	1951	21.38	1973
1994	19	1975	22.91	1952	21.86	1974
1995	19	1976	23.30	1953	22.29	1975
1996	19	1977	23.70	1953	22.58	1976
1997	19	1978	24.01	1954	22.80	1977
1998	19	1979	24.20	1955	23.10	1978
1999	19	1980	24.44	1956	23.03	1979
2000	19	1981	24.39	1957	22.82	1979
2001	19	1982	24.02	1958	22.15	1980
2002	19	1983	23.67	1959	21.89	1981
2003	19	1984	23.35	1961	21.74	1982
2004	19	1985	23.17	1962	21.77	1984
2005	19	1986	23.11	1963	21.79	1985
2006	19	1987	23.04	1964	21.90	1986
2007	19	1988	23.00	1965	22.00	1987
2008	19	1989	23.00	1966	22.00	1988
2009	19	1990	23.00	1967	22.10	1989

续表

孩子参加高考年份	孩子参加高考年龄(岁)	孩子出生年份	母亲平均初育年龄(岁)	母亲平均出生年份	妇女平均初婚年龄(岁)	母亲平均结婚年份
2010	19	1991	23.20	1968	22.23	1990
2011	19	1992	23.50	1969	22.53	1991
2012	19	1993	23.70	1969	22.67	1992
2013	19	1994	23.50	1971	22.73	1993

资料来源：陈友华：《中国女性初婚、初育年龄变动的基本情况及其分析》，《中国人口科学》1991 年第 5 期；郭维明：《20 世纪 90 年代我国婚育模式的初步分析》，《人口学刊》2003 年第 5 期。

　　表 4—1 的推导已经得出了历年高考学生母亲的平均出生时间。由于本书要考察父母的受教育水平对高等教育需求的影响，因此除了要估算历年高考学生母亲的平均出生时间外，还要估算父亲的平均出生时间，进而再考察二者的受教育水平。对于同一年结婚的夫妻来说，在女性出生时间已知的情况下，只要知道夫妻之间存在的年龄差就可以求得男性的出生时间。利用 2005 年全国 1% 抽样调查数据中的 "R3 性别"、"R4 出生年月" 和 "R32 初婚年龄"，可以求得既定年份下男性和女性的平均初婚年龄，进而可以得出男女平均初婚年龄差（见表 4—2 第 6 列数据）。需要说明的是，由于本书是在计算既定年份男性、女性的平均初婚年龄，所以并没有考虑年龄结构的问题，采用了直接求平均数的方法。事实上，尽管这种方法不科学，但对本书来说是合适的，因为本书的主要目的不是为了求出具体的平均初婚年龄，而是求出既定年份的平均初婚年龄差。

表 4—2　　　　　　　　　**男女平均初婚年龄差**

初婚年份	男性平均出生年份	女性平均出生年份	男性平均初婚年龄(岁)	女性平均初婚年龄(岁)	男女平均初婚年龄差(岁)
1959	1936	1939	22.79	20.19	2.60
1960	1937	1939	23.33	20.64	2.69

续表

初婚年份	男性平均 出生年份	女性平均 出生年份	男性平均初婚 年龄（岁）	女性平均初婚 年龄（岁）	男女平均初婚 年龄差（岁）
1961	1938	1940	22.95	20.88	2.07
1962	1939	1941	23.29	20.91	2.38
1963	1940	1942	23.05	20.80	2.25
1964	1941	1943	23.26	20.57	2.69
1965	1942	1944	22.83	20.90	1.93
1966	1942	1946	23.60	20.34	3.26
1967	1943	1946	24.07	21.04	3.03
1968	1944	1947	23.80	20.62	3.18
1969	1946	1949	22.71	20.40	2.31
1970	1946	1949	23.52	21.14	2.38
1971	1948	1950	23.46	20.70	2.76
1972	1948	1951	23.65	21.12	2.53
1973	1949	1951	23.79	21.69	2.10
1974	1950	1952	24.13	21.89	2.24
1975	1951	1952	24.44	22.64	1.80
1976	1952	1954	24.25	22.27	1.98
1977	1952	1954	24.88	22.56	2.32
1978	1954	1955	24.44	23.10	1.34
1979	1954	1956	24.91	22.93	1.98
1980	1955	1957	25.33	23.07	2.26
1981	1956	1958	24.68	22.61	2.07
1982	1957	1960	24.59	22.10	2.49
1983	1959	1961	23.84	22.39	1.45
1984	1960	1962	23.94	21.94	2.00
1985	1961	1963	23.99	22.06	1.93
1986	1963	1965	23.02	21.46	1.56
1987	1964	1965	23.18	22.01	1.17
1988	1964	1966	23.78	21.93	1.85

续表

初婚年份	男性平均 出生年份	女性平均 出生年份	男性平均初婚 年龄（岁）	女性平均初婚 年龄（岁）	男女平均初婚 年龄差（岁）
1989	1965	1967	24.23	22.06	2.17
1990	1966	1968	23.63	22.36	1.27
1991	1967	1969	23.75	22.23	1.52
1992	1968	1969	24.20	22.45	1.75
1993	1968	1971	24.53	22.40	2.13
1994	1970	1972	23.87	22.33	1.54

资料来源：据 2005 年全国 1% 人口调查数据计算。

利用表 4—1 和表 4—2 的数据，可以直接求出历年高考学生父亲的平均出生时间，见表 4—3。

表 4—3　　　　　　高考孩子父亲的平均出生年份

孩子参加 高考年份	孩子母亲的 平均出生年份	母亲平均 结婚年份	男女平均初婚 年龄差（岁）	孩子父亲的 平均出生年份
1980	1939	1959	2.60	1936
1981	1940	1959	2.60	1937
1982	1941	1960	2.69	1941
1983	1942	1961	2.07	1940
1984	1943	1963	2.25	1941
1985	1944	1964	2.69	1941
1986	1945	1965	1.93	1943
1987	1946	1966	3.26	1943
1988	1947	1967	3.03	1944
1989	1948	1968	3.18	1945
1990	1949	1969	2.31	1947
1991	1950	1970	2.38	1948
1992	1951	1972	2.53	1948
1993	1951	1973	2.10	1949

续表

孩子参加高考年份	孩子母亲的平均出生年份	母亲平均结婚年份	男女平均初婚年龄差（岁）	孩子父亲的平均出生年份
1994	1952	1974	2.24	1950
1995	1953	1975	1.80	1951
1996	1953	1976	1.98	1951
1997	1954	1977	2.32	1952
1998	1955	1978	1.34	1954
1999	1956	1979	1.98	1954
2000	1957	1979	1.98	1955
2001	1958	1980	2.26	1956
2002	1959	1981	2.07	1957
2003	1961	1982	2.49	1959
2004	1962	1984	2.00	1960
2005	1963	1985	1.93	1961
2006	1964	1986	1.56	1962
2007	1965	1987	1.17	1964
2008	1966	1988	1.85	1964
2009	1967	1989	2.17	1965
2010	1968	1990	1.52	1966
2011	1969	1991	1.75	1967
2012	1969	1992	2.13	1967
2013	1971	1993	1.54	1969

　　这样，通过表4—1和表4—3就可以得到历年高考学生父母的平均出生年份，见表4—4。

表4—4　　　　　历年高考学生父母的平均出生年份

孩子参加高考年份	孩子参加高考年龄（岁）	孩子出生年份	孩子母亲的平均出生年份	孩子父亲的平均出生年份
1980	19	1961	1939	1936
1981	19	1962	1940	1937

续表

孩子参加高考 年份	孩子参加高考 年龄（岁）	孩子出生 年份	孩子母亲的平 均出生年份	孩子父亲的 平均出生年份
1982	19	1963	1941	1941
1983	19	1964	1942	1940
1984	19	1965	1943	1941
1985	19	1966	1944	1941
1986	19	1967	1945	1943
1987	19	1968	1946	1943
1988	19	1969	1947	1944
1989	19	1970	1948	1945
1990	19	1971	1949	1947
1991	19	1972	1950	1948
1992	19	1973	1951	1948
1993	19	1974	1951	1949
1994	19	1975	1952	1950
1995	19	1976	1953	1951
1996	19	1977	1953	1951
1997	19	1978	1954	1952
1998	19	1979	1955	1954
1999	19	1980	1956	1954
2000	19	1981	1957	1955
2001	19	1982	1958	1956
2002	19	1983	1959	1957
2003	19	1984	1961	1959
2004	19	1985	1962	1960
2005	19	1986	1963	1961
2006	19	1987	1964	1962
2007	19	1988	1965	1964
2008	19	1989	1966	1964
2009	19	1990	1967	1965
2010	19	1991	1968	1966

续表

孩子参加高考年份	孩子参加高考年龄（岁）	孩子出生年份	孩子母亲的平均出生年份	孩子父亲的平均出生年份
2011	19	1992	1969	1967
2012	19	1993	1969	1967
2013	19	1994	1971	1969

资料来源：据 2005 年全国 1% 人口调查数据计算。

三 父母受教育水平的估算

在知道了历年高考学生父母的出生年份后，就可以通过 2005 年全国 1% 人口调查数据求出父母的受教育水平。但仍要强调的是，这里的父母的受教育水平并不是真正高考学生父母（A′）的受教育水平，是"D′和父母同一批的人"的受教育水平。同时，为了对父母的受教育水平能够进行量化，便于比较，本书在计算的过程中，将 2005 年全国 1% 人口调查中的受教育水平分类分别进行了赋值："未上过学"为 1；"小学"为 2；"初中"为 3；"高中"为 4；"大学专科"为 5；"大学本科"为 6；"研究生及以上"为 7。得分越低，表明父母的平均受教育水平越低；得分越高，表明父母的平均受教育水平越高。

表 4—5 和图 4—2 显示了历年高考学生父母的受教育水平。从中可以看出三个问题：第一，父母年龄越大，其平均受教育水平越低；父母年龄越小，其平均受教育水平越高。第二，总体上来说，父亲的平均受教育水平始终要高于母亲的受教育水平。第三，父母间受教育水平虽存在差异，但这种差异随着时间的发展呈逐步缩小的趋势。

表 4—5　　　　　　　**历年高考学生父母的受教育水平**

孩子参加高考年份	孩子出生年份	母亲平均出生年份	父亲平均出生年份	母亲平均受教育水平	父亲平均受教育水平
1980	1961	1939	1936	1.74	2.26
1981	1962	1940	1937	1.82	2.20
1982	1963	1941	1941	1.81	2.27

续表

孩子参加 高考年份	孩子出 生年份	母亲平均 出生年份	父亲平均 出生年份	母亲平均 受教育水平	父亲平均 受教育水平
1983	1964	1942	1940	1.79	2.42
1984	1965	1943	1941	2.00	2.27
1985	1966	1944	1941	1.99	2.27
1986	1967	1945	1943	1.95	2.49
1987	1968	1946	1943	2.16	2.49
1988	1969	1947	1944	1.99	2.33
1989	1970	1948	1945	1.93	2.35
1990	1971	1949	1947	2.02	2.59
1991	1972	1950	1948	2.17	2.53
1992	1973	1951	1948	2.15	2.53
1993	1974	1951	1949	2.15	2.63
1994	1975	1952	1950	2.09	2.57
1995	1976	1953	1951	2.27	2.55
1996	1977	1953	1951	2.27	2.55
1997	1978	1954	1952	2.34	2.70
1998	1979	1955	1954	2.19	2.86
1999	1980	1956	1954	2.56	2.86
2000	1981	1957	1955	2.51	2.93
2001	1982	1958	1956	2.54	3.05
2002	1983	1959	1957	2.65	3.01
2003	1984	1961	1959	2.83	3.05
2004	1985	1962	1960	2.85	3.20
2005	1986	1963	1961	2.88	3.35
2006	1987	1964	1962	2.87	3.18
2007	1988	1965	1964	2.79	3.21
2008	1989	1966	1964	2.83	3.21
2009	1990	1967	1965	2.84	3.18
2010	1991	1968	1966	2.90	3.20

续表

孩子参加高考年份	孩子出生年份	母亲平均出生年份	父亲平均出生年份	母亲平均受教育水平	父亲平均受教育水平
2011	1992	1969	1967	2.88	3.15
2012	1993	1969	1967	3.01	3.25
2013	1994	1971	1969	3.12	3.36

资料来源：据 2005 年全国 1% 人口调查数据计算。

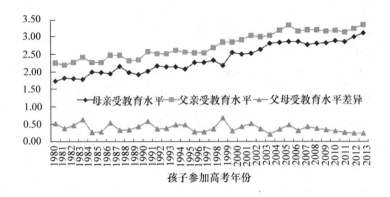

图 4—2　历年高考学生父母的受教育水平

资料来源：据表 4—5 中的数据绘制。

四　父母受教育水平与高等教育需求

　　已有研究发现，父母的受教育水平对孩子的教育存在重要影响。那么，父母的受教育水平对高等教育需求有什么重要影响？父亲的受教育水平和母亲的受教育水平对高等教育需求的影响有什么差异？这都是本书将要解决的问题。通过数据分析可以发现，表征高等教育需求的高等教育毛入学率和每万人人口平均高等教育在校生数与父母的受教育水平存在明显的相关关系。在分别以高等教育毛入学率和每万人人口平均高等教育在校生数为因变量，父亲的受教育水平和母亲的受教育水平为自变量的回归分析中可以发现（见表 4—6），父母的受教育水平对高等教育需求具有较好的解释作用，父母受教育水平的不断提高推动了高等教育需求的发展。具体来说，父母的受教育水平每提高 1 个单位，高等教育毛入学率将平均提高 0.9 个单位，每万人人口平均高等教育在校生数将提高 0.88 个单位。

表 4—6　　**父母的受教育水平与高等教育需求的回归分析**

因变量	自变量	F 值	显著度	估计的标准误差	Beta 系数系数	调整的拟合优度
高等教育毛入学率	父亲的受教育水平	269.318	0.000	2.385	0.952	0.902
	母亲的受教育水平	280.034	0.000	2.343	0.953	0.906
每万人人口平均高等教育在校生数	父亲的受教育水平	92.365	0.000	23.598	0.876	0.759
	母亲的受教育水平	97.146	0.000	23.143	0.881	0.768

在两个不同因变量的模型中，以高等教育毛入学率为因变量的模型更能模拟实际情况，具有更好的解释力。两个模型还有一个共同的发现，即在高等教育需求的推动过程中，母亲的受教育水平比父亲的受教育水平所起到的作用要大。这一点与以往的研究发现一致。

第三节　父母生育水平的影响

一　已有研究发现

考德威尔（Caldwell）认为，学校教育的成本和父母为了孩子进行教育投资不断增加的压力，是决定生育的重要因素。[1] 阿克辛（Axinn）也发现，孩子上学对父母的生育选择和生育行为具有强烈的影响。[2] 荷马琳（Hermalin A. I.）、塞尔策（Seltzer J. A.）和林（Lin C. H.）在中国台湾地区的研究，以及斯里尼瓦斯（Shreeniwas S.）在马来群岛的研究都显示，兄弟姐妹规模和教育之间的负联系

---

① Caldwell J. C. Mass, Education as a Determinant of the Timing of Fertility Decline, *Population Development Review*, Vol. 6, No. 2, 1980.

② Axinn W. G., The Effects of Children's Schooling on Fertility Limitation, *Population Study*, Vol. 47, 1993.

仅仅在生育限制开始后才显现出来。[1][2] 这些研究和其他很多研究一样，主要是在探讨教育因素对生育水平的影响，而且都在不同程度上发现，教育是对生育模式和水平具有重要影响作用的因素。

而本书要研究的却相反，是要探讨生育对教育的影响，但目前这方面的研究非常少。家庭子女的数量是妇女生育的结果，如果把其看作妇女生育水平的话，那么还是有些研究围绕其对教育的影响做了积极的探索的。有一些研究认为，家庭子女数目对其入学没有影响，或者影响并不显著。[3][4] 对此，有些研究认为这是经济因素从中起到了作用[5]，或者是强大的家族凝聚力抵消了其影响造成的[6]，或者是由于早出生的孩子工作后，能够给家庭带回经济资源，这种经济资源转移到其他孩子身上的缘故[7]。

但还是有更多的研究认为，家庭子女数量对于教育选择、教育成就的获得是有很大影响的，无论是在工业化国家还是发展中国家，这种影响呈反向关系。[8][9] 而这种反向关系通常使用"家庭资源稀释模型"（Resource Dilution Model）来解释。

---

①　Hermalin A. I. , Seltzer J. A. , Lin C. H. , Transitions in the Effect of Family Size on Female Education and Educational Attainment: the Case of Taiwan. Comparative, *Education Review*, Vol. 26, 1982.

②　Shreeniwas S. , Family Size, Sex Composition and Children's Education: Ethnic Differentials over Development in Peninsular Malaysia, *Population Study*, Vol. 51, 1997.

③　Mason Andrew, *Schooling Decisions , Basic Education , and the Poor in Rural Java* , Stanford University, 1995, p. 221.

④　Buchmann C. , Family Structure, Parental PercePtions and Child Labor in Kenya: What Factors Determine Who Is Enrolled in School? *Social Forces*, Vol. 78, 2000.

⑤　Anh T. S. , Knodel J. , Lam D. , Friedman J. , Family Size and Children, *Education in Vietnam*, *Demography*, Vol. 35, 1998.

⑥　Blake J. , *Family Size and Achievement*, Berkeley: University California, 1989, p. 100.

⑦　Parish W. L. , Willis R. J. , Daughters, Education, and Family Budgets: Taiwan Experiences, *Journal of Human Resources*, Vol. 28, No. 4, 1993.

⑧　Shapiro David, B. Oleko Tambashe, Gender, Poverty, Family Structure, and Investments in Children's Education in Kinshasa, Congo, *Economics of Education Review*, Vol. 20, 2001.

⑨　Lopez - Acevedo, Gladys, Angel Salinas, *Marginal Willingness to Pay for Education and the Determinants of Enrollment in Mexico*, Working Papers No. 2405. World Bank, Washington D. C. , 2000.

二　中国妇女总和生育率

人口与经济具有很强的相关性，人口的发展通常会受到经济发展的较大影响；此外，人口政策也具有较强的直接干预效应。人口的生育水平也不例外，会受到经济发展和人口政策的影响。新中国成立后，中国妇女总和生育率的变化和各个历史时期的经济形势、人口政策有很强的相关性（见图4—3），具体可以从以下几个历史阶段来分析。

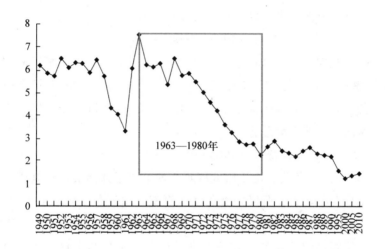

图4—3　1949—2010 年的中国妇女总和生育率

资料来源：据国家统计局《中国人口统计年鉴（2002）》中的数据绘制。

（一）高位运行阶段（1949—1957 年）

新中国成立后，随着全国经济形势的好转和国家"一五"计划的大规模实施，生产力得到很大恢复，医疗卫生条件得到很大改善。9 年间，人口增长迅速，妇女总和生育率高位运行，年均保持在 6.11 的水平上。

（二）剧烈下降阶段（1957—1961 年）

在"三年自然灾害时期"，经济形势严峻，粮食供应异常紧张，人口非正常死亡大量增加。这一时期，出生率大大降低，妇女总和生育率剧烈下降，从 1957 年的 6.41 近乎直线下降为 3.29，在 4 年的时间里降低了将近一半。

（三）强劲反弹阶段（1961—1963 年）

随着中央经济政策的调整，国民经济经过了"调整、巩固、充实、提高"八字方针的治理后开始恢复。这一时期，妇女总和生育率强劲反弹，从 1961 年的 3.29 上升到 1963 年的 7.50，两年时间增加了 1 倍还要多，也可以说是"报复性"反弹。

（四）高位下滑阶段（1963—1968 年）

这一时期，妇女总和生育率从 1963 年的历史高位逐渐下降，降到了 1967 年的 5.31，下降幅度接近 30%。之后的 1968 年虽有较大幅度的上升，但总体上来看，这一时期的妇女总和生育率仍处于高位，呈缓慢震荡下滑态势。

（五）逐渐下降阶段（1968—1980 年）

20 世纪 70 年代，由于就业困难，加上国家开始实行计划生育政策，推广避孕药具，所以妇女总和生育率开始逐步下降。从 1969 年的 6.45 下降到了 1980 年的 2.24，即平均每个妇女少生育了 4.21 个孩子，降幅达到了 65%。这一时期是中国妇女总和生育率下降时间最长、幅度最大的历史阶段，其对后来的影响巨大。

（六）低位徘徊阶段（1980—1990 年）

整个 20 世纪 80 年代，随着改革开放的不断深化，城乡经济逐渐活跃，计划生育工作在这一时期也得到了高度加强。这一时期，妇女总和生育率虽有几次波动，但总体上看，波动幅度不大，局限在 2—3 这个区间内。

（七）更替水平以下阶段（1990—2010 年）

到了 20 世纪 90 年代以后，改革开放政策进一步深化，中国实行社会主义市场经济体制；进入 21 世纪以后，城乡人口流动加剧，市场机制内在调节人口增长的功能越来越强大，城乡居民以及进城农民工抚养子女的成本越来越高，压力越来越大。这一时期，妇女总和生育率水平进一步降低，跌至更替水平以下。

总体上来说，如果排除掉"三年自然灾害时期"中国妇女总和生育率大起大落的历史阶段，那么中国妇女的总和生育率基本上可以划分为三个阶段：第一个阶段，1949—1968 年，20 年间，中国的妇女总和生育率一直维持在 6 左右，属于高位运行，中国处于超多子化时代，中国人口增加迅猛，为未来的经济发展提供了强大的劳动力储备。第二个阶段，1969—1980 年，10 余年间，中国的妇女总和生育率一直处于急速地下降中，下降时间之长、幅度之大，历史上罕见，世界上罕见，对中国的人口结构产生了巨大影响。这一时期，中国的妇女总和生育率虽然一直处于下降过程中，但仍属于较高水平，中国仍为多子化时代。第三个阶段，1981—2010 年，20 年间，中国的妇女总和生育率一直处于缓慢的下降过程中，其中前 10 年一直徘徊在更替水平附近，而后 10 年则直接跌至更替水平以下，并严重偏离更替水平，属于严重少子化时代。

三　妇女总和生育率与高等教育需求

图 4—3 对中国妇女总和生育率的演化过程进行了大致的描述，但实际上本书真正关注的是图中方框中的历史阶段，即从 1963 年至 1980 年的整个时期。在这一时期，虽然 1968 年的妇女总和生育率有较大幅度的反弹，但其整个趋势是下降的。这一时期的下降过程经历了 18 年的时间，从 1963 年的历史高位 7.50 陡然降低到了 1980 年的 2.24，平均每名妇女少生了 5 个孩子，生育水平下降了近 70%。

图 3—5 中的高考报名人数显示，1977—1983 年的报名人数不稳定，出现了激增、激降的过程，这固然有高考政策的原因，但出生人口的水平和规模对这种现象的作用是很大的。假设 1977—1983 年参加高考学生的平均年龄为 19 岁，那么其对应的出生年份为 1958—1964 年；假设 1977—1983 年参加高考学生的平均年龄为 20 岁，那么其对应的出生年份为 1957—1963 年（见表 4—7）。这种假设虽有所偏颇，因为 1977 年开始的高考使得积累了多年的高考生源加入到

了高考行列中，高考生的年龄差异会比较大，但不能质疑的一点是，随着时间的延长，这种较大的年龄差异逐渐消失，18—22 岁的考生会占据主导。因此，这两种假设仍具有一定的可行性。在这两种假设下得出的高考生出生年份的妇女总和生育率正好是 1958—1963 年大起大落的时代。所以，反过来讲，1958—1963 年妇女总和生育率大起大落的现象也有可能是 1977—1983 年高考生平均年龄差异较大现象出现的原因之一。当然，这并不是本书要研究的，本书将忽略这一时期的妇女总和生育率水平以及其可能对应的参加高考报名人数的变化，而是要重点观察 1963 年开始的妇女总和生育率水平的变化，及其所对应的 1983 年之后的高考报名人数的变化。

表 4—7　　　　不同高考生年龄假设下的出生年份和高考年份

假设高考生年龄（岁）	出生年份	高考年份	假设高考生年龄（岁）	出生年份	高考年份
19	1958	1977	20	1957	1977
19	1959	1978	20	1958	1978
19	1960	1979	20	1959	1979
19	1961	1980	20	1960	1980
19	1962	1981	20	1961	1981
19	1963	1982	20	1962	1982
19	1964	1983	20	1963	1983

　　妇女总和生育率下降，出生的孩子数量减少，平均到每个家庭，孩子数量也必然减少，而根据家庭资源稀释模型，在父母资源一定的情况下，孩子数量减少，平均每个孩子得到的父母资源就会增多，平均每个孩子的教育成就就有可能得到更大的提高。已有的数据表明，1984—2009 年的高考报名人数一直处于增加的态势，表明越来越多的孩子通过参加高考提高自己的教育成就，虽然这种成就还不能说通过高考报名就实现了，但"高考报名"这种行为已经表明，父母利用自己的资源在支持孩子进行教育成就的获得和提高。而这一时期的高考生所出生的年份 1963—1980 年的妇女总和生育率正向相反的方

向变化，一直处于不断下降的态势（见图4—4）。从图4—4中还可以看出，1999年开始的高考报名人数的剧增所对应的参加高考孩子出生年份的妇女总和生育率正处于更替水平偏上的水平上，而当妇女总和生育率从更替水平开始下移时，高考报名人数也开始"应声"而落。可见，从数据显示上来看，妇女总和生育率更替水平的位置对于高考报名人数的变化是一个重要的临界点。

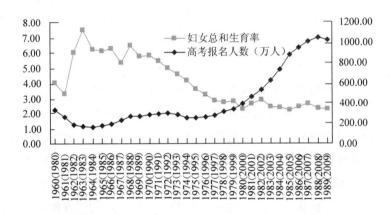

图4—4 妇女总和生育率趋势及对应高考年份的报名人数趋势比较

资料来源：据《中国教育统计年鉴（2002—2009）》和胡平《从普通高等学校招生统一考试看中国女子接受高等教育的发展趋势》[《南京师大学报》（社会科学版）1996年增刊]，以及国家统计局《中国人口统计年鉴（2002）》中的数据整理绘制。

依据资源稀释假说，在家庭经济资源比较有限的情况下，随着生育水平的降低，父母能够集中有限的经济资源来资助孩子接受高等教育。这也就是1963年以来，妇女总和生育率降低而高考报名人数悄然增加的一个重要原因。而当妇女总和生育率处于更替水平时，表明一个家庭平均会有两个孩子，但实际情况是，70年代末至90年代初由于计划生育政策的影响，城镇家庭和部分农村家庭一般只有一个孩子，而农村较多家庭会有2—3个孩子。这种状况对父母的心理、家庭经济资源的分配都会产生巨大的影响，那就是城镇家庭和农村部分独生子女家庭都要不遗余力地利用父母资源资助孩子获取最大的教育成就，而大部分2—3个孩子的农村家庭在父母资源被稀释的情况下，也会集中大部分的资源（通过"剥夺"其他孩子应得的平均的父母资源）资助其中的一个孩子获取最大的教育成就，也有可能通过其他增加经济资源的方法（如向银行或者亲朋好友借贷）资助两个或者更多的孩子（这个孩子可能是女孩，也可能是男孩，也可能是学习成绩好的孩子，本书将在其他章节展开论述）获取最大的教育成就。所以，从某种意义上说，计划生育政策也提高了人们接受高等教育的可能性。[①]

四　妇女总和生育率与高等教育需求的回归分析

以上依据资源稀释假说阐明，生育水平的下降有利于家庭将资源集中分配给数量较少的子女使用，从而更有利于其接受教育，进而有可能参加高考，就读大学。利用妇女总和生育率数据和表征高等教育需求的高等教育毛入学率和每万人人口平均高等教育在校生数的数据进行的回归分析表明，妇女总和生育率与高等教育需求存在负相关关系，即妇女总和生育率每下降1个单位，高等教育毛入学率就上升0.802个单位，每万人人口平均高等教育在校生数就上升0.672个单位（见表4—8）。但从模型模拟的效果上来看，虽然拟合优度不是很高，但模型是显著的，具有较好的解释作用。

表4—8　　　妇女总和生育率与高等教育需求的回归分析

因变量	自变量	F 值	显著度	估计的标准误差	Beta 系数系数	调整的拟合优度
高等教育毛入学率	妇女总和生育率	50.386	0.000	36.214	−0.802	0.630
每万人人口平均高等教育在校生数	妇女总和生育率	3.109	0.000	4.645	−0.672	0.433

---

① 朱剑：《高校扩招何以实施——基于"资源稀释模型"的解释》，《中国高教研究》2011年第4期。

第四节 母亲平均初婚年龄的影响

一 已有研究发现

在人口学专业领域，平均初婚、初育年龄的研究不是热点。目前，现有的研究主要集中在平均初婚、初育年龄的估算方法，以及平均初婚、初育年龄的影响因素上。在对平均初婚、初育年龄估算方法的研究上，李国经、陈友华、曾毅、郭维明等人进行了积极的探讨，并对 20 世纪 60 年代至 90 年代的人口平均初婚年龄和初育情况进行了具体分析。而更多的研究集中在对平均初婚、初育年龄的影响因素上，概括起来，这些因素主要包括婚姻状况、社会经济发展水平、受教育程度、文化因素、生育意愿、生育政策。[1][2]

然而，反过来说，对于平均初婚年龄、初育年龄变动带来的影响的研究比较少，探讨较多的是其对人口数量增长的影响。曾毅通过建立"城乡人口动态模型"，采用调控城乡平均生育年龄的方法探讨了生育年龄的推迟对中国人口发展的影响。[3] 而事实上，人口平均初婚年龄、初育年龄的变动不仅仅对人口数量增长产生影响，广而言之，会对社会、经济、教育各个方面产生影响，而目前其对家庭子女教育产生影响的研究还没有。

平均初育年龄对教育的影响和总和生育率对教育的影响有相似之处，一个是从时间上考察其对教育的影响，另一个是从数量上考察其对教育的影响，但二者都是从生育的角度出发的。本节以示区别上一节的内容，不再探讨平均初育年龄带来的影响，只从女性的平均初婚年龄这一指标来分析其对高等教育需求带来的可能的影响。

---

① 尹勤：《女性人口文化程度对其婚育状况的影响探析》，《南京人口管理干部学院学报》1998 年第 4 期。

② 王仲：《结婚年龄之制约性条件研究——平均初婚年龄为什么推迟了》，《西北人口》2010 年第 1 期。

③ 曾毅：《逐步提高平均生育年龄对我国人口发展的影响》，《人口与经济》1991 年第 5 期。

二 母亲平均初婚年龄的演化

母亲的初婚年龄对子女的教育有没有影响，进而对高等教育需求有什么影响？在回答这个问题之前，首先需要分析初婚年龄的人口学意义。一般情况下，生育发生在婚后，所以初婚年龄是生育的一个重要影响变量，初婚年龄的迟早（即初婚年龄的大小）往往与生育的多少有直接关系。简言之，女性初婚年龄小，表明女性的生育时间会延长，未来生育的可能性增大；女性初婚年龄大，表明女性的生育时间会缩短，未来生育的可能性减小。从这个角度来说，女性的初婚年龄影响生育的模式和水平。育龄期长，女性会有机会生育更多的孩子，其对子女的教育在资源恒定的情况下平均分配额会有所减少；育龄期短，女性生育更多孩子的机会减少，在不能增加子女数量的情况下，现有子女所得到的平均分配资源会有所增加，其获得较大教育成就的可能性增加。可见，母亲平均初婚年龄的不断上升有助于子女可能获得较大的教育成就，对于高等教育需求的产生和发展具有一定的推动作用。

除此之外，女性初婚年龄大（晚）比初婚年龄小（早）具有很多优势。第一，生理上的优势。一般来说，人要到23—25岁才能完全发育成熟。而在这个年龄之前，法律虽然赋予了个人结婚的权利，且也具备了生育的生理条件，但身体各器官组织还处于发育阶段。而初婚年龄大一点儿可以保证身体完全发育，不仅保证了初婚者的身体健康，而且也为将来的优生优育奠定基本的生理条件。第二，智力上的优势。二十几岁正是人的精力最旺盛、求知欲最强的阶段，如果初婚年龄晚一点，可以更好、更快地获取所需的各种知识，为自己未来的发展奠定一定的基础。如果初婚年龄过早，很有可能会影响到学习和工作，为自己未来的发展增加障碍。第三，心理上的优势。人的思想会经常发生变化，而在年轻时期这种变化更剧烈。初婚年龄大，心理更加成熟，阅历更加丰富，可以很好地处理家庭中的各种事务；初婚年龄小，思想不够成熟，生活上缺乏经验，婚后生活的很多事情会处理不好，不利于家庭幸福，不利于未来的生育和子女教育。第四，经济上的优势。初婚年龄大，生活经验有了一定积累的同时，经济基础也有了一定的积累，可以为孩子选择更好的小学、中学和大学教育，使其在相对良好的环境中成长。初婚年龄小，经济积累少，生活不够宽裕，容易产生家庭矛盾，对子女教育投入也受到很大影响。第五，情感上的优势。初婚年龄大的父母往往会对孩子倍加珍惜，会倾注全力照顾和培养孩子，其积累的子女养育经验会让孩子得到更好的教育和发展。第六，婚姻稳固性上的优势。初婚年龄大，思想相对成熟，对人生、生活有了成熟、稳定的看法，在配偶选择上更加理智，婚姻幸福、稳固且长久。家庭教育在子女某些时间阶段具有比学校教育更强的作用，因此婚姻稳固的家庭更能为孩子教育提供可靠的保障。

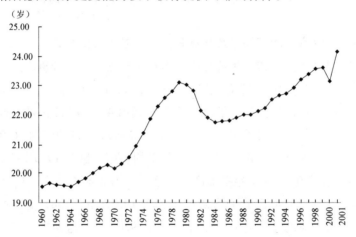

图 4—5　1960—2001 年中国妇女的平均初婚年龄

资料来源：1960—1987 年数据来自陈友华《中国女性初婚、初育年龄变动的基本情况及其分析》（《中国人口科学》1991 年第 5 期）；1988—1989 年数据来自曾毅《利用普查数据估算平均初婚年龄与平均初婚初育间隔的方法及其在"四普"资料分析中的应用》（《人口与经济》1992 年第 6 期）；1990—2001 年数据来自郭维明《20 世纪 90 年代我国婚育模式的初步分析》（《人口学刊》2003 年第 5 期）。

　　上述分析只是一般的经验推理，目前还没有研究提供实证。通过初婚年龄大小优劣势的分析可以判断得出，初婚年龄的不断提高有助于优生优育，有助于家庭资源对孩子的分配，从而有助于孩子获取更大的教育成就。从这个逻辑上分析可以相信，初婚年龄的不断提高（当然不是无限制的升高）推动了高等教育需求的产生和发展。

图4—5显示了1960—2001年中国妇女的平均初婚年龄。整体上看，1960—2001年中国妇女的平均初婚年龄呈斜"N"字形上涨，从1960年最低的19.55岁，增加到2010年的24.15岁，半个世纪内提高了4.6岁。其中：1960—1979年，中国妇女的平均初婚年龄上升很快，幅度很大；而从1979年至1984年，中国妇女的平均初婚年龄快速下降，从23.10岁下降到21.74岁，5年下降了1.4岁；1984—2001年，中国妇女的平均初婚年龄缓慢上升，但幅度不大。

三　母亲平均初婚年龄与高等教育需求的回归分析

在对母亲平均初婚年龄与高等教育需求进行回归分析之前，需要对所需要的数据做一交代。由表4—9可知，由妇女初婚的年份及其初育间隔，可以计算出孩子出生的年份（第4列数据），再假设孩子参加高考年龄的同时就可以计算出孩子参加高考时的年份（第6列数据）。以1960年为例，当年妇女的平均初婚年龄为19.55岁，孩子在1962年出生，1981年参加高考。这样，据此推论开来，1981年参加高考的孩子的母亲的平均初婚年龄为19.55岁；1982年参加高考的孩子所对应的母亲的平均初婚年龄为19.66岁。这样的计算方法和过程不存在问题，但这样计算下去会存在一个问题，即妇女平均初婚年龄的每一个不同的年份不能对应唯一的孩子参加高考的年份。例如，1964年和1965年妇女的平均初婚年龄分别为19.55岁和19.71岁，可其子女参加高考的年份均为1986年。之所以出现这样的情况，主要是由于初育间隔的不同造成的。表4—9中，初育间隔的最小值为1976年的1.01年，最大值为1963年的2.70年，其平均数为1.70年，标准差为0.52年。因此，出于数据运算方便的考虑，本书假设历年初育间隔为2年，这样得到的孩子高考的年份便具有连续性（第7列数据），可以和母亲的平均初婚年龄一一对应起来。

表4—9　　妇女的平均初婚年龄与孩子高考年份的对应关系

年份	妇女的平均初婚年龄（岁）	初育间隔（年）	孩子出生的年份	假设孩子参加高考的年龄（岁）	孩子参加高考的年份（1）	孩子参加高考的年份（2）
1960	19.55	2.47	1962	19	1981	1981
1961	19.66	2.48	1963	19	1982	1982
1962	19.60	2.70	1965	19	1984	1983
1963	19.59	2.70	1966	19	1985	1984
1964	19.55	2.63	1967	19	1986	1985
1965	19.71	2.31	1967	19	1986	1986
1966	19.83	2.10	1968	19	1987	1987
1967	20.00	1.97	1969	19	1988	1988
1968	20.18	1.77	1970	19	1989	1989
1969	20.29	1.66	1971	19	1990	1990
1970	20.17	1.83	1972	19	1991	1991
1971	20.32	1.65	1973	19	1992	1992
1972	20.56	1.61	1974	19	1993	1993
1973	20.93	1.39	1974	19	1993	1994
1974	21.38	1.17	1975	19	1994	1995
1975	21.86	1.04	1976	19	1995	1996
1976	22.29	1.01	1977	19	1996	1997
1977	22.58	1.12	1978	19	1997	1998
1978	22.80	1.21	1979	19	1998	1999
1979	23.10	1.09	1980	19	1999	2000
1980	23.03	1.42	1981	19	2000	2001
1981	22.82	1.57	1983	19	2002	2002
1982	22.15	1.86	1984	19	2003	2003
1983	21.89	1.77	1985	19	2004	2004
1984	21.74	1.61	1986	19	2005	2005
1985	21.77	1.40	1986	19	2005	2006
1986	21.79	1.32	1987	19	2006	2007
1987	21.90	1.14	1988	19	2007	2008
1988	22.00	1.43	1989	19	2008	2009

在以表征高等教育需求的指标高等教育毛入学率和每万人人口平均高等教育在校生数为因变量,妇女平均初婚年龄为自变量的回归分析中,妇女平均初婚年龄对高等教育毛入学率和每万人人口平均高等教育在校生数均有正向的推动作用。具体而言,妇女平均初婚年龄每提高 1 个单位,高等教育毛入学率就上升 0. 723 个单位,每万人人口平均高等教育在校生数就会增加 0. 526 个单位(见表4—10)。总体而言,虽然两个模型的拟合优度不是很高,但这两个模型是显著的,都表明了妇女的平均初婚年龄的不断提高对高等教育需求的正向推动作用。

表4—10　　　妇女平均初婚年龄与高等教育需求的回归分析

因变量	自变量	F 值	显著度	估计的标准误差	Beta 系数系数	调整的拟合优度
高等教育毛入学率	妇女平均初婚年龄	29. 542	0. 000	5. 38	0. 723	0. 505
每万人人口平均高等教育在校生数	妇女平均初婚年龄	10. 303	0. 003	41. 946	0. 526	0. 249

第五节　父母人口特征的总体影响

本章第二、三、四节分别从父母的受教育水平、妇女的总和生育率以及母亲的平均初婚年龄三个维度论述了其对高等教育需求的影响。从结果来看,父母的受教育水平、妇女的总和生育率以及妇女的平均初婚年龄都对高等教育需求产生了推动作用,其中父母的受教育水平起到的推动作用最大,其次是妇女的总和生育率,最后是妇女的平均初婚年龄。在此基础上,本节主要是考察父母的上述人口特征对高等教育需求的总体影响。在变量的选择上,由于表征高等教育需求的指标高等教育毛入学率和每万人人口普通高等学校在校生数在计算方法上存在一些差别,但在高等教育需求的代表性上没有本质差异,所以本书使用高等教育毛入学率作为因变量。在自变量的选择上,由于父亲的受教育水平和母亲的受教育水平对高等教育需求所起的推动作用不相上下，但究竟应该使用哪一个的水平来代表父母的受教育？由于父亲的受教育水平高于母亲的受教育水平，所以使用父亲的受教育水平将夸大父母的受教育水平，而使用母亲的受教育水平将缩小父母的受教育水平。基于此，本书取父亲和母亲受教育水平的平均水平，即其均值来代表父母的受教育水平。但需要指出的是，这一均值水平并不是父母真实的受教育水平，是本书基于研究需要构造出的父母受教育水平演变趋势的值，只是为构造模型、考察研究对象之间关系方便而设立的。

本节的研究假设为：

第一，父母的受教育水平。父母的受教育水平对高等教育需求具有推动作用，随着父母受教育水平的提高，高等教育需求的水平也在不断提高。

第二，妇女的总和生育率。妇女的总和生育率对高等教育需求具有推动作用，随着妇女总和生育率的下降，高等教育需求的水平在不断提高。

第三，妇女的平均初婚年龄。妇女的平均初婚年龄对高等教育需求具有推动作用，随着妇女总和生育率的下降，高等教育需求的水平在不断提高。

表4—11显示了父母的人口特征与高等教育毛入学率的回归结果。从回归结果看，模型的拟合优度很高，父母的三个特征变量都是显著的。具体来说，父母的受教育水平对高等教育需求具有显著的影响作用，父母的受教育水平每提高1个单位，高等教育需求的水平就提高1.045个单位。这证实了本书前面的假设，即父母受教育水平越高，父母对孩子的教育就会越重视，对孩子的教育投入也就越大。妇女的总和生育率对高等教育需求具有显著的影响作用，妇女的总和生育率每下降1个单位，高等教育需求的水平就提高0.138个单位，进一步证实妇女生育孩子数量的减少对于高等教育需求具有明显的推动作用。妇女的平均初婚年龄对高等教育需求具有显著的影响作用，妇女的平均初婚年龄每上升1个单位，高等教育需求的水平就下降0.221个单位。这与原假设不一致，原假设认为，一般来说，妇女的

平均初婚年龄越高，生育子女的时间就会越晚，生育的子女数量也会越少，因此晚婚晚育对于孩子的教育具有积极的影响。但回归分析发现，妇女的平均初婚年龄越早，对高等教育需求的推动作用越大。初婚年龄越早，生育的时间越早，生育的孩子数量就会越多。一般来说，早婚早育和妇女的受教育水平有很大的关系，早婚早育的妇女的受教育水平往往低于晚婚晚育的妇女，受教育水平低的父母往往会把自身受教育水平的提高寄托在孩子身上，加大对孩子教育的投入。模型中妇女平均初婚年龄的影响之所以和假设相反，其原因可能主要在于早婚早育产生的对孩子受教育的影响大于晚婚晚育产生的对孩子受教育的影响。

表 4—11　　父母的人口特征与高等教育毛入学率的回归结果

自变量	B	标准误差	Beta 系数	t 值	显著度
父母的受教育水平	2.039	0.090	1.045	22.722	0.000
妇女的总和生育率	−0.631	0.262	−0.138	−2.405	0.024
妇女的平均初婚年龄	−1.382	0.325	−0.221	−4.256	0.000
调整的拟合优度	0.983				
因变量预测值的标准误差	1.006				
F 值	531.005				
显著度	0.000				
样本数	28				

第五章　家庭人口特征与中国高等教育需求

　　孩子接受教育的场所主要有两个：一个是学校；另一个是家庭。从时间上来看，孩子一生中大部分时间是在学校接受教育；从空间上来看，孩子一生中也主要是在学校接受教育。可见，学校是影响孩子教育的重要变量。但事实上，孩子所做出的教育决策、教育行为除了学校教育的直接影响外，还有来自家庭间接的影响，而且很多时候，这种来自家庭的影响是潜移默化的，也是根深蒂固的。关于家庭环境因素对孩子教育成就取得的重要性，很多研究已经给出了肯定的回答。因此，考察孩子家庭人口特征可以发现孩子教育决策、教育行为背后深层次的动因，寻找出真正推动孩子高等教育需求的力量。

　　本章实质上是要考察家庭环境、家庭氛围因素对孩子高考的影响，即从家庭的角度深入分析高等教育需求的推动力量。家庭是一个宏观的变量，但无论它有多么宏观，它都是由一个一个的个体构成的，无非这些个体有多有少，有老有少，有男有女，不一而足。本章拟从中选取以下四个角度对家庭变量进行考察：家庭收入水平、家庭规模、城市化水平和男孩偏好。其中：家庭收入水平考察家庭的经济能力对孩子高等教育需求实现的物质资助能力；家庭规模考察家庭成员多少对孩子高考的决策影响能力；城市化水平考察家庭成员在信息获取、与外界沟通过程中对孩子高考的影响能力；男孩偏好考察家庭文化氛围对孩子高考的情感影响能力。

第一节　家庭收入水平

一　已有研究发现

收入是社会科学研究中的一个重要变量，在教育学的研究中也不例外。有关家庭教育支出与收入关系的研究很早就受到学者们的重视。很多国家的经验表明，富裕和贫困家庭的孩子的教育成就是存在显著差别的。[①] 具体来说，家庭收入水平会显著影响孩子的入学水平。[②] 侯赛因（Hossain S. A.）在中国的研究发现，1993 年中国城乡家庭收入最高组与最低组 7—11 岁的入学率差异达到了 10.7%，12—14 岁的入学率差异达到了 49.6%。[③] 此外，很多研究还发现，家庭收入水平对孩子的学习成绩也存在着显著的影响，影响了孩子教育成就的获得。[④][⑤]

但研究也发现，家庭收入水平的作用也是有条件的。早在 1976 年，海尼曼（Heyneman S. P.）就研究发现，乌干达的家庭环境对学习成绩的影响没有学校因素那么重要；在对发展中国家与工业化国家的情况进行了比较后，他认为，与工业化国家相比，发展中国家的家庭环境因素对孩子学习成绩的影响差异比较小，而学校因素引起的差异较大。[⑥] 由于发展中国家的经济收入水平要低于工业化国家，在经济收入水平较低的情况下，家庭经济对教育发展的弹性就会变小，就没有学校发挥的作用大。可见，只有在一国经济发展水平达到了一定程度之后，家庭收入水

① Filmer D., Pritchett L., The Effect of Household Wealth on Educational Attainment：Evidence from 35 Countries, *Population Development Review*, Vol. 25, 1999.

② Plug Erik, Wim Vijverberg, *School, Family Background, and Adoption：Does Family Income matter?* IZA, 2001, p. 246.

③ Hossain S. A., *Making An Equitable and Efficient Education：the Chinese Experience Mimeo, revised from China：Social Sector Expenditure Review*, Washington, D. C.：World Bank, 1996.

④ Stash S., Hannum E., Who Goes to School? Educational Stratification by Gender, Caste and Ethnicity in Nepal, *Comparative Education Review*, Vol. 45., 2001.

⑤ Hannum Emily, Poverty and Basic Education in Rural China：Villages, Households, and Girls' and Boys' Enrollment, *Comparative Education Review*, Vol. 47, No. 2, 2003.

⑥ Heyneman S. p., Influences on Academic achievement：A Comparison of Results from Uganda and more Industrialized Societies, *Social Education*, Vol. 49, 1976.

平的作用才会发挥出来。而具体到一国不同收入水平的家庭来说，其作用也是不一样的。具体来说，中等收入水平家庭的收入弹性大于1，有研究就证实，日本家庭教育支出的平均收入弹性是1.72，远大于其他消费支出弹性，而且中等收入家庭的教育支出弹性最大。①

二　中国城乡居民的家庭收入

在统计中国城乡居民的家庭收入时，由于城乡家庭收入渠道存在差异，所以使用的指标也不同。具体来说，城镇居民使用的是城镇居民家庭人均可支配收入，而农村居民使用的是农村居民家庭人均纯收入。城镇居民家庭可支配收入指家庭成员得到的可用于最终消费支出和其他非义务性支出以及储蓄的总和，即城镇居民家庭可以用来自由支配的收入，它是家庭总收入扣除缴纳的个人所得税、个人缴纳的社会保障支出以及记账补贴后的收入。其计算公式为：可支配收入 = 家庭总收入 − 缴纳个人所得税 − 个人缴纳的社会保障支出 − 记账补贴。②

农村居民家庭纯收入是指农村住户当年从各个来源得到的总收入相应地扣除所发生的费用后的收入总和。其计算方法为：纯收入 = 总收入 − 税费支出 − 家庭经营费用支出 − 生产性固定资产折旧 − 赠送农村内部亲友支出。纯收入主要用于再生产投入和当年生活消费支出，也可用于储蓄和各种非义务性支出。农村居民人均纯收入是按人口平均的纯收入水平，反映的是一个地区农村居民的平均收入水平。③

改革开放以来，城乡居民的家庭人均可支配收入变化幅度很大，增加很快。但由于中国城乡二元制度的存在，城乡居民收入存在较大差异，为了更全面准确地描述城乡居民的收入水平，本书将分别对其予以分析。

图5—1显示了1980—2013年城乡居民家庭人均可支配收入和人均纯收入的情况。对于城镇居民家庭来说，1980年其人均可支配收入只有477.6元，而到了2013年，这一收入水平达到了26955.1元，

---

① Hashimoto K., Health J. A., Income Elasticities of Educational Expenditure by Income Class: the Case of Japanese Households, *Economics of Education Review*, Vol. 14, No. 1, 1995.

② 国家统计局：《中国统计年鉴》，中国统计出版社2010年版。

③ 同上。

即在 34 年的时间里增加了 26477.5 元，增加了 55 倍之多，平均每年增幅为 168%。从时间上来看，城镇居民家庭人均可支配收入在 1980—1990 年间增加幅度有限，10 年间增加了 1032.6 元，平均每年增幅为 21.62%。而从 1990 年开始，城镇居民家庭人均可支配收入的增加水平驶入快车道。1990 年，城镇居民家庭人均可支配收入为 1510.2 元，而到了 2013 年，这一收入水平达到了 26955.1 元，翻了 17 番还要多，年均增幅为 77.60%，是 1980—1990 年增幅的 3.59 倍。对于农村居民家庭来说，1980 年其人均纯收入只有 191.3 元，而到了 2013 年，这一收入水平达到了 8895.9 元，即在 34 年的时间里增加了 8704.6 元，增加了 45 倍多，平均每年增幅 137.89%。从时间上来看，农村居民家庭人均纯收入和城镇居民家庭人均可支配收入的增长不同，没有出现较为明显的阶段性变化。

通过城乡收入比较可以看出，二者都呈指数增长，增长速度快，增长幅度大；城镇居民家庭人均可支配收入始终高于农村居民家庭人均纯收入，随着时间的推移，二者之间的差值越来越大，表明城乡之间收入水平差距在拉大，且有继续拉大的趋势。

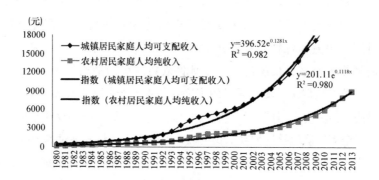

图 5—1　1980—2013 年城乡居民家庭人均可支配收入和人均纯收入比较

资料来源：据《中国统计年鉴（2014）》中的数据绘制。

中国城乡居民历来有储蓄的传统和习惯，对于有子女就学的家庭来说，这种储蓄的传统和习惯就更为强烈。而且，随着高等教育的普及和大众化，教育收费已经成为"共识"，即要想读完大学，每年必须要支付足够的学费，四年大学要读完必须要有充足的学费作为保证。因此，从这个意义上来说，高等教育的发展需要城乡居民有一定的储蓄习惯和存款水平，这是保证孩子读完大学的物质基础。反过来讲，如果城乡居民具有一定的储蓄习惯，并有较高的存款水平，那么其资助子女读大学的积极性就会提高，其对高等教育需求的推动能力就会增强。为此，本书选取了城乡居民人民币储蓄存款额这一指标来考察城乡居民的收入水平。

图5—2显示了城乡居民的人民币储蓄存款额。数据显示，1980—2013年的城乡居民人民币储蓄存款的年底余额和年增加额呈不断增加的趋势，经过拟合呈指数方式增长。1978年，城乡居民人民币年底余额为210.60亿元，到了2013年，这一数字达到了447601.60亿元，增长了2125多倍。1978年，城乡居民人民币年增加额为29.00亿元，到了2013年，这一数字达到了48050.60亿元，增长了1656多倍。尽管存在通货膨胀等因素，但从巨大的变化量上来看，城乡居民的储蓄存款水平较高，在一定程度上保障了子女就读大学、完成学业，推动了高等教育需求的发展。

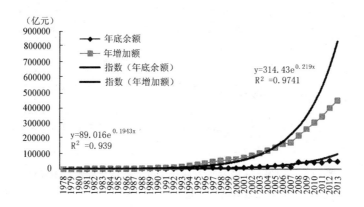

图5—2　城乡居民的人民币储蓄存款额

资料来源：据《中国统计年鉴（2014）》中的数据绘制。

虽然城乡居民家庭人均可支配收入和人均纯收入以及城乡居民的人民币储蓄存款额这两个指标都表明城乡居民的收入水平有了较大幅度的提高，为高等教育需求的产生和发展奠定了坚实的物质基础，但由于它们都没有扣除物价上涨因素，其可比性不高，不易看出其真实的增长幅度和水平。为此，本书选取了城乡居民家庭人均可支配收入指数这一指标对城乡居民的收入水平再做评价。图 5—3 显示了城乡居民家庭人均可支配收入指数和人均纯收入指数。该指数是以 1978 年为基准期进行测算的。图 5—3 主要说明了两个问题：第一，城乡居民家庭人均可支配收入指数和人均纯收入指数均以指数方式增长，增长速度快，增长幅度大；城市居民家庭人均可支配收入指数增长了 12.27 倍，农村居民家庭人均纯收入指数增长了 12.86 倍。第二，从总体上来说，城市居民家庭人均可支配收入指数的增长水平与年增长幅度快于并高于农村居民家庭人均纯收入指数，但二者之间的差异较小，且远远小于城镇居民家庭人均可支配收入和农村居民家庭人均纯

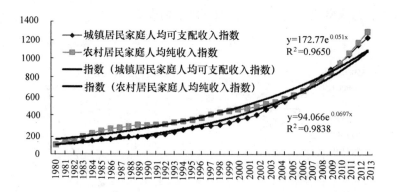

图 5—3　1980—2013 年城乡居民家庭人均可支配收入指数和
　　　　人均纯收入指数比较

资料来源：据《中国统计年鉴（2014）》中的数据绘制。

收入水平之间的差距。第三，从 2003 年开始，城市居民家庭人均可支配收入指数的增长水平和增长幅度快于并高于农村居民家庭人均纯收入指数的状况发生了逆转，表明农村居民家庭人均纯收入的增长水平和增长幅度超过了城市，虽然超过的幅度有限，但其意义重大。

恩格尔系数（Engel's Coefficient）是食品支出总额占个人消费支出总额的比重。恩格尔发现，一个家庭收入越少，家庭收入中（或总支出中）用来购买食物的支出所占的比例就越大，随着家庭收入的增加，家庭收入中（或总支出中）用来购买食物的支出比例则会下降。因此，通过考察中国城乡居民的恩格尔系数，也可以发现城乡居民收入水平的变化，图 5—4 说明：第一，从总体上看，城乡居民家庭的恩格尔系数从 1980 年开始一直处于线性下降态势，表明城乡居民家庭的收入水平呈增长的趋势；第二，从城乡差异上来看，1980—1989 年城乡居民家庭的恩格尔系数差异较小，曾一度黏合，但从 1990 年开始这一差距开始扩大，直到现在才有差距缩小的趋势，这与前面城乡居民家庭人均可支配收入指数和人均纯收入指数所展现

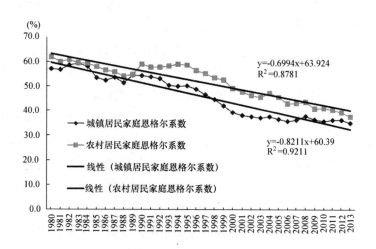

图 5—4 1980—2013 年城乡居民家庭恩格尔系数比较

资料来源：据《中国统计年鉴（2010）》中的数据绘制。

的结果是一致的；第三，根据联合国粮农组织提出的标准，恩格尔系数在 59% 以上为贫困，50%—59% 为温饱，40%—50% 为小康，30%—40% 为富裕，低于 30% 为最富裕，目前中国的城乡居民家庭恩格尔系数维持在 30%—40% 之间，属于富裕水平。

三　收入水平提高与高等教育需求

通过上述指标的考察和相互印证，总体上可以得出以下两点简单的结论：第一，城乡居民的收入水平提高很快，增加幅度大；第二，城乡居民的收入水平差异总体上呈现"缩小—扩大—缩小"的趋势。收入水平的提高有助于高等教育需求的产生和发展，而城乡收入水平差距的不断缩小可以使农村居民更有能力保障子女参加高考，从而推动高等教育需求的产生和发展。那么，上述指标表明的城乡居民收入水平的提高是否真正实现了推动高等教育需求的作用呢？本书将对此进行数据分析。

表 5—1 是以表征收入水平的各指标为自变量和以表征高等教育需求的两个指标——高等教育毛入学率、每万人人口平均普通高校在校生数之间的各自线性回归结果。需要指出的是，由于城镇居民家庭人均可支配收入、农村居民家庭人均纯收入、城镇居民家庭人均可支配收入指数、农村居民家庭人均纯收入指数、城乡居民人民币储蓄存款年底余额以及城乡居民人民币储蓄存款年增加额均呈指数增长，为了使其具有较好的线性关系，以便模拟其对高等教育需求的线性推动作用，本书在进行回归时，均使用了其对数。从表 5—1 中可以发现，表征收入水平的各指标均与表征高等教育需求的高等教育毛入学率和每万人人口平均普通高校在校生数具有较好的线性关系，其普遍较高的 Beta 系数说明，无论从哪个层次的收入水平来看，中国城镇居民家庭收入水平的提高都对高等教育需求的产生和发展起到了巨大的推动作用。

表5—1   收入水平与高等教育需求的回归系数

因变量	自变量	B	标准误差	Beta系数	显著度	F值	拟合优度
高等教育毛入学率	城镇居民家庭人均可支配收入	5.991	0.508	0.912	0.000	138.866	0.826
	农村居民家庭人均纯收入	6.920	0.629	0.901	0.000	120.961	0.805
	城镇居民家庭人均可支配收入指数	12.620	0.579	0.972	0.000	474.912	0.942
	农村居民家庭人均纯收入指数	15.180	1.301	0.911	0.000	136.262	0.823
	城镇居民家庭恩格尔系数	-0.887	0.058	-0.946	0.000	236.866	0.891
	农村居民家庭恩格尔系数	-1.160	0.065	-0.959	0.000	317.733	0.916
	城乡居民人民币储蓄存款年底余额	3.336	0.343	0.878	0.000	94.422	0.763
	城乡居民人民币储蓄存款年增加额	3.637	0.439	0.843	0.000	68.605	0.700
每万人人口平均普通高等学校在校生数	城镇居民家庭人均可支配收入	33.469	4.587	0.810	0.000	53.234	0.643
	农村居民家庭人均纯收入	38.338	5.566	0.793	0.000	47.474	0.616
	城镇居民家庭人均可支配收入指数	74.587	6.328	0.912	0.000	138.943	0.826
	农村居民家庭人均纯收入指数	87.948	10.815	0.838	0.000	66.130	0.692
	城镇居民家庭恩格尔系数	-4.984	0.599	-0.844	0.000	69.119	0.701
	农村居民家庭恩格尔系数	-7.039	0.552	-0.924	0.000	162.843	0.848
	城乡居民人民币储蓄存款年底余额	18.351	2.897	0.767	0.000	40.125	0.574
	城乡居民人民币储蓄存款年增加额	20.289	3.416	0.747	0.000	35.281	0.542

如果分城乡来看，从表5—2中可以发现，城镇居民的人均收入和人均收入指数与高等教育毛入学率和每万人人口平均普通高等学校在校生数之间的Beta系数和回归拟合优度都要高于农村居民，这说明城镇居民的收入水平对高等教育需求的推动作用要大于农村居民。但从恩格尔系数这一指标来看，情况正好相反，城镇收入水平提高的推动作用弱于农村居民。恩格尔系数这一指标主要是从消费内容上来考察居民收入水平的，恩格尔系数的下降除了表明收入水平提高以

外，还表明食物消费支出的减少和教育文化消费支出的扩大。因此，
农村居民恩格尔系数与高等教育毛入学率和每万人人口平均普通高校
在校生数之间的 Beta 系数和线性回归拟合优度都要高于城镇居民可
以解释为，农村居民在收入水平提高之后比城镇居民更愿意把收入投
入到教育中去。此外，还可以发现，城乡居民人民币储蓄存款年底余
额对于高等教育需求的推动力要远远大于年底增加额，这也说明，在
高等教育需求的发展过程中，城乡居民的年储蓄增加额有限，教育费
用的确是城乡居民消费支出的大项。

表 5—2　　　收入水平与高等教育需求回归系数的城乡比较

因变量	自变量	Beta 系数		调整的拟合优度	
		城镇	农村	城镇	农村
高等教育毛入学率	人均收入	0.912	0.901	0.826	0.805
	人均收入指数	0.972	0.911	0.942	0.823
	恩格尔系数	− 0.946	− 0.959	0.891	0.916
	城乡居民人民币储蓄存款年底余额	0.878		0.763	
	城乡居民人民币储蓄存款年增加额	0.843		0.700	
每万人人口平均普通高等学校在校生数	人均收入	0.810	0.793	0.643	0.616
	人均收入指数	0.912	0.838	0.826	0.692
	恩格尔系数	− 0.844	− 0.924	0.701	0.848
	城乡居民人民币储蓄存款年底余额	0.767		0.574	
	城乡居民人民币储蓄存款年增加额	0.747		0.542	

第二节　家庭户平均规模

一　已有研究发现

已有研究发现，较大的家庭结构对孩子上学可以产生重要影

响。[①] 有的研究认为，这种影响是负向的；但有的研究结论相反，认为大家庭往往会给予孩子更多的资助，帮助他们进入更好的学校读书。家庭规模的大小是由不同角色的人构成的，譬如爷爷奶奶、爸爸妈妈、兄弟姐妹等，而其中爸爸妈妈的角色对教育决策的影响最大。因此，很多研究从家庭成员关系，尤其是夫妻关系入手考察家庭规模对孩子教育的影响，这其中最多的是对单亲家庭孩子教育的研究。研究发现，单亲家庭孩子辍学的可能性更大，认为是由于女性或者男性户主会受到更大的经济压力，或者是这样的家庭更缺乏人力或社会资本造成的。但具体到男性户主和女性户主家庭的孩子教育，二者又有很大不同，虽然女性户主家庭比男性户主家庭更贫困，但女性户主家庭中的孩子更有可能入学接受教育。富勒（Fuller B.）和梁（Liang）对此进行了解释，认为这是因为女性户主更有可能投入资源，包括投入时间、金钱和感情去帮助孩子接受教育。[②]

实际上，上述家庭规模对教育的影响并不完全是本书在这里所指的家庭户平均规模对教育的影响。上述研究所指的家庭规模更多地侧重在家庭结构上，是从家庭"质"的方面考察其对教育的影响，而本书所指的家庭户平均规模完全是从"量"的方面考察其对教育乃至高等教育需求的影响。正如前面所述的，一个家庭是由不同角色的人构成的，对教育决策产生重要影响的主要是爸爸妈妈以及被教育者个体，但一个家庭中的其他成员，如爷爷奶奶、叔叔、姑姑、兄弟姐妹等也都有产生影响的可能。随着中国人口出生率的下降，越来越多的家庭户成员消失了，这种消失对孩子教育会有什么影响，对高等教育需求的产生和发展具有什么样的作用？这是本节要讨论的内容。

国内关于家庭户平均规模的研究很少，已有的一些研究主要是从家庭户入手探讨其对目前人口结构的影响，或者从生育的视角考察生

---

① Pong S. L., School Participation of Children from Single-mother Families in Malaysia, *Comparative Education Review*, Vol. 40, 1996.

② Fuller Bruce, and Xiaoyan Liang, Which Girls Stay in School? The Influence of Family Economy, Social Demands, and Ethnicity in South Africa, in C. H. Bledsoe, J. B. Casterline, J. A. Johnson-Kuhn and J. G. Haaga (eds.), *Critical Perspectives on Schooling and Fertility in the Developing World*, Washington, D. C.: National Academy Press, 1999, pp. 181–215.

育对其造成的影响。至于家庭户平均规模对教育产生的影响，以及对
高等教育需求可能带来的影响，还没有研究涉及。

二　家庭户平均规模的演化

郭志刚在《关于中国家庭户变化的探讨与分析》（《中国人口科
学》2008 年第 3 期）一文中对中国家庭户的平均规模做了较为详细
的描述。从图 5—5 中可以看出，中国家庭户平均规模的演化过程总
体上可以分为四个阶段：第一个阶段，1954—1959 年的平稳上升阶
段，从 1954 年的平均 4.17 人到 1959 年的 4.58 人，上升幅度有限，
但上升趋势明显；第二个阶段，1959—1961 年的剧烈下降阶段，从
1954 年的平均 4.45 人迅速下降到 1961 年的平均 4.17 人；第三个阶
段，1961—1974 年的快速上升阶段，从 1961 年的平均 4.17 人快速回
升，并在 1973 年和 1974 年达到历史新高，为平均 4.81 人；第四个
阶段，1974—2009 年的漫长剧烈的下降阶段，即在 36 年的时间里从
历史最高位的平均 4.81 人降为 2009 年的平均 3.15 人。在整个过程
中，第四个历史阶段无疑是最令人印象深刻的。由于本书研究的高考
发生在 1977 年之后，正好处于第四个阶段，所以本书将重点关注和
研究第四个阶段的情况。

郭志刚还将中国家庭户的平均规模和即期的人口出生率做了对
比。通过图 5—5 可以发现，中国的人口出生率基本上可以分为五个
阶段：第一个阶段，1954—1961 年的剧烈下降阶段，中国的人口出
生率从 1954 年的 37.97‰下降到了 1961 年的 18.02‰，即在 8 年的
时间里下降了 50% 还要多；第二个阶段，1961—1963 年的急速上升
阶段，这一时期的人口出生率可谓 "报复性" 增长，在 3 年的时间
里从 18.02‰恢复到了 1963 年的 43.37‰，增加了 1 倍还要多；第三
个阶段，1963—1979 年的快速下降阶段，从 1963 年的 43.37‰下降
到了 1979 年的 17.82‰，下降幅度达到了 25.55‰，年均下降
1.60‰；第四个阶段，1979—1987 年的小幅反弹阶段，9 年的时间里
从 17.82‰反弹到了 23.33‰，年均反弹 0.8‰左右；第五个阶段，
1987—2009 年的缓慢下降阶段，从 1987 年的 23.33‰下降到了 2009

年的 12.13‰，下降幅度为 11.20‰，年均下降 0.50‰。

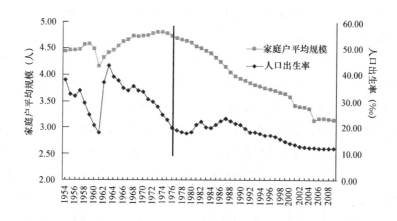

图 5—5　家庭户平均规模和人口出生率的演化

资料来源：1954—1994 年家庭户平均规模的数据来自《中国人口统计年鉴（1995）》；1995—2000 年家庭户平均规模的数据来自《中国人口统计年鉴（2001）》（所有数字均为公安年报户籍人口统计数）；2001—2009 年家庭户平均规模的数据来自《中国统计年鉴（2002—2010）》；中国历年人口出生率指标 1999 年及以前的数据来自《中国人口统计年鉴（2001）》，2000—2009 年的来自《中国统计年鉴（2010）》。

　　通过观察图 5—5 中的家庭户平均规模和人口出生率的数据可以发现，除了 1960 年前后家庭户平均规模和人口出生率数据有较大幅度的起伏外，其他年份的数据变化较为平缓并有规律可循。历史不能假设，但社会科学研究为了更好地发现问题得出结论，往往会提出很多假设。正如郭志刚所假设的，如果 1960 年前后家庭户平均规模和人口出生率的数据变化变得较为平滑，那么中国的家庭户平均规模基本上可以分为两个阶段：1954—1974 年的上升阶段和 1974—2009 年的下降阶段；而中国的人口出生率也可以大致分为两个阶段：1954—1963 年的上升阶段和 1963—2009 年的缓慢而漫长的下降阶段（其间虽有小反弹，但不影响对其下降阶段属性的判断）。这样一来，中国的家庭户平均规模和人口出生率基本上具有相同的演化趋势，只是在时间上略有不同。对此，郭志刚认为，中国家庭户平均规模的变化趋势其实是在人口出生率从 35‰ 以上的高水平下降到 25‰ 的作用下发生了逆转，即从 1974 年开始下降，并伴随着长期的低水平的人口出生率一起一直在缩小。

从图 5—5 中可以看出，中国的人口出生率虽在 1979—1987 年有小幅反弹，但这期间的家庭户平均规模却一直在下降，并没有任何"反弹"的迹象。此后，在人口出生率结束反弹，开始 1987—2009 年缓慢下降的阶段时，家庭户的平均规模出现了更大斜率的阶梯式下降。家庭户平均规模没有跟随人口出生率出现"反弹"的原因在于，人口出生率在 1963—1979 年快速、剧烈地下降对家庭户的平均规模造成了一定的滞后影响，在很大程度上影响了家庭户的平均规模，导致其在短时间内无法反弹。但家庭户的平均规模在 1987—2009 年的阶梯式下降却说明，除了人口出生率的影响外，应该还有其他因素从中起到了作用，因为此时的人口出生率下降的幅度和水平非常有限，不足以导致其急剧下降。对此，郭志刚经过定量分析后认为，这其中的原因很复杂，除了人口出生率的影响外，还有一个重要原因，那就是社会化的作用。1978 年以来，中国实行改革开放，社会制度、社会结构发生了重大变化；90 年代实行的社会主义市场经济改革又迫使中国的经济制度、经济结构发生了重大变化，这些变化都影响和改变了中国家庭分化立户的模式，从而加速了家庭分化的进程，导致了家庭规模以较快的速度萎缩。而且，由于生育水平已经在 20 世纪 90 年代降到很低，所以纯人口因素对家庭户平均规模的影响在不断减弱，而社会经济发展导致的迁移流动及生活方式的变化从中所起的作用在不断强化。

三 家庭户平均规模与高等教育需求

上文经过分析后认为，中国家庭户平均规模的缩小有很大一部分是人口出生率的下降造成的，但 90 年代以来的下降除了人口出生率的作用之外，还有社会化的原因。这进一步表明，家庭户平均规模的缩小不仅仅是由于人口出生率的下降造成的"被动性"的缩小，而且还是由于社会化的原因造成的"主动选择"的缩小。如果能够证明家庭户平均规模的缩小与高等教育需求相关，是高等教育需求产生和发展的一个原因，那么就可以说明，高等教育需求不仅仅是人口自身变动产生的"被动选择"，也是社会变革产生的"主动选择"。

表5—3对家庭户平均规模和高等教育毛入学率以及每万人人口平均普通高校在校生数进行了回归，结果显示，家庭户平均规模每下降1个单位，高等教育毛入学率就提高0.909个单位，每万人人口平均普通高校在校生数就增加0.828个单位。这表明，家庭户平均规模的不断缩小对于高等教育需求的产生和发展具有较强的推动作用，而这种推动作用一方面是由于人口出生率的不断下降造成的，另一方面也是由于社会化的不断作用人们主动选择的结果。

表5—3　　　　　家庭户平均规模与高等教育需求的回归分析

因变量	自变量	B	标准误差	Beta系数	显著度	F值	拟合优度
高等教育毛入学率	家庭户平均规模	−15.139	1.314	−0.909	0.000	132.649	0.819
每万人人口平均普通高校在校生数	家庭户平均规模	−86.867	11.109	−0.828	0.000	61.149	0.675

第三节　城市化进程的影响

一　已有研究发现

2001年，诺贝尔经济学奖获得者斯蒂格利茨认为，有两大事件将对21世纪的人类社会进程产生深刻的影响：一件是以美国为首的新技术革命；另一件是中国的城市化运动。本书无意于考察中国的城市化运动对世界的影响，但不可否认，中国的城市化运动对中国社会的政治、经济、文化等领域带来了深刻的巨大的影响，这其中也不乏对中国教育的影响，包括对中国初等、中等和高等教育的影响。然而，学界对于城市化带来的影响的研究并不多，其对教育影响的研究也较为少见，而对高等教育、高等教育需求的影响的研究更是少而又少。在城市化对教育影响的研究中，较多的内容集中在城市外来人口方面，而从大的视角探讨城市化对教育尤其是高等教育的研究还很少。

关于城市化和高等教育之间的关系，赵士谦和康翠萍进行了梳理，认为总体上来说二者相互影响，彼此渗透：一方面，高等教育对城市化进程产生了巨大的影响，改变了产业结构，为社会经济发展造就了专门的技术人才，同时也对社会政治产生了深远影响；另一方面，城市化进程使得高等教育真正参与到了社会的发展和进步当中，极大地促进了高等教育的大众化、国际化与产业化发展。① 赖德胜和郑勤华则进一步指出了城市化对教育的具体影响，认为城市化进程实质上是人力资本提升的过程，城市化进程促进了教育规模的发展，促进了教育制度的变革，促进了教育结构的调整，促进了教育资源配置机制的变革，同时也引发了"二代移民"的教育问题。②

郭书君和米红的研究发现，高等教育规模的扩张与城市化进程的发展是一个相辅相成的互动过程。一方面，高等教育规模的扩张将提高人口素质，加速农村人口向城市转移，进一步推进城市化进程，并为城市化的可持续发展提供智力支持和人口素质保障；另一方面，城市化进程的发展为高等教育规模的扩张提供基本的物质保障，并通过城市基础设施建设、城市产业结构的升级加速高等教育规模的扩张。郭书君和米红还利用中国 1978—2002 年有关高等教育规模与城市化方面的指标，实证检验了上述互动关系，并初步建立了高等教育规模与城市化之间的互动模型。③

事实上，高等教育的发展和城市化进程之间存在的上述关系不仅存在于中国，世界上其他国家的经验也同样表明存在上述关系。何志方利用 142 个国家的城市化数据和高等教育发展数据进行了相关性检

---

① 赵士谦、康翠萍：《高等教育与城市化进程关系辨析》，《沈阳师范大学学报》（社会科学版）2007 年第 2 期。

② 赖德胜、郑勤华：《当代中国的城市化与教育发展》，《北京师范大学学报》（人文社会科学版）2005 年第 5 期。

③ 郭书君、米红：《我国高等教育规模与城市化互动发展的实证研究》，《现代大学教育》2005 年第 5 期。

验，结果发现，这些国家的城市化进程与高等教育规模呈现高度的一致性，城市化水平与经济发展水平一样已成为影响一个国家高等教育规模的重要因素。何志方分析后认为，城市化进程之所以对高等教育产生影响，主要原因是其为高等教育规模的扩大提供了市场需求和发展基础。[①]

二　中国的城市化发展进程

中国的城市化进程基本上可以分为两个大阶段和四个小阶段。以1980年为分界，之前属于城市化缓慢发展阶段，之后属于城市化快速发展阶段。1980年前的缓慢发展阶段又可以分为两个阶段：一个阶段是1949—1955年的小幅上升阶段；另一个阶段是1955—1980年的震荡上升阶段。1980年之后的快速发展阶段又可以分为两个阶段：一个是1980—1995年的加速发展阶段；另一个是1995—2009年的急加速阶段。本书下面将对这四个阶段进行详细阐述。

（一）1949—1955年小幅上升阶段

这一时期，新中国成立不久，国民经济刚刚开始得到恢复和发展。在城市，政府主要是解决国民党政府遗留下来的恶性通货膨胀，稳定物价；在农村，政府主要是进行土地改革，解放农村生产力。因此，这一时期整个国家的工作主要集中在恢复、稳定上，城市经济发展较慢，城市人口增加缓慢。从数据来看，这一时期的城市化率虽有小幅上升，但幅度非常有限，总体水平维持在10%左右。

（二）1955—1980年震荡上升阶段

随着1953—1957年第一个五年计划的成功实施，中国逐渐实现了对个体农业、手工业和私营工商业的社会主义改造，建立起了社会主义工业化的初步基础，奠定了中国工业化的基本格局，工业化水平较以前有了很大提高。从1957年之后，中国相继进行了"二五"、"三五"、"四五"和"五五"计划，中国经济有了长足的发展，工

---

① 何志方：《城市化在高等教育规模发展中的作用》，《城市发展研究》2001年第4期。

业化水平不断提高。从数据上看，1978 年的工业总产值比 1949 年增长了 38.18 倍；从 1950 年到 1973 年，世界 GDP 总量年均增长 4.9%，人均 GDP 增长 2.9%，其中中国内地 GDP 年均增长 5.1%，人均增长 2.9%，高于和等于世界平均水平，高于同期发展中国家平均水平。[①]

这一时期的城市化水平较之前有了很大提高，从幅度上看将近翻了一番，达到 20% 左右。但从时间上来看，在 25 年的时间里，城市化水平仅提高了 10%。从国际经验来看，这也是非常低的。在 1955 年至 1980 年的 25 年中，全世界城市人口的比重由 28.4% 上升到 41.3%，其中，发展中国家由 16.2% 上升到 30.5%。[②] 可以说，这一时期中国的城市化发展走了一条特殊的道路，其特殊性就在于中国的城市化道路是政府推动的，城市的发展受到计划经济体制的极大制约，"二元社会"的存在形成了城乡之间坚固的壁垒。

（三）1980—1995 年快速发展阶段

这一时期的城市化进程进入了快速发展阶段，其重要推动力主要有两个：一个是 1980—1985 年实行的农村经济体制改革，使得很多知识青年返城，城乡集市贸易开始活跃，进城务工人员增多；另一个是 1985 年之后乡镇企业的大发展，使得沿海地区出现了大量新兴的小城镇。受这两个推动力的影响，中国的城市化水平从 1980 年的 19.39% 提高到了 1995 年的 29.04%，即在 15 年左右的时间里提高了约 10 个百分点。这与之前的水平相比显然是一个较大的进步。

（四）1995—2009 年急加速阶段

1995 年以来，随着社会主义市场经济体制的确立，城乡经济日趋活跃。与此同时，1997 年国务院批转了公安部《小城镇户籍管理制度改革试点方案》和《关于完善农村户籍管理制度意见》的通知，提出应当适时进行户籍管理制度改革，允许已经在小城镇就业、居住并符合一定条件的农村人口在小城镇办理城镇常住户口，以促进农村

---

① ［英格兰］麦迪森：《世界经济二百年回顾》，李德伟、盖建玲译，改革出版社 1997 年版，第 84 页。

② 许涤新：《当代中国的人口》，中国社会科学出版社 1988 年版，第 103 页。

剩余劳动力就近、有序地向小城镇转移，促进小城镇和农村的全面发展。2000 年 7 月，中共中央、国务院发出《关于促进小城镇健康发展的若干意见》。该意见指出，要适时引导小城镇健康发展，要使其成为当前和今后较长时期农村改革与发展的一项重要任务。

　　这些政策改变了过去城乡分隔的制度，人口流动逐渐放松了管制，农民可以进入城市就业，小城镇得到了积极发展。这些政策的出台使得这一时期的城市化水平得到了突飞猛进的发展。数据显示，1996 年中国的城市化水平为 30.48%，而到了 2009 年，这一水平为 46.59%，即在 14 年的时间里中国的城市化水平提升了 52.85%，年均增长 4.07%。这一时期中国的城市化水平增速不仅超越了中国其他任何历史时期，而且在世界上也是绝无仅有的。

　　图 5—6 显示了 1949—2012 年中国城镇和乡村人口比重。

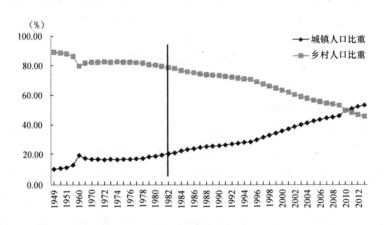

图 5—6　1949—2012 年中国城镇和乡村人口比重

资料来源：据《中国统计年鉴（2014）》中的数据整理绘制。

三　中国的城市化水平与高等教育需求

　　上述分析表明，1980 年以来，中国的城市化水平进入了迅速发展的历史时期，而与此相对应的是，自 1977 年恢复高考以来，中国的高等教育规模也进入了快速发展的历史阶段。通过城市化率与高等教育毛入学率、每万人人口平均普通高校在校生数的线性回归分析可以发现，城市化率对高等教育毛入学率和每万人人口普通高校在校生数具有较好的解释力，其拟合优度分别为 0.961 和 0.841。从回归系数来看，城市化率每增加 1 个单位，高等教育毛入学率提高 0.981 个单位，每万人人口平均普通高校在校生数增加 0.920 个单位（见表 5—4）。这表明，城市化进程的不断加快对中国高等教育需求具有重要的影响和推动作用。

表5—4　　　　　　　城市化水平与高等教育需求的回归分析

因变量	自变量	B	标准误差	Beta 系数	显著度	F 值	拟合优度
高等教育毛入学率	城市化率	0.888	0.033	0.981	0.000	711.791	0.961
每万人人口平均普通高校在校生数	城市化率	5.241	0.422	0.920	0.000	154.535	0.841

第四节　男孩偏好

一　已有研究发现

（一）教育的性别差异现状研究

性别是当前社会科学各学科研究中的一个重要变量，性别对于个人获得和增加社会成就来说至关重要。性别对家庭教育决策的影响也是显而易见的，在实证研究中，女孩处于不利地位，许多研究都证明了这一点。约翰·奈特（John Knight）和宋·丽娜（Song Lina）使用中国 1995 年的调查数据分析认为，在所有水平上，男孩入学的可能性都要大一些。[①] 世界银行指出，直到 20 世纪 90 年代，在 4.8 亿辍学的学龄儿童中超过 80% 是女孩，且大多数来自于农村和偏远山区以及少数民族地区。[②]

---

① John Knight, Song Lina, Increasing Wage in Equality in Transition: Efficiency versus Equity, *Economics of Transition*, 2001.

② 《世界银行年度报告（1992）》

农村和偏远山区以及少数民族地区往往与收入水平低、经济状况差联系在一起，这就说明，性别在教育上的差异往往与经济有关。汉纳姆（Hannum E.）、等（Zheng Z., et al.）以及康纳利等（Connelly R., et al.）利用人口普查数据对中国进行的很多研究都发现并证实了这一点，他们发现在贫困的地区和贫困的家庭更容易发生女孩辍学的现象，尤其是在农村地区的贫困家庭，这种现象更是普遍。[1][2][3] 由于中国西部地区经济欠发达，而东部地区经济发展迅速，所以上述差异也具有较为明显的地域性。汉纳姆研究发现，1992 年中国西北地区 7—14 岁孩子的入学率男孩是 89%，女孩是 81%，而在北部和东北地区男孩为 97%，女孩是 96%。很明显，东北部地区的男女孩入学率要高于西北地区，而且东北部地区的男女孩入学率几乎不存在差异，西北部地区却是存在较大差异的（8% 的水平差异）。

（二）教育的性别差异原因研究

上述教育的性别差异可以解释为教育的男孩偏好。男孩偏好的原因有很多，有研究认为其根本原因是整个社会存在的父权制度。[4] 但这种观点越来越不被认同，更多的研究认为是由市场条件、父母的受教育水平、家庭收入水平等多重因素决定的。[5][6] 而且，尤其是经济因素，被广泛地用来解释在家庭入学决策中的男孩偏好现象。[7] 经济因素对教育中的男孩偏好影响的探讨主要从以下几个方面进行：首

---

[1]　Hannum E., Political Change and the Urban – Rural Gap in Education in China. 1949 – 1990, *Comparative Education Review*, Vol. 43, 1999a.

[2]　Zheng Z., R. Niu and L. Xing, Determinants of Primary and Middle School Enrollment of 10 – 18 Year Olds in China, Population and Economics, Vol. 131, No. 2, 2002.

[3]　Connelly R., Z. Zheng, Determinants of School Enrollment and Completion of 10 to 18 Years Olds in China, *Economics of Education Review*, Vol. 22, 2003.

[4]　Greenhalgh S., Sexual Stratification: the Other Side of Growth with Equity in East Asia, *Population Development Review*, Vol. 11, 1985.

[5]　Fuller B., Singer J., Keiley M., Why Do Daughters Leave School in Southern Africa? Family Economy and Mothers' Commitments, *Soc. Forces*, Vol. 74, 1995.

[6]　Buchmann C., Family Structure, Parental PercePtions and Child Labor in Kenya: What Factors Determine Who Is Enrolled in School? *Social Forces*, Vol. 78, 2000.

[7]　Knodel J., G. W. Jones, Post – Cairo Population Policy: Does Promoting Girls' Schooling Miss the Mark? *Population and Development Review*, Vol. 22, 1996.

先，男孩入学比女孩入学可以在将来获得更高的回报率，所以父母会更倾向于把教育机会给男孩而不是女孩①②。其次，由于男孩比女孩在未来可能会获得更多的收入，所以把教育机会给男孩所进行的投资是对未来养老的一种投资，而把教育机会给女孩所进行的投资要想获取"收益"，最终还是需要依靠其婚姻来实现③。最后，实证研究表明，家庭收入上的提高对女孩入学率的提高要大于男孩，对于所有年龄阶段的孩子来说都是一样的④⑤；而且，越是收入水平低的家庭，其教育机会分配的性别差异就越大，即反过来讲，家庭收入水平的提高能够促进女孩入学率的提高，能够减小性别差异⑥⑦。

既然经济是影响性别在教育上存在差异的重要原因，那么是不是经济发展就一定能促进和改善女孩的入学率提高其受教育水平呢？对此，很多研究认为，经济增长能够促进男女两性的教育平等，甚至在某些情况下，女孩的教育已经赶上乃至超过男孩的教育。⑧⑨⑩ 但是，

① King E., M. A. Hill, *Women's Education in Developing Countries*, Baltimore, MD: John's Hopkins University Press, 1993, p. 683.

② Stromquist N. P., Determinants of Educational Participation and Achievement of Women in the Third World: A Review of the Evidence and a Theoretical Critique, *Review of Educational Research*, Vol. 59, 1989.

③ Lin J., *Education in Post – Mao China*, Westport, CT: Praeger, 1993, p. 143.

④ Glick p., Sahn D., Schooling of Girls and Boys in a West African Country: The Effects of Parental Education, Income and Household Structure, *Economics of Education Review*, Vol. 19, 2000.

⑤ Tansel Aysit, *Determinants of School Attainment of Boys and Girls in Turkey*, Economic Growth Center, Yale University, 1998, p. 789.

⑥ Parish W. L., Willis R. J., Daughters, Education, and Family Budgets: Taiwan Experiences, *Journal of Human Resources*, Vol. 28, No. 4, 1993.

⑦ Sathar Z., Lloyd C., *Who Gets Primary Schooling in Pakistan: Inequalities among and within Families*, Population Council Work Paper, 1993.

⑧ Knodel J., G. W. Jones, Post – Cairo Population Policy: Does Promoting Girls' Schooling Miss the Mark? *Population and Development Review*, Vol. 22, 1996.

⑨ Schultz T. p., *Investments in the Schooling and Health of Women and Men: Quantities and Returns in Investments in Women's Human Capital*, edited by T. p. Schultz, Chicago: University of Chicago Press, 1995, p. 15.

⑩ Shavit Y., H. p. Blossfeld, *Persistent Inequality: Changing Educational Attainment in Thirteen Countries*, Boulder: Westview Press, 1993.

也有研究并不认为这种差异会随着工业化或经济增长而得到缓解。博赛拉普（Boserup E.）就认为，经济发展也许会扩大性别差异，因为男人和男孩比女人和女孩能更好地从新的经济机会中获利和改善经济状况。[1] 汉纳姆对中国的研究更是佐证了这一观点，其研究发现，20世纪70年代末期和80年代早期的市场改革促进了经济发展，但并没有改善中国的教育性别不平等，反而起到了反作用。[2]

此外，也有研究认为父母的受教育水平，尤其是母亲的受教育水平对女孩教育的作用要比男孩大，由于女孩受教育机会少，所以当她们做了母亲之后，其对子女中女孩教育的作用就会减弱，进而形成"恶性循环"。[3] 也有研究认为，家庭中年幼孩子的数目对女孩的教育有负影响，而对男孩的教育没有影响。

二　男孩偏好的数据分析

对男孩偏好的测量最好的指标是出生人口性别比。出生人口性别比偏高说明父母倾向于要男孩，在有了男孩后就会在教育上对其加大投入，显示出与对女孩不同的教育态度。按照一般经验，出生人口性别比的正常范围为 105±2，即在 103—107 的范围内。图 5—7 显示了新中国成立以来的出生人口性别比。从图 5—7 中可以看出以下两个问题：第一，新中国成立以来的出生人口性别比处于正常范围的年份远多于处于不正常范围的年份，其最低值基本上是正常范围的最高值。第二，整个出生人口性别比可以划分为三个阶段：1949—1964年为大幅震荡阶段；1965—1984 年为波动起伏阶段；1985—2009 年为迅速飙升阶段。在 1949—1964 年的 16 年中，只有 1963 年和 1964年两年为正常年份；出生人口性别比值最低的年份是 1964 年，为105.1；最高的年份是 1951 年，为 112，极差为 7。在 1965—1984 年

①　Boserup E. , *Woman's Role in Economic Development*, London：Earthscan, 1989.

②　Hannum Emily, Poverty and Basic Education in Rural China：Villages, Households, and Girls' and Boys' Enrollment, *Comparative Education Review*, Vol. 47, 2003.

③　King E. M. , Lillard L. A. , Education Policy and School Attainment in Malaysia and the Philippines, *Economic Education Review*, Vol. 6, 1987.

的 20 年中，出生人口性别比的值除了在 1976 年达到 111.3 之外，其他年份均在 107—108 之间徘徊。在 1985—2009 年的 25 年中，出生人口性别比的值迅速摆脱正常范围的最高值，进入 110 以上的领域，并又很快突破 110 的水平跨入 120 的范围，2007 年达到历史新高，为 123.59。

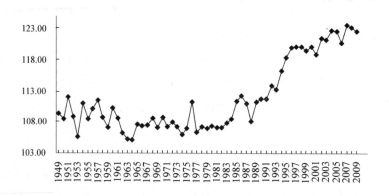

图 5—7　新中国成立以来的人口出生性别比

　　资料来源：1949—1979 年数据来自魏志纯《四十二年（1940—1981）来出生婴儿性别比初析》，《人口动态》1986 年第 5 期；1980—1987 年数据来自 1991 年《中国人口统计年鉴》，第 536 页；1988 年数据来自《全国生育节育抽样调查数据卷（三）·生育节育》，第 12 页；1989 年数据来自中国 1990 年人口普查资料；1990 年数据来自涂平《我国出生婴儿性别比问题探讨》，《人口研究》1993 年第 1 期；1991—1998 年数据采用张翼《中国人口出生性别比的失衡、原因与对策》，《社会学研究》1997 年第 6 期，第 55—68 页中使用的方法：取 1992—1999 年《中国人口统计年鉴》0—4 岁儿童出生性别比的均值，而不取 0 岁儿童性别比值，以防女婴漏报带来的数据误差。1999—2009 年的数据依据张翼的上述方法取自《中国人口统计年鉴》0—4 岁组人口的性别比。

　　总体上来说，中国的出生人口性别比在经历了 1949—1964 年 16 年的震荡后，终于在 1965—1984 年的 20 年中稳定下来，虽然这一时期的值也处于偏高的状态，但从历史发展的角度看，这一时期是出生人口性别比较为稳定，也是最接近正常值域的时期。从性质上来说，这一历史时期的走势是随后 25 年走势的一个序幕，因为从这之后，中国的出生人口性别比迅速飙升，驶入了不正常的快车道。很明显，如果以 107 为最高警戒线的话，中国出生人口的性别比几乎始终运行在最高水平之上，而且已经比正常值高出了很多。这种不正常现象引起了社会各界的高度重视，出生人口性别比的不正常发展尤其是长期的不正常发展，将给社会带来一系列问题，为此，政府相关部门采取了一系列措施加以治理，但从效果上看并不理想。

三　男孩偏好与高等教育需求

出生人口性别比的持续走高会引发一系列人口问题和社会问题，但这并不是本书探讨的重点。本书着力要考察的是其对人口教育发展的影响，具体到本节的内容，从微观上来说就是要考察处于出生人口性别比不正常历史阶段的一批人，其是否积极参与了高考，推动了高等教育需求的产生和发展；从宏观上来说，就是要考察出生人口性别比的发展对高等教育需求的影响。

同一年的出生人口性别比和高等教育需求不具有任何相互作用的可能，因此二者之间即使存在一定的关系也没有意义。高考是一个婴儿出生若干年后参与的事情，所以只能假设某年的出生人口性别比在某年之后才能对高等教育需求产生作用。本书依据前文所假设的孩子高考年龄为 19 岁，N 年的出生人口性别比所产生作用的年份为"N + 19"年，所对应的是"N + 19"年的高等教育需求。基于此，要考察出生人口性别比对 1977 年高考的影响，就要考察 1958 年（1977 - 19 = 1958）的出生人口性别比。本书第三章分析过，由于高考停招多年，1977 年开始的高考包括了很多大龄青年，随后几年的高考都在不断消化这部分人群，所以 1977—1983 年的高考人数波动较大，本书不以其作为研究对象。这样一来，1984 年参加高考的学生基本上是 1965 年出生的，因此所对应的出生人口性别比数据的年份为 1965 年。

图 5—8 显示了 1965—1990 年的出生人口性别比。从图 5—8 中可以看出，1984—2009 年这 26 年间，参加高考学生出生时的人口性

别比基本上都在 107 以上，即高于平均正常范围上限，表明存在较为明显和强烈的男孩偏好。通过数据拟合可以发现，1984—2009 年的出生人口性别比呈明显的线性关系。

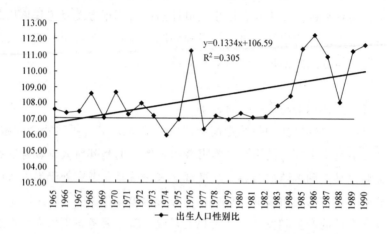

$y=0.1334x+106.59$
$R^2=0.305$

图 5—8　1965—1990 年的出生人口性别比

资料来源：1965—1979 年数据来自魏志纯《四十二年（1940—1981）来出生婴儿性别比初析》，《人口动态》1986 年第 5 期；1980—1987 年数据来自 1991 年《中国人口统计年鉴》，第 536 页；1988 年数据来自《全国生育节育抽样调查数据卷（三）·生育节育》，第 12 页；1989 年数据来自中国 1990 年人口普查资料；1990 年数据来自涂平《我国出生婴儿性别比问题探讨》，《人口研究》1993 年第 1 期。

通过出生人口性别比与高等教育毛入学率、每万人人口平均普通高等学校在校生数的线性回归分析可以发现，出生人口性别比的持续不断升高对于高等教育毛入学率和每万人人口平均普通高等学校在校生数的变动具有较好的解释作用，拟合优度分别为 0.770 和 0.558。回归结果表明，参加高考群体的出生人口性别比每提高 1 个单位，其高考年份的高等教育毛入学率就上升 0.882 个单位，而每万人人口平均普通高等学校在校生数也增加 0.757 个单位（见表 5—5）。这表明，以出生人口性别比为特征的家庭男孩偏好对高等教育需求具有重要的推动作用。

表 5—5　　　　　　　　出生人口性别比高等教育需求的回归分析

因变量	自变量	B	标准误差	Beta系数	显著度	F 值	拟合优度
高等教育毛入学率	出生人口性别比	1.169	0.118	0.882	0.000	98.274	0.770
每万人人口平均普通高校在校生数	出生人口性别比	6.316	1.030	0.757	0.000	37.624	0.558

　　虽然很多研究发现，男孩偏好对教育的影响作用主要发生在初级阶段的教育过程中，在越高一级的教育过程中，男孩偏好的作用就会减弱。例如，泽田（Sawada）等在 2000 年的研究中就指出，在较高的教育阶段（指初中及以后），父母会把更多的受教育机会分配给"优胜者"，即学习成绩好的孩子，而不是基于他们性别的考虑。[①] 但本书却从更宏观的数据上发现，男孩偏好依旧存在于较高阶段的教育中，对高等教育需求具有一定的推动作用，这可能是由于父母在较低的教育阶段将机会分配给了男孩，使得男孩在较高的教育阶段更有"基础"和"实力"和女孩竞争。

第五节　家庭人口特征对高等教育需求的作用分析

　　本章先后回顾了已有研究对收入水平、家庭户平均规模、城市化进程和男孩偏好对教育的影响，并描述了中国历年城乡收入水平、家庭户平均规模、城市化进程和男孩偏好的演化过程，分析了其对中国高等教育需求的影响。本节将在上述各节数据分析的基础上，综合所选各自变量的特点，对其进行多元回归分析，以此观察各自变量在控制其他变量的情况下对高等教育需求的影响。

　　本节进行多元回归分析所使用的方法和前面所使用的一元线性回

---

　　① Sawada, Yasuyuki, Michael Lokshin, *Household Schooling Decisions in Rural Pakistan*, Working Papers No. 2541, World Bank, Washington D. C., 2000.

归方法相同。在变量数据的使用上，收入水平选取了城乡层面的四个
指标，从其分别与高等教育毛入学率、每万人人口平均普通高校在校
生数的回归结果来看，城镇居民家庭人均可支配收入、农村居民家庭
人均纯收入、城镇居民家庭人均可支配收入指数和农村居民家庭人均
纯收入指数、城镇居民家庭恩格尔系数以及农村居民家庭恩格尔系数
的拟合优度均高于城乡居民人民币储蓄存款年底余额和年增加额
（见表5—1）。所以，城镇居民家庭人均可支配收入、农村居民家庭
人均纯收入、城镇居民家庭人均可支配收入指数和农村居民家庭人均
纯收入指数、城镇居民家庭恩格尔系数以及农村居民家庭恩格尔系数
具有较好的代表性。在通常情况下，研究中一般使用表征居民收入的
指标作为收入变量，因此本书选择城镇居民家庭人均可支配收入和农
村居民家庭人均纯收入作为收入变量。但存在一个问题，这两个指标
分别代表城市和农村不同的收入水平，而且中国的城乡差异尤其是教
育系统的差异又比较大，所以选择城镇的收入水平和选择农村的收入
水平纳入模型进行回归都很难平衡城乡之间的差异。基于此，本书分
别以城镇人口和农村人口的比重作为其权重，取其平均数作为城乡居
民收入水平，具体计算过程见表5—6。

表5—6　　　　　　　　　**城乡居民收入的测算**

年份	城镇居民收入（元）	农村居民收入（元）	城镇人口比重（%）	农村人口比重（%）	城镇收入份额（元）	农村收入份额（元）	城乡收入（元）
1980	477.6	191.3	10.64	89.36	50.83	170.94	221.77
1981	500.4	223.4	11.18	88.82	55.93	198.43	254.36
1982	535.3	270.1	11.78	88.22	63.06	238.28	301.34
1983	564.6	309.8	13.48	86.52	76.10	268.04	344.15
1984	652.1	355.3	19.75	80.25	128.76	285.14	413.91
1985	739.1	397.6	17.98	82.02	132.92	326.10	459.01
1986	900.9	423.8	17.38	82.62	156.58	350.14	506.72
1987	1002.1	462.6	17.26	82.74	172.97	382.75	555.72
1988	1180.2	544.9	17.13	82.87	202.19	451.55	653.74

续表

年份	城镇居民收入（元）	农村居民收入（元）	城镇人口比重（%）	农村人口比重（%）	城镇收入份额（元）	农村收入份额（元）	城乡收入（元）
1989	1373.9	601.5	17.20	82.80	236.32	498.04	734.36
1990	1510.2	686.3	17.16	82.84	259.21	568.50	827.71
1991	1700.6	708.6	17.34	82.66	294.96	585.70	880.66
1992	2026.6	784.0	17.44	82.56	353.37	647.30	1000.67
1993	2577.4	921.6	17.55	82.45	452.36	759.85	1212.21
1994	3496.2	1221.0	17.92	82.08	626.52	1002.20	1628.72
1995	4283.0	1577.7	18.96	81.04	812.10	1278.55	2090.65
1996	4838.9	1926.1	19.39	80.61	938.26	1552.63	2490.89
1997	5160.3	2090.1	20.16	79.84	1040.14	1668.81	2708.94
1998	5425.1	2162.0	21.13	78.87	1146.35	1705.16	2851.51
1999	5854.0	2210.3	21.62	78.38	1265.85	1732.35	2998.20
2000	6280.0	2253.4	23.01	76.99	1445.30	1734.80	3180.09
2001	6859.6	2366.4	23.71	76.29	1626.41	1805.33	3431.74
2002	7702.8	2475.6	24.52	75.48	1889.11	1868.46	3757.57
2003	8472.2	2622.2	25.32	74.68	2145.10	1958.28	4103.38
2004	9421.6	2936.4	25.81	74.19	2432.16	2178.38	4610.53
2005	10493.0	3254.9	26.21	73.79	2750.24	2401.78	5152.02
2006	11759.5	3587.0	26.41	73.59	3105.68	2639.67	5745.36
2007	13785.8	4140.4	26.94	73.06	3713.89	3024.98	6738.87
2008	15780.8	4760.6	27.46	72.54	4333.40	3453.35	7786.75
2009	17174.7	5153.2	27.99	72.01	4807.18	3710.80	8517.98

资料来源：据《中国统计年鉴（2010）》中的数据计算。

本节的研究假设为：

第一，城乡居民收入。城乡居民的收入水平对高等教育毛入学率具有推动作用，随着城乡居民收入水平的提高，高等教育毛入学率提高。

第二，家庭户平均规模。家庭户平均规模对高等教育毛入学率具有推动作用，随着家庭户平均规模的下降，高等教育毛入学率提高。

　　第三，城市化水平。城市化水平对高等教育毛入学率具有推动作用，随着城市化水平的提高，高等教育毛入学率提高。

　　第四，出生人口性别比（男孩偏好）。出生人口性别比（男孩偏好）对高等教育毛入学率具有推动作用，随着出生人口性别比水平的提高，高等教育毛入学率提高。

　　表5—7显示了回归结果。该模型的拟合优度为0.985，说明该模型的解释效果很高。从自变量的显著度上看，除了出生人口性别比（男孩偏好）这一变量不显著外，其余变量都是显著的。从城乡居民收入水平这一变量来看，其对高等教育需求具有较显著的影响作用，城乡居民收入水平每提高1个单位，高等教育需求的水平提高0.313个单位，符合研究假设。城乡居民收入的推动作用可以分两个方面来看：第一，收入水平的提高加大了人们对精神文化产品的需求，而教育需求也是精神文化需求的体现；第二，随着教育收费制度的实行，参加高考需要一定的物质基础作为准备，而收入水平的提高正好满足了这一方面的需求。

　　从家庭户平均规模这一变量来看，它对高等教育需求水平的发展起到了推动作用，即随着家庭户平均规模的下降，高等教育需求的水平提高。具体来说，家庭户平均规模每下降1个单位，高等教育需求的水平提高0.398个单位。尽管中国家庭户的立户模式不仅仅是出生率的下降造成的，还由于社会化作用的加剧。但在家庭户平均规模缩减的过程中，家庭户中孩子的数量肯定是在减少的，这一减少对于家庭资源在有限数量孩子的分配上起到了有利的效应，加强了家庭孩子的资源获取量，保证了其获得接受更高教育的机会，从而促进了高等教育需求的发展。

　　从城市化水平这一变量来看，其对高等教育需求具有积极的推动作用，城市化水平每提高1个单位，高等教育需求的水平就会上升1.127个单位，这一作用大于其他影响显著的变量。这一结果也符合研究假设。城市化水平变量的这一积极影响很容易理解，因为城市化水平的提高往往伴随着家庭收入水平的提高以及思想观念的开放和精神文化需求的扩大，而这些因素都会促使父母增加对孩子的教育投入，提高高等教育需求的水平。

从出生人口性别表征的男孩偏好这一变量来看，男孩偏好对高等教育需求没有显著的影响作用。这与研究假设不符。这一点可以从已有的研究中寻找到相关证据，本书在分析国外对性别对教育的影响中也指出，男孩偏好在较低教育阶段的入学机会上存在显著的影响，但在较高教育阶段，这种影响不复存在。高中教育阶段即是如此。不论是什么样的女孩，在家庭有能力提供物质支持的前提下，父母一般不会剥夺其学习机会。现实中还经常发生另外一种情况，即便一个家庭只有一个学习机会，只要女孩的学习成绩好于男孩，女孩往往也能获得受教育的机会。而没有获得受教育机会的男孩，往往选择退出参与社会就业，通过赚钱补贴家用，而父母也往往把退出学业孩子赚来的钱资助学习成绩好、有希望考上大学的女孩子。这种情况在中国的广大农村地区也是非常普遍的。

表5—7　　　　家庭人口特征与高等教育毛入学率的回归结果

自变量	B	标准误差	Beta 系数	显著度
城乡居民收入	0.001	0.000	0.313	0.002
家庭户平均规模	−25.178	7.893	−0.398	0.004
城市化水平	1.019	0.159	1.127	0.000
出生人口性别比（男孩偏好）	−9.698	10.006	−0.064	0.342 *
拟合优度	0.985			
因变量预测值的标准误差	0.945			
F 值	467.236			
显著度	0.000			
样本数	29			

第六节　人口变动对高等教育需求
推动的作用分析

本书第四章分析了父母的人口特征对高等教育需求的影响，第五章分析了家庭特征对高等教育需求的影响，无论是父母的特征还是家庭的特征都是人口学中的重要变量。因此，通过考察二者联合对高等教育需求的影响，就可以发现这些变量在互相控制的作用下对高等教育需求的影响，也就能发现人口对高等教育需求的产生和发展所起到的推动作用。

　　本节依旧通过构造线性回归模型的方法来考察人口变动对高等教育需求的影响作用。本节的因变量同前，即"高等教育毛入学率"；自变量包括两类：一类是第四章中使用的关于父母人口特征的变量：父母的受教育水平、妇女的总和生育率以及妇女的平均初婚年龄。另一类是本章回归分析中使用的关于家庭人口特征的变量：表征家庭收入水平的"城乡居民收入"；表征城市化进程的"城市化率"；表征家庭男孩偏好的"出生人口性别比"；表征家庭人口规模的"家庭户平均规模"。

　　本书的研究假设与前面回归过程中的相同，这里不再重复。表5—8是人口变动对高等教育需求推动作用的线性回归分析结果。这个模型的拟合优度为0.991，因此该模型对于解释高等教育需求的产生和发展具有较高的效力。从各自变量的回归结果看，父母的受教育水平是推动高等教育需求的最重要的变量，是所有自变量中对高等教育需求起到最大推动力的变量。具体到其推动力的大小，相对来说，其每提高1个单位，高等教育需求的水平就上升1.174个单位。关于父母受教育水平的作用，本书在第四章的回归分析中做了详细的阐明，在此不再赘述。

　　回归结果还发现，在控制了其他变量的情况下，妇女的总和生育率仍是影响高等教育需求的重要因素，在高等教育需求的产生和发展过程中，其不断下降的趋势起到重要的推动作用。相较而言，其每下降1个单位，高等教育需求的发展水平就会提高0.132个单位。这与本书的研究假设一致，即随着妇女总和生育率的下降，平均到每个家庭的孩子数量减少，在孩子数量减少的情况下，家庭资源可以更多地被少量的孩子占有和使用，在教育成就的获得上就有可能让父母提供最丰富、最全面和最大限度的保障，所以父母支持其参加高考进入大学读书是顺理成章的事情。

　　妇女的平均初婚年龄这一变量在加入了家庭人口特征变量的情况下仍是显著的，其所起到的作用第四章已经做了深入的阐述，这里不再讨论，唯一的差别在于在控制了其他家庭人口特征变量的情况下，其系数由 0.221 变成了 0.167。但需要说明的一点是，父母的受教育水平所起到的作用可以解释为，在中国现行的教育体制下，随着父母受教育水平的提高，其对孩子参加高考的意愿就会越强烈，其对孩子参加高考所付出的投入就会越多。但妇女的平均初婚年龄在这里给出的解释却是，父母的受教育水平越低，其支持孩子参加高考的意愿越强，其支持孩子参加高考的行为越冲动和越非理性，这与上面的观点显然是冲突的。其合理的解释是，妇女的平均初婚年龄主要集中在19—24 岁的年龄段内，在此年龄段内相较而言，妇女的平均初婚年龄越低，其支持孩子参加高考的意愿越强。实际上，这种现象在农村较为普遍，农村妇女的平均初婚年龄一般较城市要低，农村不计成本的、非理性的、超越自身收入能力的教育投入仍俯拾皆是，其所表达的就是对孩子参加高考的强烈支持。

表5—8　人口变动对高等教育需求推动作用的多元线性回归结果

自变量	B	标准误差	Beta 系数	显著度
父母的受教育水平	2.242	0.252	1.174	0.000
妇女的总和生育率	−0.610	0.174	−0.132	0.002
妇女的平均初婚年龄	−21.392	6.247	−0.167	0.002
城乡居民收入	0.001	0.000	0.166	0.050
家庭户平均规模	−20.466	5.751	−0.323	0.002
出生人口性别比（男孩偏好）	−0.008	0.094	−0.006	0.929
拟合优度	0.991			
因变量预测值的标准误差	0.732			
F 值	522.770			
显著度	0.000			
样本数	29			

　　从表征家庭人口特征的自变量来看，在控制了父母人口特征的情况下，家庭收入的作用明显下降，其每提高 1 个单位对高等教育需求水平的促进作用只有 0.166 个单位，较之前的 0.313 下降了约一半的水平；家庭户平均规模的作用和之前的回归相似，其对高等教育需求起到了推动作用，即家庭户平均规模每下降 1 个单位，高等教育需求的水平相应地下降 0.323 个单位。关于二者的作用和解释，这里不再阐述。需要说明的是，表征家庭人口特征之一的城市化水平在本模型逐步回归的过程中被剔除，原因是其与其他变量存在较为严重的共线性。经检验发现，城市化水平与父母的受教育水平存在严重的共线性，二者的相关系数为"1"。此外，仍需要指出的是，在控制了父母人口特征变量的影响下，城市化水平没有被模型自动纳入的一个原因是其自身的解释能力。中国的城市化可以分为主动城市化和被动城市化，对于主动城市化的社会群体来说，这是他们自主选择的生活方式，其生活理念、教育追求都有不断奋斗前进的意义；而对于被动城市化的社会群体来说，其物质富足的瞬间爆发迫使其在教育追求的道路上停滞不前。这种正反两方面的影响作用，可能使得其作用对高等教育需求的影响不再显著。这一变量虽然对模型来说是被弃之不用的，但从这一变量自身的解释能力来看，其作用等同于父母的受教育水平。那么，当前中国快速发展的城市化无疑对高等教育需求起到了巨大的推动作用，对于这一点我们不能不重视。

　　20 世纪六七十年代以来，中国人口变动的最重要的方面就是中国人口出生率的下降，再进一步说就是中国妇女总和生育率的下降。中国妇女总和生育率的下降有两个重要的原因：一个是以计划生育政策为主导的被动式的下降；另一个是以社会经济快速发展为诱导的主动式的下降。两种不同方式的下降都导致了一个共同的结果，即家庭规模的逐渐缩小。在经济快速发展，尤其是中国社会主义教育制度具有强大优势的时代背景下，家庭资源日趋丰富，平均每个家庭所能提供给孩子的资源相对扩大（表示家庭资源的分子变大，表示家庭孩子数量的分母变小），加之中国传统文化的影响，孩子的教育得到格外重视和充足的发展。孩子一代的教育得到提高，也就意味着未来父母一代的受教育水平得到了提高，这种受教育水平的提高反过来又作用于初婚年龄和生育水平，迫使平均初婚年龄进一步提高，妇女的总和生育率进一步下降，最终形成"恶性循环"并加剧高等教育需求的产生和发展。总之，人口的生育变动影响了家庭资源的再分配，强化了家庭孩子的价值，进而推动了高等教育需求。

此外，随着改革开放的不断深入，中国经济的快速发展，家庭收入水平不断提高，城市化速度突飞猛进，这些变化是当前中国社会发展最为迅速和猛烈的变革。而这些变革都对高等教育需求的产生和发展起到了巨大的推动作用。这些变化表面看与人口因素无关，实际上是完全相关的，经济的快速发展和家庭收入水平的提高从根本上说是教育发展的作用，而城市化的快速推进更是人口迁移流动的结果。因此，完全可以有理由认为，人口变动推动了高等教育需求的产生和发展。

第六章　中国高等教育需求的
实证分析

　　第四章和第五章从父母的人口特征和家庭的人口特征两个角度探讨了其对高等教育需求的推动作用。本章将在前面两章的基础上通过问卷调查的方式获取父母和学生的时点数据，以分析父母的人口特征和家庭的人口特征对高等教育需求的影响，佐证其对高等教育需求的作用。

第一节　问卷调查情况

一　问卷调查的目的和内容

　　本次调查的目的主要是想从父母、家庭和孩子三个角度考察三者的人口特征对孩子参加高考满足自身高等教育需求意愿的影响，以此从相对微观的数据中探析人口特征因素对高等教育需求的推动作用。本次调查设计了两份问卷，一份是《关于高中生高等教育需求的父母意愿调查》，另一份是《关于高中生参加高考的意愿调查》（两份问卷的具体内容参见附录）。在前者的调查问卷中主要设计了42个问题，涵盖如下几个方面的内容：参加高考的孩子父母的人口特征是什么样的？父母对高考的看法及孩子参加高考的意愿是什么样的？父母间及父母与孩子间的关系是什么样的，其对孩子高考的影响如何？父母对孩子参与高考所进行的经济投入是什么样的？在后者的调查问卷中主要设计了24个问题，涵盖如下几个方面的内容：参加高考的孩子的人口特征是什么样的？参加高考的孩子的高考意愿是什么样的？孩子与父母的关系如何？孩子学习成绩对高考意愿的影响情况如何？两份调查问卷的内容有一些问题是相同的，目的是考察父母和孩子对相同问题回答的差异，以此判断其对高等教育需求的影响。但本书在设计这两份问卷时，侧重点有所不同，本书重在搜集和考察父母对孩子高等教育需求意愿的态度及行为，孩子对高考的态度、行为是为了和父母的进行比较，起到辅助说明的作用。

二　问卷调查的对象和方法

本次调查主要针对山东省部分高中学校的高考备考生及其父母进行调研。山东省是中国的人口大省，也是中国的高考大省。山东省是经济大省，但山东省内部也存在类似中国东、中、西部的"区域差异"。山东省东部沿海地区经济发达，教学基础设施好，师资力量雄厚，生源知识素质高。这些地区主要包括威海、青岛、烟台、日照等地市，本次调查选取烟台、青岛两地的两所高中学校的高考备考生及其父母作为调查对象，两所学校各发放针对父母的调查问卷100份，针对备考生高中生的调查问卷100份。山东省中部地区经济发展较快，但相对于东部沿海地区来说，外资企业少，开放力度小；中部地区教育教学的师资力量等软实力很强，生源知识素质也较高，但教学基础设施稍显落后。这些地区主要包括滨州、东营、淄博、临沂、潍坊等地市，由于中部地区涉及地市较多，本次调查只选取了淄博和临沂两个地市的两所高中学校的高考备考生及其父母作为调查对象，每所学校针对父母和备考高中生各发放问卷100份。山东省西部地区经济欠发达，师资力量较为薄弱，生源知识素质也相对较低。这些地区主要包括菏泽、聊城、曲阜、枣庄等地市，本次调查选取菏泽和聊城两地两所高中学校的高考备考生及其父母作为调查对象，两所学校各发放针对父母的调查问卷100份，针对备考生高中生的调查问卷100份。这样一来，本次调查共发放针对高考备考生父母的调查问卷600份，针对高考备考生的调查问卷600份（见表6—1）。

表6—1 问卷调查的样本分布情况 单位: 份

地区	地级市	针对学生的调查问卷	针对学生父母的调查问卷	合计
东部地区	青岛市	100	100	200
东部地区	烟台市	100	100	200
中部地区	淄博市	100	100	200
中部地区	临沂市	100	100	200
西部地区	菏泽市	100	100	200
西部地区	聊城市	100	100	200
合计	—	600	600	1200

　　本次调查之所以选取了山东省东部地区的青岛和烟台，中部地区的淄博和临沂，以及西部地区的菏泽和聊城六个城市，主要是希望模拟刻画出中国东、中、西部教育的情况，使其更近似地描绘出当前中国各区域高等教育需求的现状。在确定了所调查的地级市之后，本书随机选取了各地级市的高中学校。山东省各高中学校的班级学生数量均在50人以上，因此本次调查从每个所选定的学校选取两个班级，发放《关于高中生高等教育需求的父母意愿调查》问卷100份，发放《关于高中生参加高考的意愿调查》问卷100份。虽然高中学生绝大部分都会最终参加高考，但高中学习期间还是有学生会发生一些变化，不会参加高考。基于这种考虑，本书认为，虽然高中学生都属于高考备考生，但不同年级的考生及其考生父母对高考的态度会有所差异，如高三学生比高二学生的学习任务要紧迫，对高考的态度会更加定型和稳定。基于此，本书在选择班级时除了大部分毕业班（高三班）之外，也选取了少部分高二班的学生。

　　为了最大限度地获取最为真实可信的第一手调查数据，本书在调查过程中采取了一定的措施，以保证调查质量。在问卷发放前，对每一份问卷都进行了编号，凡是《关于高中生高等教育需求的父母意愿调查》问卷和《关于高中生参加高考的意愿调查》问卷编号相同的发放给同一个高考备考生。调查问卷的发放和收集都由班主任老师统一操作，目的是引起高考备考生们的重视，因为一般来说，班主任老师比普通任课老师更有权威，学生对班主任老师布置的任务会更加认真地完成。本次调查要求班主任老师利用高考备考生集体自习的时间发放问卷，这样可以保证每个班 100 份问卷的准确发放。高考备考生在收到问卷后，要求其马上填答《关于高中生参加高考的意愿调查》，填答完毕后（高考备考生最多只需五分钟就可填完问卷）由班主任老师督促收齐所有问卷。每个高考备考生手中剩下的《关于高中生高等教育需求的父母意愿调查》问卷由其带回家，让父母填答。每个班级的学生都会分为两部分，一部分是走读生，另一部分是住校生。由于走读生每天都要回家，所以见到父母的概率很高，会很快填答完问卷；而住校生往往要半个月或者一个月才能集中休假回家见到父母，所以父母完成问卷填答的时间会较长。本书要求班主任老师督促走读生在一周内完成《关于高中生高等教育需求的父母意愿调查》问卷的填答，住校生在学校统一放假回家休息时完成《关于高中生高等教育需求的父母意愿调查》问卷的填答。

本次调查历时 1 个多月完成。调查过程中由于各种原因没有全部回收问卷，加之部分问卷填答无效，实际可用的问卷分别有：《关于高中生高等教育需求的父母意愿调查》问卷 535 份，回收有效率为 89.17%；《关于高中生参加高考的意愿调查》问卷 559 份，回收有效率为 93.17%。问卷回收后，我们经过仔细检查核对后进行了编码，然后输入计算机利用 SPCC 分析软件进行分析。

第二节　父母对孩子满足高等教育 需求的意愿分析

一　父母支持孩子参加高考的意愿

粗略地讲，父母对孩子高考的意愿可以分为三种：支持；反对；不支持也不反对，一切顺其自然，由孩子自己决定。本次调查设计了问题来考察父母对孩子高考的意愿：您希望孩子参加高考吗？五个选项分别为：非常希望；很希望；一般希望；不希望；非常不希望。这五个选项实际上可以和上述三种态度对应起来："非常希望"和"很

"希望"表达的是一种支持的态度;"不希望"和"非常不希望"表达的是一种反对的态度;"一般希望"可以理解为既希望孩子参加高考,对此又没有多大的热情,实际上反映的是一种不置可否的心态,因此理解为"不支持也不反对,顺其自然,由孩子自己决定"。调查发现,"非常希望"孩子参加高考的父母占66.17%,"很希望"的占18.13%,二者相加,比例高达84.30%。"不希望"和"非常不希望"的比例非常低,相加不到1%,几乎可以忽略不计。就既不支持也不反对的态度来看,持这种态度的父母所占的比例也非常低,只有6.92%。

分性别来看,父亲、母亲支持孩子参加高考的比例分别占到了91.84%和91.30%。对孩子参加高考态度"不清晰"的父亲、母亲的比例分别只有7.25%、7.45%,而不支持孩子参加高考的微乎其微。这说明,父母在是否支持孩子参加高考满足自身高等教育需求这一问题上具有较强的一致性。从这种支持孩子参加高考的意愿强烈程度上来看,父亲的态度比母亲的态度更为积极和执着,父亲"非常希望"的态度比例为74.02%,高于母亲67.70%的比例(见表6—2)。

表6—2　　　　**父母对孩子参加高考的态度频数分布**　　　　单位:%

项目	父母的态度	父亲的态度	母亲的态度	父亲的"爱人的态度"	母亲的"爱人的态度"
非常希望	66.17	74.02	67.70	70.39	62.11
很希望	18.13	17.82	23.60	19.03	24.22
一般希望	6.92	7.25	7.45	6.34	9.32
不希望	0.37	0.00	1.24	0.60	0.00
非常不希望	0.37	0.60	0.00	0.60	0.00
缺失	8.04	0.30	0.00	3.02	4.35
合计	100.00	100.00	100.00	100.00	100.00

在询问父母关于对孩子参加高考的态度时,问卷中还在同一个问题后面设计了类似的问题:您爱人的态度是怎样的?表6—2第5列

和第 6 列数据分别是父亲和母亲回答的爱人对孩子参加高考的态度。从中可以发现两个问题：第一，父亲在回答爱人是否"非常希望"孩子参加高考时，其比例要低于自己的比例（74.02% > 70.39%），母亲在回答时也是同样的情况，即认为父亲"非常希望"孩子参加高考的比例低于自己的比例（67.70% > 62.11%）；第二，从爱人是否支持孩子参加高考的比例看，父亲认为母亲支持的比例为 89.42%（70.39% + 19.03%），这低于自己认为自己支持的比例（91.84%），二者相差 2.42%；母亲认为父亲支持的比例为 86.33%（62.11% + 24.22%），也低于自己认为自己支持的比例（91.30%），二者相差 4.97%。从这些数据差异中又可以反映出两个问题：第一，无论是父亲还是母亲，都认为对方不如自己更希望孩子参加高考以满足自身的高等教育需求，这不是说明了父母都是自私的，反而更加说明了父母都是无私的，因为他们都在尽自己和家庭最大的努力支持孩子参加高考满足自身高等教育需求；第二，母亲比父亲更认为自己对孩子参加高考的支持力度要大，母亲认知的差异为 4.97%（91.30% − 86.33%），父亲认知的差异为 2.42%（91.84% − 89.42%），这可能是父亲支持孩子参加高考的方式和态度在表达方式上与母亲不同造成的，因为在中国传统文化里，母亲往往是相夫教子的形象，父亲往往负责家庭的对外事务，容易造成对孩子教育不上心的假象。

通过对父母期望孩子最高学历的调查，也可以发现父母对孩子高考期望的大小。调查发现，21.68% 的父母期望孩子的最高学历为本科，25.98% 的父母期望为硕士，41.68% 的父母期望为博士，而期望为大专的还不到 1%，竟然比期望为高中的 1.68% 还要低（见表 6—3）。也就是说，超过 2/5 的父母期望自己孩子的最高学历为博士，如果算上期望为硕士的父母的比例，那就有超过 2/3 的父母不仅期望自己的孩子考上本科学校读大学，还希望他们将来读硕士、读博士。在父母心目中，大专学历几乎已经没有任何吸引力了；期望孩子最高学历为高中的父母比例超过期望为大专的父母的比例更是表明，如果读个大专还不如高中毕业就弃学。这些都说明，父母希望孩子参加高考是理所当然的，因为父母对孩子教育水平的期望是目前学历教育中最高的一级，在通向这一级的教育过程中，全力支持孩子参加高考只不过是孩子教育过程中的必经阶段和初级阶段而已。可见，中国的高等教育存在巨大的需求，这种需求同时具有更高的目标。

表 6—3   父母期望孩子最高学历的频数分布

受教育程度	父母频数(人)	父母比例（%）	父亲比例（%）	父亲的"爱人"的比例（%）	母亲比例（%）	母亲的"爱人"的比例（%）
高中	9	1.68	1.24	1.86	2.11	1.51
大专	5	0.93	0.62	0.62	1.21	1.21
本科	116	21.68	20.50	16.15	25.08	27.19
硕士	139	25.98	34.16	35.40	25.38	20.85
博士	223	41.68	43.48	42.86	45.92	49.24
缺失	43	8.04	0.00	3.11	0.30	0.00
合计	535	100.00	100.00	100.00	100.00	100.00

分别从父亲、母亲的角度考察其对孩子最高学历的期望可以发现，对孩子最高学历为硕士及以上期望的父亲所占比例为 77.64%（表 6—3 第 4 列数据：34.16% + 43.48%），母亲所占比例为 71.30%（表 6—3 第 6 列数据：25.38% + 45.92%），即父亲对孩子最高学历的期望高于母亲。而由父亲和母亲回答的对方的期望最高学历时，类似于上面对孩子参加高考意愿的差异再次出现。父亲所回答的爱人期望孩子最高学历为硕士及以上的比例为 78.26%（表 6—3 第 5 列数据：35.40% + 42.86%），比自己所期望的（77.64%）还要高；而母亲所回答的爱人期望孩子最高学历为硕士及以上的比例为 70.09%（表 6—3 第 7 列数据：20.85% + 49.24%），比自己所期望的（71.30%）要低。这些数据都在说明一个问题，即在孩子参加高考的教育及对其未来的期望上，父亲的期望很高，但真正行动起来去付诸实践的少，更多的是母亲在具体操作，因此造成了父亲认为母亲对孩子有更高的期望，而母亲认为父亲的期望没有自己高的现象出现。

二　父母支持孩子参加高考的理由

在对支持孩子参加高考的理由的回答中，78.3%的父母认为孩子读大学可以有好的就业机会，11.1%的父母认为孩子考上大学能够出人头地，选择这两项的父母的比例达到了90%（见表6—4）。这表明，支撑父母支持孩子参加高考的主要原因可以分为两种：一种是物质现实主义，另一种是理想的虚荣心。在当前就业形势严峻的背景下，父母都希望孩子考上大学，并以此作为踏上社会谋生的跳板；而同时，受中国传统文化的影响，尤其是改革开放初期大学生"天之骄子"形象的浸染，很多父母尤其是自身受教育水平不高的父母都期望自己的孩子走进象牙塔，成为有文化、有知识、有学历、受人尊敬的人。但不得不指出，尽管父母支持孩子参加高考的理由中有理想的虚荣心在作祟，但他们主要考虑的还是孩子未来的现实发展问题。而且，随着中国改革开放力度的不断加大，尤其是互联网等科技的快速发展，资讯日益丰富，和国外的联系越来越紧密，加之中国经济的持续增长使得越来越多的父母有了丰厚的经济基础，很多学生开始到国外读中学、读大学、就业。在调查中，也有6.6%的父母支持孩子参加高考的理由就是为了将来孩子可以到国外发展，把考大学作为出国发展的跳板。这是中国近些年来出现较晚但发展较快的现象，随着国内大学生就业压力的不断增大，有这种想法的父母可能还会增多。

总之，尽管约有11%的父母支持孩子参加高考是怀着功利主义的思想，但高达85%（78.3%＋6.6%）的父母的出发点是为了孩子将来有好的就业机会和发展机会，无论是在国内还是在国外。这都表明，父母希望孩子参加高考、支持孩子参加高考的理由主要是孩子未来的发展，是怀着无私的利他主义思想的。调查同时显示，父母支持孩子参加高考还受到群体及周围社会现实的影响，这样的父母会因为亲朋好友的孩子参加高考而支持自己的孩子参加高考，也会因为社会上同龄孩子参加高考而迫使自己支持孩子参加高考，但这样的父母所占比例非常小，只占到所有受调查父母的3.5%。此外，父母支持孩子参加高考受孩子成绩影响的可能性非常小，调查显示，只有0.4%

的父母会因为孩子学习成绩很好才去支持孩子参加高考。这两种因素的作用都说明，父母支持孩子参加高考满足自身高等教育需求受外界、孩子自身学习能力的影响非常小，父母主要是从自己内心的判断来支持孩子参加高考满足高等教育需求，他们的理由现实而又清晰，那就是不管周围环境及孩子自身能力水平的影响，在少许虚荣心的驱使下，不惜一切代价为孩子的未来争取更好的发展。

表6—4　　　　　　　　　　支持孩子参加高考理由的频数分布

支持孩子参加高考的理由	频数	比例（%）	父亲频数	父亲比例（%）	母亲频数（人）	母亲比例（%）
读大学可以有好的就业机会	401	78.3	270	78.9	130	76.9
考上大学能出人头地	57	11.1	37	10.8	20	11.8
将来孩子可以到国外发展	34	6.6	19	5.6	15	8.9
同龄的孩子都参加高考	11	2.1	9	2.6	2	1.2
亲戚朋友、邻居家的孩子都参加高考	7	1.4	5	1.5	2	1.2
孩子学习成绩很好	2	0.4	2	0.6	0	0
合计	512	100.0	342	100.0	169	100.0

在支持孩子参加高考的理由回答中，父母之间的态度存在少许差异。父亲在支持孩子参加高考的理由中，有78.9%的人是出于现实的考虑，认为孩子读了大学就可以有更好的就业机会，母亲持这一观点的只占76.9%，少于父亲2个百分点。而在"考上大学能出人头地"的理由中，母亲的比例（11.8%）高于父亲的比例（10.8%）1个百分点；在"将来孩子可以到国外发展"的理由中，母亲所占的比例（8.9%）高出父亲所占的比例（5.6%）3.3个百分点。这说明，在支持孩子参加高考的理由上，父亲比母亲更偏重于现实，依据实际支持孩子参加高考。

三　孩子高考失利后父母的应对措施

本次调查除了考察父母对孩子参加高考的期望以外，还考察了父母对孩子高考成功与失败的态度，试图从孩子一次（乃至两次或者更多次）高考失败后父母的态度上来观察父母对孩子高等教育需求态度的持续性与一致性。表6—5列出了假设孩子高考失败后父母打算的频数分布情况。57.57%的父母在孩子高考失败后会选择继续让孩子参加高考，父母对孩子高等教育需求的重视程度和支持力度从这一数据可见一斑了。此外，还有21.31%的父母选择了"现在不好说"，即还没有对这一问题进行详细思考和准备。事实是，很多高考失利的考生都会在父母的支持下选择复读，争取下一个机会来满足自身的高等教育需求。父母有"外出打工"和"回家待业"打算的比例分别是10.84%和2.06%，可见大部分父母在孩子高考失利后并没有让其直接就业的充分打算。

分性别计算发现，父亲在孩子高考失败后支持其再考大学的比例为60.73%，母亲的比例为65.84%，低于母亲5个百分点；而在打算让孩子打工的比例上，父亲为13.60%，母亲为8.07%，父亲高于母亲5个多百分点。这进一步说明，在是否满足孩子高等教育需求这个问题上，父亲更加现实，认为考不上大学实现不了高等教育的梦想就应该选择就业，而母亲更偏于理想化，对参加高考获取高等教育的机会更加执着。但无论是父亲还是母亲，超过60%以上的比例支持孩子在高考失败后选择坚决考大学，充分说明了父母对孩子教育需求实现的巨大期望和支持。

表6—5　　　　　假设孩子高考失败后父母打算的频数分布

项目	父母频数（人）	父母比例（%）	父亲频数（人）	父亲比例（%）	母亲频数（人）	母亲比例（%）
坚决考大学	308	57.57	201	60.73	106	65.84
外出打工	58	10.84	45	13.60	13	8.07
回家待业	11	2.06	10	3.02	1	0.62
现在不好说	114	21.31	73	22.05	41	25.47
缺失	44	8.22	2	0.60	0	0.00
合计	535	100.00	331	100.00	161	100.00

本次调查还询问了父母在什么情况下让孩子选择复读。调查发现，32.90%的父母选择在没有考上理想的大学的情况下会让孩子去复读，而什么大学都考不上的情况下的父母只占14.58%。这在一定程度上说明，父母在期望孩子实现高等教育需求的过程中已经不满足"上还是不上大学"的问题，而是要上更好的大学。分性别来看，父亲和母亲在这一选项上占比最高，分别为34.74%和37.27%，而且母亲比父亲的比例还要高（见表6—6）。这表明，在孩子参加高考追求高等教育机会的过程中，母亲的要求更高，比父亲更希望孩子能够考上一个"更好"的大学，这又从一个侧面反映了母亲追求孩子教育质量、理想化的一面。

表6—6　　　　　　　父母选择孩子复读前提的频数分布

项目	父母的频数(人)	父母的比例(%)	父亲的频数(人)	父亲的比例(%)	母亲的频数(人)	母亲的比例(%)
没有考上理想的学校	176	32.90	115	34.74	60	37.27
任何情况下都不去	130	24.30	85	25.68	45	27.95
还没有想好	107	20.00	73	22.05	34	21.12
什么高校都考不上	78	14.58	57	17.22	21	13.04
缺失	44	8.22	1	0.30	1	0.62
合计	535	100.00	331	100.00	161	100.00

"高考移民"对于实现自身的高等教育需求具有一定的帮助，之前有些父母和孩子通过这种方法实现了获取高等教育的机会。因此，本次调查也询问了父母对孩子"高考移民"的态度。表6—7显示，34.95%的父母希望孩子到高考录取分数线低的省份去参加高考，而与此同时，持不希望态度的父母比例也高达34.39%，可见父母在这一问题上的态度泾渭分明，很多父母即使了解"高考移民"，但也不会违法违纪。但需要说明的是，有近20%的父母对于"高考移民"并不了解，这可能是两个原因造成的：一是高考入学率不断提高，越

来越多的家长不用通过这种"曲线救国"的方式就可以让孩子考上大学；二是这几年国家"高考移民"管理政策发挥作用的结果，即"高考移民"被打压后，"高考移民"市场不断萎缩，"高考移民"信息匮乏，因此很多高考生家长不得而知了。

还有一个很有意思的现象是，在分性别的父亲、母亲对"高考移民"态度的分布上，赞同移民的母亲的比例（42.86%）高出父亲的比例（35.05%）7个百分点，即母亲比父亲更希望通过"高考移民"的方式让孩子参加高考。而且，从"不知道此事"的比例上看，母亲的比例（16.77%）低于父亲的比例（22.96%）6个百分点，表明母亲比父亲更了解"高考移民"的事情。这再一次从一个侧面证明，在支持孩子参加高考满足自身高等教育需求的过程中，母亲比父亲更注意了解高考信息，在对孩子高考的投入上（尤其是精力上）比父亲更多。

表6—7　　　　　　　父母对"高考移民"态度的频数分布

父母的态度	父母频数(人)	父母比例(%)	父亲频数(人)	父亲比例(%)	母亲频数(人)	母亲比例(%)
想	187	34.95	116	35.05	69	42.86
不想	184	34.39	125	37.76	58	36.02
不知道此事	105	19.63	76	22.96	27	16.77
缺失	59	11.03	14	4.23	7	4.35
合计	535	100.00	331	100.00	161	100.00

四　小结

本节从父母对孩子参加高考的态度、支持孩子参加高考的理由以及孩子高考失败后的打算三个方面，描述分析了父母关于孩子满足高等教育需求的意愿。通过分析，大致可以得出如下四个结论：

第一，90%的父母希望孩子参加高考满足高等教育需求，而且近70%的父母期望孩子将来能够获取硕士及以上学历，即在高等教育需求上具有较高的目标取向。

第二，85%的父母之所以支持孩子参加高考满足高等教育需求主要源于无私的利他主义思想，其根本目的是为了孩子将来能有更好的发展。

第三，60%的父母即使在孩子高考失败后也会支持其再次参加高考满足其高等教育需求，30%的父母会在孩子没有考上理想学校的情况下支持其再次参加高考，而也有30%的父母希望孩子能到高考分数线低的省份去参加高考。

第四，分性别看，父母双方在支持孩子参加高考获取高等教育机会的问题上都认为对方努力不够，父亲更偏重于实际，讲求实效；母亲在孩子参加高考满足高等教育需求的过程中比父亲投入的精力更多，且更偏重于理想化。

第三节   父母的人口特征与高等教育需求

一   父母的人口特征

（一）父母的年龄分布

在所调查的高考备考生父母中，父亲占67.3%，母亲占32.7%，父亲的数量为母亲的1倍多。从这一点上可能反映出两个问题：第一，父亲往往是一家之主，是户主，在家中的地位要比母亲高，家中的"对外事务"（如填答问卷）一般由父亲负责；第二，一般来说，父亲的受教育水平要比母亲高，凡是涉及文字性的工作，一般都会由父亲承担。

通过计算可以发现，所有接受问卷调查的父亲的平均年龄为46岁，母亲为45岁，父亲的平均年龄大于母亲。在年龄分布上，父亲的出生年份主要集中分布在1967—1970年，这一年龄段的父亲占到了所有父亲的51.4%；母亲的出生年份也主要集中分布在1967—1970年，这一年龄段的母亲占到了所有母亲的51.7%（见图6—1和图6—2）。数据还显示，9.8%的父亲和4%的母亲的出生年份在1960年以前，这一部分父母参加高考的孩子可能不是其第一个孩子，但1967—1970年段出生的父亲和母亲参加高考的孩子很有可能是其第一个孩子，也有可能是最后一个孩子，即独生子女。

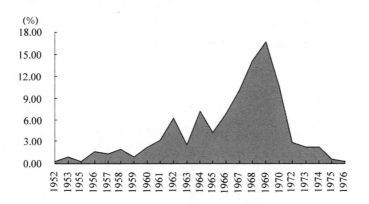

图 6—1　父亲的年龄分布

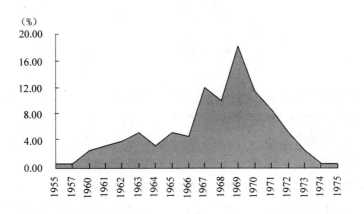

图 6—2　母亲的年龄分布

（二）父母的受教育水平

从父母的受教育水平上来看，主要集中在"小学"、"初中"和"高中"三个层次，而以"初中"所占的比例最高。无论是父亲还是母亲，这三个受教育层次的人数几乎占到了所有受调查父母的 80%。在这三个受教育层次中，除了"小学"层次外，其他两个层次父亲所占的比例都大于母亲。而这两个受教育层次的父母也占到了所有受调查父母的 60%—70%，也就是说，在 60%—70% 的家庭中，父亲的平均受教育水平要高于母亲。然而，从总体上看，父母间的受教育水平差异如何？从图6—3来看，在"中专"和"本科"的受教育水平上，母亲所占到的比例要大于父亲。

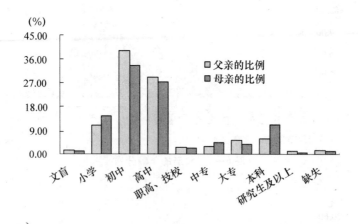

图6—3　不同受教育水平下父母的比例

在对父母受教育水平的问卷设计中共设计了 9 个层次的教育程度，从1—9分别是"文盲"、"小学"、"初中"、"高中"、"职高、技校"、"中专"、"大专"、"本科"、"研究生及以上"。为了比较所调查的父母之间的受教育水平差异，本书将1—9个受教育层次分别赋值"1—9"，通过分别加权计算父亲和母亲的受教育水平得分来观察父母间平均受教育水平的差异。但本问卷在设计过程中也将"高中"、"职高、技校"和"中专"做了区分，实际上三者均属于中学教育的范畴，从受教育水平上来说是一样的，所以在计算父亲和母亲的受教育水平得分时统一算作"高中"。相应地，受教育水平变为 7 个层次，赋值也依次变为"1—7"。表6—8所示为父母受教育水平差异的计算情况，计算结果显示，母亲的受教育水平平均得分为3.57，而父亲的平均得分为3.50，即母亲的受教育水平超过了父亲。这一研究发现，和前面利用 2005 年全国 1% 人口抽样调查数据计算的结果不同，这可能是样本的问题，因为本样本只观察高考备考生父母的受教育水平，而前面的样本显然比这个样本宽泛。

表6—8 父母平均受教育水平差异

受教育水平	赋值	父亲的频次（人）	母亲的频次（人）	父亲得分	母亲得分	父亲平均得分	母亲平均得分
文盲	1	5	2	5	2		
小学	2	36	23	72	46		
初中	3	129	54	387	162		
高中	4	115	55	460	220		
大专	5	18	6	90	30	3.50	3.57
本科	6	19	18	114	108		
研究生及以上	7	4	1	28	7		
缺失值	0	5	2	0	0		
合计	—	331	161	1156	575		

　　同时，这个结果也反证了已有研究的结论，即在父母的受教育水平上，母亲的受教育水平要比父亲的受教育水平更能影响孩子的教育。从这个结论反推的话，凡是准备参加高考的孩子的父母的平均受教育水平应该要比所有父母的平均受教育水平高，而且凡是准备参加高考的孩子的母亲的平均受教育水平要高于其父亲的平均受教育水平。

　　（三）父母拥有的孩子数

　　已有研究发现，孩子的数量对于家庭支持孩子接受教育来说具有显著的影响作用，因此父母所拥有的孩子数对于其支持孩子是否参加高考具有一定的影响作用。图6—4显示了父母所拥有的孩子数量。在所接受调查的父母中，拥有一个孩子的父母比例达到了39.63%，即2/5的父母只有一个孩子。家中有两个孩子的情况可以分为三种：只有两个男孩；只有两个女孩；一个男孩和一个女孩。数据显示，父母拥有两个孩子的比例为48.60%，即有近一半的父母有两个孩子。而且很有意思的是，在有两个孩子的父母中，有两个男孩的比例只有2.43%，而有两个女孩的比例却高达18.69%。之所以出现这种情况，是不是与孩子的学习成绩有关，即家中有两个女孩的父母更愿意也更成功地将孩子送到高中学习，而家中有两个男孩的父母却不能做到这一点，但这只是猜测，并没有数据予以证实。调查也发现，拥有三个孩子的父母比例很小，只有 3.55% 。

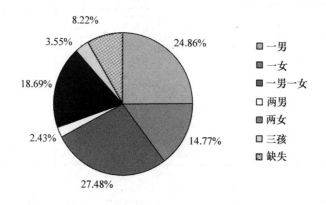

图 6—4　父母拥有的子女数

（四）父母的外出打工情况

本次调查设计了父母有没有在省内外打工的题目，目的是想考察父母外出打工经历对孩子高等教育需求的影响。父母外出打工往往会接触外界更多的人，获取更多的信息，这些人和信息都会对父母的视野、思维产生一定的影响，进而会影响其对孩子的教育。本次调查之所以区分省内、省外，是出于外出打工流动远近考虑的，即省内打工离家的距离较近，相互间的文化相仿，对父母产生的影响不会太大；而省外打工离家的距离较远，相互间的文化差异较大，较大差异的文化对父母产生的影响就会很大。

在对父母的外出打工情况进行描述分析之前，先对父母的现居住地做一分析。本次调查主要设计了三个居住来源地：城市中心区、城乡接合带和农村。数据显示，26.5% 的父母居住在城市中心区，

15.1%的父母居住在城乡接合带，49.9%的父母居住在农村，另有
8.4%为缺失值。数据还显示，在省内打过工的父母，有18.9%来自
城市中心区，有12.3%来自城乡接合带，68.7%来自农村地区；在
省外打过工的父母，15.5%来自城市中心区，17.5%来自城乡接合
带，66.0%来自农村地区。可见，农村地区是外出打工的主要流出地
区，人口的城乡流动依然存在于高考备考生父母之间。经过检验，在
省内打工还是省外打工这一控制变量的影响下，外出打工父母的来源
地差异并不显著。

　　表6—9显示了父母有没有在省内和省外打工的频数分布。总
体来看，父母在省内打工的比例和没有在省内打工的比例差不多，
但分性别看，55.29%的父亲在省内打过工，而在省内打过工的母
亲的比例只有37.27%。对于在省外打工的情况来说，72.71%的
父母没有在省外打过工，分性别看，只有22.05%的父亲和
14.91%的母亲在省外打过工。简言之，有一半的父母在省内打过
工，而在省外打过工的父母不到20%；无论是在省内打工还是在
省外打工，父亲参与的比例都要超过母亲，即母亲更多的是选择留
守在家。

表6—9　　　　　　父母有没有在省内外打过工的频数分布

地区	打工情况	父母频数（人）	父母比例（％）	父亲频数（人）	父亲比例（％）	母亲频数（人）	母亲比例（％）
省内	有	243	45.42	183	55.29	60	37.27
	没有	244	45.61	144	43.50	99	61.49
	缺失	48	8.97	4	1.21	2	1.24
	合计	535	100.00	331	100.00	161	100.00
省外	有	97	18.13	73	22.05	24	14.91
	没有	389	72.71	254	76.74	134	83.23
	缺失	49	9.16	4	1.21	3	1.86
	合计	535	100.00	331	100.00	161	100.00

（五）父母对孩子性别的看法

在中国，性别偏好现象已经不是学术讨论的重点，重点是对性别偏好原因及影响的考察。研究发现，性别偏好对教育具有重要的影响作用，其对高等教育需求的影响如何、作用大小如何，是本书研究的重点。本次调查分别设置了对孩子性别，即对男孩、女孩读大学的态度等问题来考察其对高等教育需求的影响作用。

调查发现，超过 1/3 的父母认为"不论生男生女，只要一个就好"；将近一半的父母认为"男女都一样，最好两个"，而有"多生几个，孩子多了有利于其成长"以及"不管多少，生到男孩为止"思想的比例非常少，在受调查者中几乎可以忽略不计。分性别来看，父亲认为"男女都一样，最好能生两个"的比例高于母亲 4 个百分点；而母亲认为"男女一样，一个就行"的比例为 42.24%，持同样观点的父亲的比例为 36.86%，母亲高出父亲 5 个百分点。这都说明，父亲更希望自己能有两个孩子，相比较而言，母亲则希望生一个就好了。数据检验发现，父母间的这种差异是显著的，F 值为915.87，显著度为 0.025，表明父亲比母亲更希望多生育一个孩子，而母亲则倾向于养育一个足矣。

表 6—10　　　　　　　　父母对孩子生育性别的看法

父母的态度	父母频数（人）	父母比例（%）	父亲频数（人）	父亲比例（%）	母亲频数（人）	母亲比例（%）
男女都好，一个就行	192	35.89	122	36.86	68	42.24
男女一样，最好两个	264	49.35	180	54.38	81	50.31
男孩好，一个就行	21	3.93	17	5.14	4	2.48
多生几个，孩子多了有利于其成长	5	0.93	4	1.21	1	0.62
不管多少，生到男孩为止	1	0.19	0	0	1	0.62
缺失	52	9.72	8	2.42	6	3.73
合计	535	100.00	331	100.00	161	100.00

从上述分析可以看出，父母对于生育男孩、女孩没有特别强烈

的偏好。然而，无论是父亲还是母亲，都有超过一半以上的人认为
"最好两个"，从中也可以认为父母是有性别偏好的，因为在这种
思想观念的影响下，如果只生育了男孩，他们会偏好女孩，如果只
生育了女孩，他们会偏好男孩。只不过这种偏好在某种程度上显现
为对生育数量的偏好。那么，在这种生育性别偏好的影响下，其对
孩子教育有什么影响，这种影响又会有多大？本书在中国重男轻女
的传统文化影响下，设计了"您是否同意'女儿应当享有与儿子同
等受教育的权利'的说法"这一问题考察父母的态度倾向。调查发
现，88.59%的父母同意这种观点，不同意这种观点的父母为1%；
分性别看，母亲同意这种观点的比例为94.41%，父亲同意这种观
点的比例为95.76%，父亲的比例稍高一点。而从"非常同意"这
个层次看，母亲的比例为85.71%，父亲的比例为81.87%，母亲
高出父亲3.84%（见表6—1），因此母亲更认同女孩和男孩拥有同
样的受教育权利。经过检验，男女间的这种数据差异是显著的（F
值为1129.87，显著度为0.022）。可见，父母在生育男孩女孩的问
题上具有一定的性别偏好，但在孩子接受教育的问题上，这种偏好
并不存在，只是父亲和母亲在不同性别孩子的教育问题上还是有些
差异，表现为母亲比父亲更倾向于让女孩接受教育。

表6—11　　　　　　　**父母对不同性别孩子接受教育的看法**

父母的态度	父母频数(人)	父母比例(%)	父亲频数(人)	父亲比例(%)	母亲频数(人)	母亲比例(%)
非常同意	414	77.38	271	81.87	138	85.71
比较同意	22	4.11	16	4.83	6	3.73
同意	38	7.10	30	9.06	8	4.97
不同意	2	0.37	2	0.60	0	0.00
非常不同意	4	0.75	1	0.30	3	1.86
缺失	55	10.28	11	3.32	6	3.73
合计	535	100.00	331	100.00	161	100.00

　　那么，在对待孩子参加高考读大学的问题上，父母的性别偏好、

提供教育机会的偏好是否依然存在？本书先后设计了"您对男孩读大学的态度是什么"、"您对女孩读大学的态度是什么"两个问题予以考察，选项分为五个层次：非常支持；比较支持；一般支持；不支持；非常不支持。表6—12显示了调查结果。

从父母对男孩读大学的分布上看，持坚决支持态度的父母占到了82.99%，持不支持态度的父母非常少，完全可以忽略不计，可见父母对于男孩读大学是完全赞同和支持的。分性别看，父亲对男孩读大学持坚决支持态度的占91.54%，而母亲的比例为84.47%，父亲高出母亲7个百分点。通过检验，父亲、母亲在支持男孩读大学的坚决态度上具有明显差异（F值为242.94，显著度为0.004）。从父母对女孩读大学的频数分布上看，持坚决支持态度的父母占到了86.35%，持不支持态度的父母非常少，也完全可以忽略不计，可见父母对于女孩读大学也是完全赞同和支持的。分性别看，父亲对女孩读大学持坚决支持态度的占93.34%，而母亲的比例为91.92%，父亲仅高出母亲1个多百分点。通过检验，父亲、母亲在支持女孩读大学的坚决态度上具有明显差异（F值为1802.60，显著度为0.001）

如果从男孩、女孩的性别上看，父母对男孩读大学的坚决支持率为82.99%，低于对女孩读大学的支持率（86.35%）3.36%；父亲对男孩读大学的坚决支持率为91.54%，低于对女孩读大学的支持率（93.34%）1.80%；母亲对男孩读大学的坚决支持率为84.47%，低于对女孩读大学的支持率（91.92%）7.45%。可见，父母在对男孩、女孩读大学的坚决支持率上存在一定的差异，即无论是父母总体，还是父亲、母亲，他们对女孩读大学满足自身高等教育需求的支持率始终大于对男孩的支持率。经过检验，这三种差异都是显著的。

表6—12　　　　　　　　**父母对男孩、女孩读大学的态度分布**

项目	父母的态度	父母频数（人）	父母比例（%）	父亲频数（人）	父亲比例（%）	母亲频数（人）	母亲比例（%）
对男孩	非常支持	361	67.48	246	74.32	111	68.94
	比较支持	83	15.51	57	17.22	25	15.53
	一般支持	29	5.42	13	3.93	16	9.94
	不支持	1	0.19	1	0.30	0	0.00
	非常不支持	1	0.19	1	0.30	0	0.00
	缺失	60	11.21	13	3.93	9	5.59
	合计	535	100.00	331	100.00	161	100.00
对女孩	非常支持	376	70.28	245	74.02	126	78.26
	比较支持	86	16.07	64	19.34	22	13.66
	一般支持	18	3.36	10	3.02	8	4.97
	不支持	1	0.19	1	0.30	0	0.00
	非常不支持	1	0.19	1	0.30	0	0.00
	缺失	53	9.91	10	3.02	5	3.11
	合计	535	100.00	331	100.00	161	100.00

二　父母的人口特征与高考意愿的回归分析

前面主要对父母的年龄、受教育程度、所拥有的孩子数以及外出打工情况进行了描述分析，对孩子父母的人口特征进行了初步刻画，但实际上还有很多变量与父母的人口特征相关，但限于篇幅，前面的章节没有详细叙述。本小节的主要内容是利用父母的人口特征对父母支持孩子参加高考的意愿进行回归分析，以找出影响父母支持孩子高考的变量，以及考察这些变量所起作用的大小。

本节在回归过程中使用的自变量有：

（1）性别。

（2）年龄：为了更好地进行比较分析，本书将父母的年龄进行了分组：36—40岁；41—50岁；46—50岁；51岁及以上。

（3）受教育程度。

（4）职业：职业往往与人的社会地位、眼界阅历联系在一起，不同的职业塑造从业者不同的思维意识。一般来说，脑力劳动者相比体力劳动者更富有教育观念和意识，对孩子的教育更有方法和成效。本次调查设计了 8 类职业（①党政机关事业单位工作人员；②个体户/私营业主；③企业/公司职员；④医生、教师、律师；⑤自由职业者；⑥农业种植、畜牧人员；⑦无业；⑧其他），来比较不同职业对父母支持孩子参加高考的影响。

（5）居住地：本次调查将父母现在的居住地分为了三类：城市中心区；城乡接合部；农村。本书试图考察父母居住地对其孩子参加高考意愿的影响，因为不同的居住地区，所处的经济环境、社会环境乃至人口环境都会有较大的差异，这些差异对于其对孩子参加高考的意愿具有一定的影响作用。

（6）初婚年龄：一般来说，初婚和初育是联系在一起的，初婚年龄越大，初育年龄也就越大。为了考察早婚、晚婚和国家法定结婚年龄期间结婚对高等教育需求的影响，本书将 20 岁以下结婚的定义为早婚，21—25 岁之间结婚的定义为国家法定结婚年龄内结婚；26岁以上的定义为晚婚。

（7）拥有的孩子数量组合：这个变量除了数量的考察外，还侧重观察了不同数量的组合，比如同样是两个孩子，两个男孩、两个女孩和一个男孩一个女孩的组合可能会使父母在其教育上产生偏差。

（8）父母对孩子性别的看法：利用这个变量，本书主要考察父母对孩子性别的看法是否能够对高等教育需求产生影响，并测量这种影响的大小。

（9）父母的流动状况：由于本书主要是想考察父母外出流动对自身思想产生变化进而影响对孩子高考教育的决策和行动的状况，所以本书使用父母是否在省外打工的情况作为自变量。

（10）父母的健康状况：在高等教育趋向越来越大众化的今天，要接受高等教育，就需要支付一定的费用。而当前在中国医疗服务还不是很完善的情况下，父母身体健康状况不佳将影响父母支付孩子接受高等教育的费用。因此，通过考察父母的身体健康状况，可以发现其对父母支持孩子参加高考的意愿的影响。本次调查对父母身体状况的自我评价设计了五个层次：①很好；②较好；③一般；④较差；⑤很差。

本书的因变量为父母对孩子参加高考满足高等教育需求的态度。前文已述，本次调查把父母对孩子参加高考的态度设置成了五个层次，分别为：非常希望；很希望；一般希望；不希望；非常不希望。数据统计发现，"不希望"和"非常不希望"的父母的比例分别为0.4%和0.4%，由于二者比例较低，因此将其合并为一类，即不希望孩子参加高考。这样，本书的因变量就成了四个层次的类别。由于本书的因变量为分类变量，所以本书在进行回归分析时使用多项式逻辑斯蒂回归的方法。表6—13显示了回归结果。

结果表明，该模型是显著的，但拟合程度不高。从具体变量上看，父亲和母亲对孩子参加高考的期望程度没有显著差异，父母的年龄也是如此，这与本节研究假设不符。可见，无论父亲、母亲年龄大小，其对孩子参加高考的期望都是一样的。从父母的受教育水平看，其对孩子参加高考的期望程度存在显著的影响，即随着父母受教育水平的提高，其希望孩子参加高考的程度也逐步提高。这与假设是一致的。从居住地来看，居住在城市的父母期望孩子参加高考的程度是居住在农村的父母的两倍，即比农村父母更希望孩子参加高考。这与假设也是一致的。但从父母的平均初婚年龄、拥有的孩子数量、省外是否有过打工经历以及身体健康状况四个变量来看，其对父母对孩子参加高考的期望没有显著的影响作用，与假设不符。

从回归结果看，除了父母的受教育水平以及城乡居住地这两个变量外，父母的其他人口特征对于其希望孩子参加高考的程度并没有显著的影响，这说明无论什么样特征的父母，其对孩子参加高考的愿望是一样的，其期望的程度也无明显不同。这从一个侧面说明，高等教育需求具有强大的刚性需求，父母在推动高等教育需求的产生和发展过程中起到了一定的作用。

表 6—13　　父母人口特征与父母对孩子参加高考意愿的序次

逻辑斯蒂回归分析结果

自变量	自变量分类	B	标准误	Wald 值	显著度	Exp（B）
性别	男	0.118	0.485	0.059	0.808	1.125
	女	0.000	.	.	.	.
年龄	36—40 岁	-2.293	1.470	2.431	0.119	0.101
	41—45 岁	-1.668	1.247	1.789	0.181	0.189
	46—50 岁	-1.248	1.225	1.038	0.308	0.287
	50 岁及以上	0.000	.	.	.	.
受教育程度	文盲	-19.531	1.290	229.291	0.000	0.000
	小学	-15.848	1.451	119.283	0.000	0.000
	初中	-17.601	0.904	379.255	0.000	0.000
	高中	-17.206	0.932	340.587	0.000	0.000
	职高、技校	-18.676	1.194	244.551	0.000	0.000
	中专	3.580	1.261	8.058	0.005	35.871
	大专	-15.734	1.491	111.284	0.000	0.000
	本科	-18.170	0.000		.	0.000
	硕士及以上	0.000	.	.	.	.
职业	党政事业机关	-17.723	2.071	73.256	0.000	0.000
	个体私营业主	-17.119	2.009	72.642	0.000	0.000
	企业公司职员	-17.138	2.027	71.472	0.000	0.000
	医生、教师、律师	-16.430	2.205	55.494	0.000	0.000
	自由职业者	-17.308	2.026	72.990	0.000	0.000
	农牧业种植	-18.228	2.019	81.499	0.000	0.000
	无业	-17.097	1.603	113.802	0.000	0.000
	其他	0.000	.	.	.	.
居住地	城市中心区	-1.659	0.674	6.058	0.014	0.190
	城乡接合带	-1.619	0.701	5.343	0.021	0.198
	农村	0.000	.	.	.	.
初婚年龄	20 岁及以下	-0.655	0.985	0.442	0.506	0.519
	21—25 岁	0.079	0.745	0.011	0.915	1.083
	26 岁及以上	0.000	.	.	.	.

续表

自变量	自变量分类	B	标准误	Wald 值	显著度	Exp（B）
对孩子性别的看法	男女一样，一个就行	－23.434	1.876	156.115	0.000	0.000
	男女一样，最好两个	－22.941	1.897	146.272	0.000	0.000
	男孩好，一个就行	－23.549	1.670	198.779	0.000	0.000
	男女一样，多生几个	－2.562	0.000	.	.	0.077
	不管多少，生男即止	0.000	.	.	.	.
是否在省外打工	是	0.149	0.600	0.062	0.804	1.161
	否	0.000	.	.	.	.
健康状况	很好	－16.947	1.273	177.351	0.000	0.000
	较好	－17.462	1.243	197.292	0.000	0.000
	一般	－18.177	1.263	206.994	0.000	0.000
	较差	－17.229	0.000	.	.	0.000
	很差	0.000	.	.	.	.
孩子的数量组合	一个男孩	1.607	1.114	2.081	0.149	4.988
	一个女孩	2.335	1.167	4.004	0.045	10.333
	一男一女	2.208	1.087	4.123	0.042	9.094
	两个男孩	19.529	1.313	221.139	0.000	3.754
	两个女孩	1.282	1.072	1.432	0.231	3.606
	三个孩子	0.000	.	.	.	.
截距		78.311	3.343	548.862	0.000	
－2 对数似然值		492.207				
卡方值		77.019				
显著度		0.382				

第四节 家庭的人口特征与高等教育需求

已有研究表明，家庭的人口特征对孩子的教育具有重要的影响作用。本节将重点分析高考备考生家庭的基本特征，考察其与高等教育需求之间的关系，确定其对高等教育需求推动力的大小。

一　家庭的人口规模

由于本书的主要目的是研究父母及家庭的人口特征等人口学变量对高等教育需求的影响，所以本书在问卷设计过程中，没有考虑一人及两人家庭户的情况，希望通过家庭更多成员特征的分析来观察这些特征因素对高等教育需求的影响。调查发现，大多数家庭户的规模在三口到四口之间，三口的比例为 37.38%，四口的比例为 42.43%，

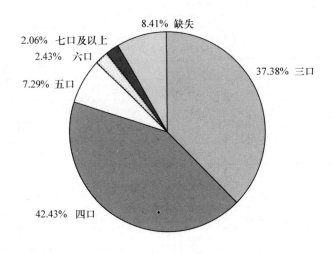

图 6—5　家庭户的规模分布

二者相加为 79.81%，即 80% 的家庭人口数在四人及四人以下。考虑到当前大多数家庭只有一到两个孩子，这表明当前家庭以核心家庭为主，三世同堂的情况已经非常少见。从家庭人口规模在五人、六人和七人及以上的情况看，这样的家庭所占的比例非常小，分别只有 7.29%、2.43% 和 2.06%，合计为 11.78%。

二　家庭年收入

由于孩子参加高考是一个家庭中的大事，父母单个人的收入对孩子高考的影响不大，因为自从受教育者个人开始花费一定的教育费用

后，很多家庭的孩子上学支付的学费都是举全家之力，而不是依靠父母单个人的收入。所以，本书在设计调查问卷时，并没有询问父母自己的收入，而是询问了父母所在家庭的收入。

　　调查数据显示，超过 20% 的家庭年收入在 10000 元以下，近一半的家庭年收入在 10001—30000 元之间，年收入在 30001—50000 元之间的也将近 20%，年收入在 50001—90000 元之间的比例不到 5%，90001 元及以上年收入的占到 7%（见图 6—6）。

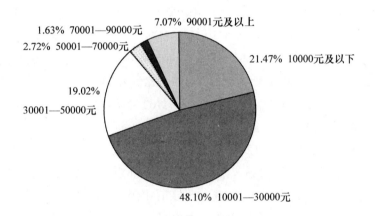

图 6—6　家庭户的年收入分布

　　虽然家庭收入的多少可以量化，但对于每个家庭来说，由于消费构成、消费习惯、投资方式等存在差异，所以每个家庭对于收入"多"还是"少"有不同的衡量标准。具体来说，同样的家庭，年收入都为 10 万元，虽然收入是一定的，但家庭成员可能对这 10 万元数量的自我评价不同，有的家庭感到已经很满足，认为这个收入处于社会中上阶层；而有的家庭感到这个数量还很少，认为这个收入处于社会中下层或者底层。事实上，这种现象是无法避免的，因为每个家庭的评价标准不同，而本书也无意于关注这种主观的自我评价，本书真正关心的是每个家庭对这个收入水平的自我评价会对孩子的高等教育需求产生什么影响，即要考察、测量的是这种主观的自我评价到底产生了怎样的作用。为此，本书设计了"您感觉您的家庭年收入在本地属于哪个层次"这一问题，选项有："上层"；"中上层"；"中层"；"中下层"；"下层"；"不好说"。表6—14显示了调查结果。

从调查结果上看，父母认为自己的年收入处于上层的非常少，只有1.12%，即使认为自己的年收入为中上层的，也只有8.79%。绝大部分的父母认为自己的收入处于中层或者中下层，这一比例达到60.75%。而同时认为自己的收入处于下层的有7.85%，还有10.84%的人持谨慎态度，认为不好评价。分性别来看，情况基本上差不多。无论是父亲还是母亲，认为自己的家庭年收入处于上层的都在1%左右，不同的是，认为家庭年收入处于中上层的，父亲的比例高出母亲2个百分点。认为自己的家庭年收入处于中层或者中下层的母亲的比例为70.81%，高于父亲的比例（63.75%），二者相差7个百分点。经过检验发现，父亲、母亲对自己家庭年收入的自我评价之间的差异是显著的。

如果把家庭年收入自我评价中的"中上层"、"中层"和"中下层"合并为"中层"的话，那么持这种评价观点的父母的比例为69.54%，父亲的比例为74.02%，母亲的比例为78.88%。可见，母亲更倾向于认为自己的家庭年收入为中间水平。

表6—14　　　　　**父母家庭年收入水平的自我评价情况**

收入评价	父母的频数(人)	父母的比例(%)	父亲的频数(人)	父亲的比例(%)	母亲的频数(人)	母亲的比例(%)
上层	6	1.12	4	1.21	2	1.24
中上层	47	8.79	34	10.27	13	8.07
中层	220	41.12	135	40.79	85	52.80
中下层	105	19.63	76	22.96	29	18.01
下层	42	7.85	31	9.37	11	6.83
不好说	55	10.28	42	12.69	14	8.70
缺失	58	10.84	9	2.72	7	4.35
合计	535	100.00	331	100.00	161	100.00

　　家庭收入对于孩子教育的影响主要表现在支付孩子的教育费用上，因此支付孩子的教育费用是家庭收入中的一项重要内容，父母对于支付孩子教育费用的评价会影响其对孩子的教育。譬如，如果父母的年收入为 5 万元，在没有其他家庭开支的情况下，其对孩子教育费用高低的评价会偏高；但如果在有其他家庭开支的情况下，对孩子使用同样的教育费用可能就会使得父母认为教育费用过高。父母对教育费用过高、过低的评价显然是影响父母对孩子参加高考的态度和行动的。因此，本次调查设计了父母关于孩子教育费用评价的问题。调查显示（见表 6—15），父母认为孩子教育费用"不高"的比例为 9.16%，认为"一般"的为 42.43%，但认为"较高"的比例也达到了 31.21%，认为承担不起的比例为 2.99%。分性别来看，父亲、母亲所持态度的比例相差不大，经过检验，父亲、母亲之间的差异不显著。

表 6—15　　　　　　　　父母对孩子教育费用高低的评价情况

教育费用评价	父母频数(人)	父母比例(%)	父亲频数(人)	父亲比例(%)	母亲频数(人)	母亲比例(%)
不高	49	9.16	32	9.67	17	10.56
一般	227	42.43	152	45.92	72	44.72
较高	167	31.21	108	32.63	57	35.40
承担不起	16	2.99	12	3.63	4	2.48
说不清	17	3.18	14	4.23	3	1.86
缺失	59	11.03	13	3.93	8	4.97
合计	535	100.00	331	100.00	161	100.00

三　家庭成员关系的融洽程度

　　研究表明，家庭成员关系的融洽程度是影响孩子教育的重要变量。如果家庭成员之间关系融洽，那么家庭成员在遇到教育决策、教育行动等方面的问题时，家庭成员就会形成默契，为孩子的未来发展取得一致意见。反之，如果家庭成员关系不好，那么在遇到相同的问题时，家庭成员间容易产生矛盾，孩子也会不配合父母的决策和行动，从而不利于孩子教育成就的取得。本次调查除了考察父母与子女之间的融洽关系，还考察了父母之间的融洽关系，以此测量这些关系对高等教育需求的影响。

本次调查在设计父母评价和孩子之间关系的融洽程度时分了六个层次，分别是："非常融洽"；"比较融洽"；"一般融洽"；"不融洽"；"很不融洽"；"非常不融洽"。在面对这些关系评价时，没有任何父母选择"非常不融洽"，80%的父母认为他们与孩子之间的关系是非常融洽的。而从"不融洽"和"很不融洽"的比例上看，也是非常低的。即使选择"一般融洽"的父母，比例也在10%以下。

分性别来看，父亲认为与孩子关系很融洽的比例为85.49%（表6—16第5列数据：37.76% +47.73%），母亲的这一比例为88.19%（表6—16第7列数据：41.61% +46.58%），因此母亲的比例稍高于父亲。而从一般融洽的比例上看，父亲为10.57%，高于母亲的6.21%；从不融洽的关系比例上看，父亲和母亲之间的差异非常小，几乎可以忽略。经过检验，父亲、母亲之间的这种差异是不显著的，说明父亲和母亲与孩子之间关系的自我评价趋于一致，并没有什么不同。

表6—16　　　　　　　**父母和孩子之间的关系程度分布**

关系程度	父母频数（人）	父母比例（%）	父亲频数（人）	父亲比例（%）	母亲频数（人）	母亲比例（%）
非常融洽	194	36.26	125	37.76	67	41.61
比较融洽	236	44.11	158	47.73	75	46.58
一般融洽	45	8.41	35	10.57	10	6.21
不融洽	5	0.93	3	0.91	2	1.24
很不融洽	3	0.56	2	0.60	1	0.62
缺失	52	9.72	8	2.42	6	3.73
合计	535	100.00	331	100.00	161	100.00

（一）父母与孩子之间的关系

影响父母和孩子之间关系融洽程度很重要的一个原因就是父母对孩子个人意见的态度。一般来说，如果父母特别尊重孩子的意愿选择，孩子会感到自身价值得以重视，和父母之间的关系就会较为融洽；如果父母不尊重孩子的意愿选择，孩子会有失落感，积极性受挫，和父母之间的关系就会较为僵硬，即使表面上表现出了融洽，内心也不会对父母真正地服从和尊敬。因此，本次调查设计了"您对孩子的个人意见怎么看"这一题目以考察父母的态度，态度选项有：非常尊重；比较尊重；一般尊重；不尊重；很不尊重；非常不尊重。

调查发现，在父母对孩子意见尊重态度的选择上，没有一位父母选择"很不尊重"和"非常不尊重"，即使有父母选择"不尊重"，但在比例上也非常低，只有 0.56%。这说明，几乎所有的父母都认为自己对孩子的意见是持尊重态度的。从尊重的层次上看，"非常尊重"的占 24.86%，"比较尊重"的占 48.04%，"一般尊重"的占 16.45%。这说明，70% 以上的父母对孩子的意见是很尊重的。分性别看，父亲和母亲对孩子意见尊重的程度都非常高，比例分别为 78.55%（表 6—17 第 5 列数据：26.89% + 51.66%）和 78.26%（表 6—17 第 7 列数据：27.33% + 50.93%）。数据检验发现，父亲和母亲在对待孩子意见的态度上没有差异。

表 6—17　　　　　　　　　父母对孩子意见尊重程度的分布

尊重程度	父母频数（人）	父母比例（%）	父亲频数（人）	父亲比例（%）	母亲频数（人）	母亲比例（%）
非常尊重	133	24.86	89	26.89	44	27.33
比较尊重	257	48.04	171	51.66	82	50.93
一般尊重	88	16.45	60	18.13	27	16.77
不尊重	3	0.56	2	0.60	1	0.62
缺失	54	10.09	9	2.72	7	4.35
合计	535	100.00	331	100.00	161	100.00

影响父母和孩子关系融洽程度的原因还有一个就是父母和孩子之

间沟通交流机会的多少。沟通交流机会多，父母和孩子可以互相了解对方的想法，多从父母或者孩子的角度考虑问题；沟通交流机会少，父母和孩子可能会因为很小的一点问题产生隔阂和矛盾，从而导致关系僵硬。从父母和孩子间的交流沟通机会上看，父母和孩子间的交流沟通机会并不是很多，只有 39.43%（表 6—18 第 3 列数据：16.07% +23.36%）的父母表示机会很多，但表示机会"不多"、"很少"和"非常少"的比例也不高，只有 13.27%，相对来说，较高比例的父母（37.20%）认为交流沟通机会一般，表示出了一种和孩子间"若即若离"的关系。这从一个侧面表明，尽管 80% 的父母表示和孩子间的关系很融洽，但他们相互之间交流沟通的机会却不多，只有近一半的父母（39.43%）表示机会很多，这可能主要是由于高考备考生学习比较紧张而没有时间。

分性别来看，父亲表示和孩子交流沟通机会很多的比例为 41.09%（表 6—18 第 5 列数据：16.92% +24.17%），而认为交流机会"一般"的占到了 41.09%，认为少的为 14.80%（表 6—18 第 5 列数据：11.18% +2.11% +1.51%）。母亲表示和孩子交流沟通机会很多的比例为 44.72%（表 6—18 第 7 列数据：18.63% +26.09%），超出父亲的比例 2 个百分点；而认为交流机会"一般"的为 38.51%，低于父亲的比例约 2 个百分点；认为少的为 13.04%（表 6—18 第 7 列数据：9.94% +2.48% +0.62%），低于父亲的比例约 1 个百分点。经过检验，父母之间的这些差异并不显著。

表 6—18　　　　　　父母和孩子之间的沟通交流机会分布

交流机会的情况	父母的频数(人)	父母的比例(%)	父亲的频数(人)	父亲的比例(%)	母亲的频数(人)	母亲的比例(%)
非常多	86	16.07	56	16.92	30	18.63
很多	125	23.36	80	24.17	42	26.09
一般	199	37.20	136	41.09	62	38.51
不多	54	10.09	37	11.18	16	9.94
很少	11	2.06	7	2.11	4	2.48

续表

交流机会的情况	父母的频数(人)	父母的比例(%)	父亲的频数(人)	父亲的比例(%)	母亲的频数(人)	母亲的比例(%)
非常少	6	1.12	5	1.51	1	0.62
缺失	54	10.09	10	3.02	6	3.73
合计	535	100.00	331	100.00	161	100.00

　　除了沟通交流机会多少这个原因外，还有一个就是父母和孩子之间的见面时间间隔。见面间隔时间长，机会少，父母和孩子之间就不能及时互相了解对方的变化，尤其是孩子处于激烈的思想变动期，父母不能及时捕捉孩子的思想变化，极易产生互相之间的不理解，从而影响感情融洽程度。如果每次见面时间间隔短，父母和孩子能够及时了解对方变化，尤其是父母能够及时了解孩子的所思所想，很多矛盾和误会就容易消解，同时也不容易产生。从父母和孩子的见面时间长短来看，25.61%的父母天天和孩子见面，33.83%的父母每周都能和孩子见面，26.73%的父母每月都能和孩子见面一次，4.11%的父母要超过一个月以上的时间才能见到孩子一次。分性别来看，天天见到孩子的母亲的比例为31.68%，父亲的比例为25.68%，母亲高出父亲6个百分点；每周都能见到孩子的父亲、母亲的比例差不多；而从一个月见孩子一面的比例看，父亲的比例为30.51%，母亲的比例为24.22%，父亲高出母亲6个百分点（见表6—19）。从两三个月及以上的时间才能和孩子见面的父亲、母亲的比例来看，二者相差不大。经过检验，父亲、母亲间的差异并不显著。

表6—19　　　　　　　　　父母和孩子见面的时间长短分布

时间间隔	父母的频数(人)	父母的比例(%)	父亲的频数(人)	父亲的比例(%)	母亲的频数(人)	母亲的比例(%)
天天	137	25.61	85	25.68	51	31.68
一周	181	33.83	121	36.56	59	36.65
一个月	143	26.73	101	30.51	39	24.22

时间间隔	父母的频数(人)	父母的比例(%)	父亲的频数(人)	父亲的比例(%)	母亲的频数(人)	母亲的比例(%)
两三个月	12	2.24	8	2.42	4	2.48
半年	6	1.12	4	1.21	2	1.24
一年	1	0.19	1	0.30	1	0.62
一年以上	3	0.56	2	0.60	0	0.00
缺失	52	9.72	9	2.72	5	3.11
合计	535	100.00	331	100.00	161	100.00

孩子的主要任务和重要任务就是学习，父母对孩子学习的关心在某种程度上就是对孩子自身的关心，这种关心也会影响父母和孩子之间关系的融洽程度。本次调查设计了"您对孩子的学习关心程度如何"这一问题，选项有：非常关心；很关心；一般关心；偶尔关心；很少关心；完全不关心。调查发现，46.17%的父母认为自己"非常关心"孩子的学习，25.05%的父母认为自己"很关心"孩子的学习，15.51%的父母认为自己"一般关心"孩子的学习。如果把"非常关心"和"很关心"看作是对孩子学习正面、积极的关心程度的话，这一比例高达71.22%（表6—20 第 3 列数据：46.17% + 25.05%）；如果把"很少关心"和"完全不关心"看作是对孩子不关心的话，这一比例只有0.93%（表6—20 第 3 列数据：0.56% + 0.37%）。这说明，绝大多数父母对孩子的学习是非常关心的，几乎没有父母对孩子的学习漠不关心。

分性别看，77.04%（表6—20 第 5 列数据：50.15% +26.89%）的父亲很关心孩子的学习，不关心的比例只有1.20%（表6—20 第 5 列数据：0.60% + 0.60%）；75.16%（表6—20 第 7 列数据：47.83% +27.33%）的母亲很关心孩子的学习，不关心的比例只有0.62%（表6—20 第 7 列数据：0.62% + 0.00%）。从"一般关心"和"偶尔关心"的比例上看，父亲为19.33%（表6—20 第 5 列数据：16.01% + 3.32%），母亲为20.49%（表6—20 第 7 列数据：18.63% +1.86%）。数据检验发现，父亲、母亲对孩子学习关心程度存在显著差异（F 值为 2394. 269，显著度为 0. 015）。

表 6—20　　　　　　　　父母关心孩子学习的程度分布

关心程度	父母的频数(人)	父母的比例(%)	父亲的频数(人)	父亲的比例(%)	母亲的频数(人)	母亲的比例(%)
非常关心	247	46. 17	166	50. 15	77	47. 83
很关心	134	25. 05	89	26. 89	44	27. 33
一般关心	83	15. 51	53	16. 01	30	18. 63
偶尔关心	14	2. 62	11	3. 32	3	1. 86
很少关心	3	0. 56	2	0. 60	1	0. 62
完全不关心	2	0. 37	2	0. 60	0	0. 00
缺失	52	9. 72	8	2. 42	6	3. 73
合计	535	100. 00	331	100. 00	161	100. 00

　　父母在关心孩子的学习上有很多方法，图 6—7 对这些方法做了大体描述。调查显示，辅导孩子学习课程的父母比例最少，只有 0. 95%，这可能主要是由于高中课程难度较大，很多父母难以胜任的缘故。如果是小学生，父母辅导孩子的学习课程还是比较容易的，相信这一比例不会这么低。"给孩子讲学习的方法"和"检查孩子的作业"的父母的比例分别只有 6. 01% 和 6. 80%，这可能同样是由于上面的原因造成的，在对孩子高中课程难以理解和掌握的情况下，显然很难对其学习方法和作业质量予以指导和监督。比较可行的办法是"向老师了解孩子的学习情况"、"给孩子讲励志的故事"，这样的父母的比例分别达到了 10. 28% 和 11. 39%，因为这样做的难度较小，取得的效果也不错。在所有的调查方法中，占比较高的是"了解孩子考试成绩"，比例为 23. 26%；占比最高的是"口头督促孩子的学习"，比例为 41. 30%。这两种方法的比例合计高达 64. 56%，表明大部分的父母都是通过这种简单易行的方法来关心督促孩子的学习的。分性别来看，父亲、母亲在关心孩子学习的方式上并没有什么差异，经检验是显著的。

　　本书还设计了父母在周末对孩子学习的不同要求，以此考察父母

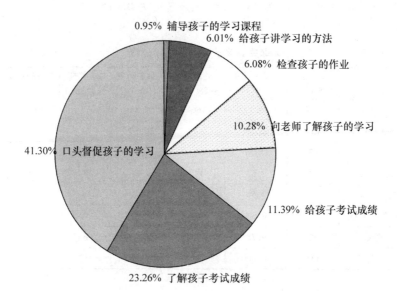

图6—7 父母关心孩子学习的方式

对孩子学习的关心程度。图6—8是调查结果。从图6—8中可以看出，32.37%的父母还是要求孩子在周末绝大部分的时间里学习，以应对紧张的功课和考试；但也有31.77%的父母完全把时间交给了孩子，孩子愿意做什么就做什么；29.07%的父母要求孩子在周末一半的时间学习，一半的时间帮家里做事情，劳逸结合。比例最少的是让孩子完全放松和参加辅导班，分别为3.70%和3.10%。这表明，很少有父母会让孩子在周末把考大学这根绷紧的弦放松下来，也很少有父母让孩子在周末参加辅导班，毕竟平时的学习已经非常辛苦了。分性别来看，父亲、母亲对孩子周末学习的要求，经检验没有差异，说明父母在对孩子周末学习的要求上是一致的。

（二）父母之间的关系

夫妻关系是家庭生活中非常重要的关系之一。一个家庭的稳定、幸福与否，在很大程度上取决于夫妻关系是否和谐。稳定、和谐的夫妻关系也是孩子教育决策、教育行动的有力保障，夫妻间缺乏沟通、交流，关系不和谐，那么他们在很多事情上难以形成默契，如果这种

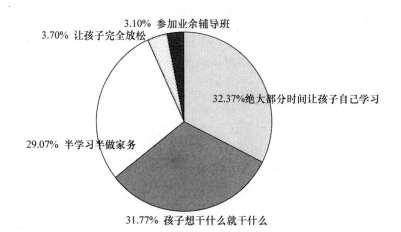

图 6—8　父母在周末对孩子学习要求的情况

现象出现在了孩子教育问题的处理上，那么肯定是会对孩子教育产生严重负面影响的。因此，本次调查主要设计了夫妻在家中的地位评价、孩子教育决策的决定权、见面次数及家务劳动分工四个题目予以考察。

在"关于孩子的高考问题，谁说了算"这个问题上，本次调查设计了"自己说了算"、"爱人说了算"、"两人共同决定"、"孩子说了算"四个选项。调查发现，选择"自己说了算"和"爱人说了算"的父母的比例分别为 6.36% 和 3.74%，即父母一个人决定的比例只占 10.1%；选择"两人共同决定"和"孩子说了算"的父母的比例分别为 31.03% 和 49.16%。可以看出，在孩子高考教育的问题上，所有的父母主流的模式是倾向于夫妻共同商议决定，单个人决定的比例很小。但调查结果显示，父母共同决定孩子高考教育问题的比例也不是很高，只有 31.03%，低于孩子自己决定的比例（49.16%），而且孩子自己决定的比例接近一半，即一半的父母选择让孩子自己决定高考教育的问题。这说明很多家庭在孩子高考教育的问题上是比较民主的，主要是让孩子自己选择和决定自己未来的发展道路。

分性别来看，父亲认为孩子的高考问题由夫妻单个人决定的比例

为 13.29%（表6—21 第 5 列数据：7.85% ＋5.44%），母亲的这一
比例为 6.21%（表6—21 第 7 列数据：4.97% ＋1.24%），二者相差
7 个百分点。从"自己说了算"还是"爱人说了算"这两个问题上
看，父亲认为由母亲说了算的比例为 5.44%，而母亲在这一问题的
回答上，比例却很低，只有 1.24%，说明在孩子高考的问题上，母
亲承认自己具有比父亲更大的决定权，这可能是由于前面所分析的，
在孩子高考的问题上，母亲比父亲投入更多的缘故。父亲和母亲认为
由"两人共同决定"的比例差不多，分别为 32.93% 和 33.54%。但
认为由"孩子说了算"的比例虽然都超过了 50%，二者的比例分别
为 51.06% 和 57.14%，母亲高出父亲 6 个百分点，说明母亲比父亲
更倾向于让孩子自己决定自己的高等教育问题。但经过检验发现，父
亲、母亲之间在这个问题上并不存在显著差异。

表6—21　　　　　　父母关于孩子高考问题决定权的情况

父母决定权的情况	父母的频数（人）	父母的比例（%）	父亲的频数（人）	父亲的比例（%）	母亲的频数（人）	母亲的比例（%）
自己说了算	34	6.36	26	7.85	8	4.97
爱人说了算	20	3.74	18	5.44	2	1.24
两人共同决定	166	31.03	109	32.93	54	33.54
孩子说了算	263	49.16	169	51.06	92	57.14
缺失	52	9.72	9	2.72	5	3.11
合计	535	100.00	331	100.00	161	100.00

　　为了进一步考察父母之间的关系对高考决策的影响，本书调查设
计了题目测量父母对于自己在家中地位的评价。对于家庭地位的评
价，本书设计了"很满意"、"比较满意"、"不满意"、"比较不满
意"和"非常不满意"四个选项（见表6—22）。调查发现，父母对
于自己在家庭中的地位"很满意"的占 35.70%，"比较满意"的占
34.39%，二者合计为 70.09%，表示父母对于自己在家庭中的地位
满意；在不满意的比例中，随着不满意程度的加深，由"不满意"
到"比较不满意"再到"非常不满意"，父母所占的比例也在不断提

高，分别由 2.43% 提高到 6.54% 再到 11.03%，三者合计为 20%。

分性别来看，父亲对于自己在家中地位评价为"很满意"的比例为 39.88%，"比较满意"的比例为 35.35%，二者相加比例为 75.23%。从不满意的比例看，父亲的比例为 22.05%；母亲对于自己在家中地位评价为"很满意"的比例为 35.40%，"比较满意"的比例为 40.99%，二者相加比例为 76.39%，和父亲的比例相差不大。从不满意的比例看，母亲的比例为 19.87%，和父亲的比例相差不大。在不满意的评价中，随着不满意程度的加深，由"不满意"到"比较不满意"再到"非常不满意"，其比例也呈不断提高的趋势。但经过方差分析发现，父亲、母亲之间的这种差异并不明显。

表 6—22　　　　　　　　**父母关于自己在家中地位的满意度分布**

满意度情况	父母的频数(人)	父母的比例(%)	父亲的频数(人)	父亲的比例(%)	母亲的频数(人)	母亲的比例(%)
很满意	191	35.70	132	39.88	57	35.40
比较满意	184	34.39	117	35.35	66	40.99
不满意	13	2.43	9	2.72	4	2.48
比较不满意	35	6.54	25	7.55	8	4.97
非常不满意	59	11.03	39	11.78	20	12.42
缺失	53	9.91	9	2.72	6	3.73
合计	535	100.00	331	100.00	161	100.00

此外，本书还询问了父母在家由谁做家务的问题，以此考察父母在家中的关系状况。调查显示，母亲在家做家务的比例为 36.26%，而父亲在家做家务的比例只有 2.24%，但父亲、母亲一起做和谁有时间谁做的比例却较高，分别为 24.49% 和 25.79%（见表 6—23）。这些数据表明，家务劳动主要是由母亲完成的，父亲在家很少做家务，即使做家务也不是独立完成，而是和母亲一起完成。分性别来看，父亲所报告的做家务情况，母亲做家务的比例仍为最高，占 38.37%，父亲做家务的比例仍为最低，只有 2.72%；母亲所报告的做家务情况，母亲做家务的比例仍为最高，占 39.75%，父亲做家务

的比例仍为最低，只有 1.86%。无论是父亲还是母亲所报告的家务情况，选择父亲、母亲一起做和谁有时间谁做的比例仍较高，父亲报告的分别有 28.70% 和 25.98%，母亲报告的分别有 21.74% 和 31.68%。但数据检验发现，父亲、母亲之间的这种差异并不明显（卡方值为 3.632，显著度为 0.458）。

表 6—23　　　　　　　　　　　夫妻在家中做家务的情况

做家务的情况	父母的频数（人）	父母的比例（%）	父亲的频数（人）	父亲的比例（%）	母亲的频数（人）	母亲的比例（%）
妻子做	194	36.26	127	38.37	64	39.75
丈夫做	12	2.24	9	2.72	3	1.86
夫妻一起做	131	24.49	95	28.70	35	21.74
谁有时间谁做	138	25.79	86	25.98	51	31.68
其他	6	1.12	4	1.21	2	1.24
缺失	54	10.09	10	3.02	6	3.73
合计	535	100.00	331	100.00	161	100.00

四　序次逻辑斯蒂回归分析

以上内容描述分析了孩子的家庭人口特征及其环境因素，本小节的内容将就这些因素对父母关于孩子参加高考意愿的影响进行回归分析。本节的因变量同上节回归中的因变量是相同的，即父母对孩子参加高考的态度：非常不希望；不希望；一般希望；很希望；非常希望。

本次回归中使用的自变量主要包括三大部分：第一，家庭人口的基本状况；第二，家庭的经济收入能力；第三，家庭成员之间的关系，其中又包括父母与孩子之间的关系、父亲和母亲之间的关系。家庭人口基本状况主要使用"家庭人口规模"这一变量。家庭经济收入能力变量主要使用"家庭年收入"和"对孩子教育费用的评价"两个变量。家庭年收入是一个表征绝对量的变量，是对家庭经济能力的测量指标。同样的收入对不同家庭来说意义不同，为了更好地评价家庭收入对孩子教育的影响，本节使用"对孩子教育费用的评价"

这一指标。对孩子教育费用的评价是一个从相对量的视角提出的变量，即虽然家庭收入很高，但父母仍认为投入在孩子教育上的费用过高，这也可能影响其对孩子参加高考的期望程度。家庭成员关系变量主要使用了父母和孩子关系的变量以及父母之间关系的变量，前者包括"父母对孩子学习的关心程度"和"父母和孩子之间交流的程度"两个变量，而后者包括"父母对自己在家中地位的评价"这一变量。

本节的研究假设为：

第一，家庭人口规模。在家庭资源有限的情况下，家庭规模越大，分配到孩子教育上的家庭资源就越少，父母对孩子教育支持的能力就越弱，孩子的学习竞争力就会下降，父母对其参加高考的期望程度就越低。反之，家庭规模越小，分配到孩子教育上的家庭资源就越多，父母对孩子教育支持的能力就越强，孩子的学习竞争力就会提高，父母对其参加高考的期望程度就越高。

第二，家庭年收入。家庭年收入越高，家庭支持孩子学习的能力就越强，孩子参加高考的竞争力就越强，父母就越期望孩子参加高考；反之，家庭年收入越低，家庭支持孩子学习的能力就越弱，孩子参加高考的竞争力就越弱，父母就越不期望孩子参加高考。

第三，孩子教育费用评价。父母越是认为孩子的教育费用高，就越表明其支付孩子教育费用的能力不高，进而越不希望孩子参加高考；反之，父母越是认为孩子的教育费用不高，就越表明其支付孩子教育费用的能力高，进而越希望孩子参加高考。

第四，对孩子学习的关心程度。父母越是关心孩子的学习，越表明其希望孩子参加高考；父母越是不关心孩子的学习，越表明其对孩子参加高考的冷淡，越不希望孩子参加高考。

第五，和孩子交流的程度。父母和孩子交流的程度越强，越表明父母关心、关注孩子的成长和学习，越期望孩子参加高考获得更高的教育成就；反之，父母和孩子交流的程度越弱，越表明父母不关心、关注孩子的成长和学习，越不期望孩子参加高考获得更高的教育成就。

第六，家中地位的评价。父母对自己在家中地位的评价越高，表明父母之间关系越融洽，越容易希望孩子参加高考取得更高的教育成就；反之，父母对自己在家中地位的评价越低，表明父母之间关系越不融洽，越不容易希望孩子参加高考取得更高的教育成就。

表6—24 是对家庭人口特征与父母对孩子高考期望的序次逻辑斯蒂回归结果。从结果看，该模型的拟合优度不是很高，但还是显著的。从变量上看，家庭规模不是影响父母对孩子参加高考期望的显著变量，这与研究假设不符。家庭年收入是影响父母对孩子参加高考期望程度的显著变量，但这种显著局限在一定的收入水平上。具体而言，在同等条件下，年收入在 10001—30000 元和 30001—50000 元家庭的父母期望程度分别是年收入在 90001 元以上家庭的 1.22 倍和 1.26 倍，而年收入在 10000 元以下以及 50000—70000 元之间的家庭的父母，其期望程度并不显著。这表明，家庭年收入在对父母关于孩子参加高考的期望上有选择性，即并不是随着家庭收入水平的提高，父母对孩子参加高考的期望就增强，家庭年收入水平"过高"和"过低"（相对于这里的数据而言）都不能显著判断其父母对孩子高考的期望程度。其中的原因可能主要是家庭教育观念的变化，中国传统文化虽然认为读书具有提高社会地位、荣耀家族等理想化的作用，但其提高个体经济收入功利性的目的也始终存在，且在市场经济条件下出现过犹不及的景况。因此，反过来讲，在家庭收入提高了的前提下，家庭对孩子参加高考的冲动和愿望就会降低，而在就业压力不断加大的今天，这种作用和影响就更加强烈了。从变量"孩子学费的评价"中也可以得出相关结论。认为孩子学费水平"不高"的父母对孩子参加高考的期望程度是认为孩子学费水平"承担不起"的父母的 1.39 倍，即表明：父母越是认为学费水平不高，越是有能力支持孩子参加高考，也越希望孩子参加高考，符合研究假设。但从其他层级，如认为学费水平"一般"和"较高"的情况看，其期望程度的变化并不显著，再次说明收入对高考期望的影响具有选择性。

从父母对孩子学习的关心程度来看，除了"完全不关心"和"很少关心"这两个层次外，对于其他层次而言，随着父母对孩子学习关心程度的提高，父母对孩子参加高考的期望也逐步提高，二者具有显著的统计关系。而且，尽管在"完全不关心"和"很少关心"这两个层次上，父母对孩子参加高考的期望程度不显著，但从参数和参数方向上来看是符合实际的。这是符合研究假设的。从和孩子交流的程度来看，只有认为和孩子交流"很少"的父母对孩子参加高考的期望是显著的，即和孩子交流"非常多"的父母的高考期望是认为和孩子交流"很少"的父母的1.98倍。在和孩子交流程度的其他层次上，父母的高考期望并不显著。而从父母对自己家中地位的评价来看，其对孩子参加高考期望的影响也不显著。这说明，家庭成员关系在父母对孩子参加高考期望的影响上并不是非常显著，希望孩子参加高考似乎是刚性的选择，缺乏弹性。

表6—24　家庭人口特征与父母对孩子高考期望的序次逻辑斯蒂回归结果

自变量	自变量分类	参数估值	标准误	Wald 值	显著度	95% 置信区间	
						下限	上限
	[FMGKTD=1]	−4.599	1.313	12.270	0.000	−7.172	−2.026
	[FMGKTD=2]	−4.192	1.245	11.344	0.001	−6.631	−1.752
	[FMGKTD=3]	−1.505	1.096	1.886	0.170	−3.653	0.643
	[FMGKTD=4]	−0.089	1.090	0.007	0.935	−2.226	2.047
家庭规模	三口	0.052	0.886	0.003	0.953	−1.684	1.788
	四口	0.356	0.891	0.159	0.690	−1.392	2.103
	五口	−0.003	0.986	0.000	0.998	−1.936	1.930
	六口	−0.718	1.091	0.434	0.510	−2.857	1.420
	七口及以上	0.000	.	.	.	.	.
家庭年收入	10000 元以下	0.888	0.520	2.908	0.088	−0.133	1.908
	10001—30000 元	1.215	0.482	6.345	0.012	0.270	2.161
	30001—50000 元	1.260	0.542	5.402	0.020	0.197	2.322
	50001—70000 元	0.379	0.784	0.234	0.629	−1.157	1.916
	70001—90000 元	21.352	0.000	.	.	21.352	21.352
	90001 元以上	0.000	.	.	.	.	.

续表

自变量	自变量分类	参数估值	标准误	Wald 值	显著度	95% 置信区间 下限	95% 置信区间 上限
学费评价	不高	1.390	0.699	3.954	0.047	0.020	2.760
	一般	0.599	0.494	1.473	0.225	−0.369	1.567
	较高	0.350	0.498	0.492	0.483	−0.627	1.326
	承担不起	0.000	.	.	.	.	.
对孩子学习的关心程度	完全不关心	−3.285	2.452	1.795	0.180	−8.091	1.520
	很少关心	−2.431	2.173	1.252	0.263	−6.690	1.828
	偶尔关心	−1.305	0.642	4.132	0.042	−2.563	−0.047
	一般关心	−1.032	0.376	7.538	0.006	−1.769	−0.295
	很关心	−0.732	0.328	4.985	0.026	−1.375	−0.089
	非常关心	0.000	.	.	.	.	.
和孩子交流的程度	非常少	21.061	0.000	.	.	21.061	21.061
	很少	−1.977	0.866	5.214	0.022	−3.674	−0.280
	不多	−0.120	0.578	0.043	0.836	−1.252	1.013
	一般	0.069	0.429	0.026	0.873	−0.773	0.910
	很多	−0.281	0.431	0.427	0.514	−1.126	0.563
	非常多	0.000	.	.	.	.	.
家中地位的自我评价	非常不满意	−0.160	0.442	0.131	0.717	−1.027	0.706
	比较不满意	−0.361	0.531	0.462	0.497	−1.401	0.680
	不满意	0.843	1.148	0.539	0.463	−1.408	3.094
	较满意	−0.336	0.307	1.201	0.273	−0.937	0.265
	很满意	0.000	.	.	.	.	.
模型	−2 对数似然值	440.591					
	卡方值	50.556					
	Cox and Snell	0.134					
	Nagelkerke	0.171					
	McFadden	0.094					
	显著度	0.003					
	自由度	26					

第五节　孩子的人口特征与高等教育需求

一　孩子参加高考的意愿

在考察孩子参加高考满足高等教育需求的意愿时，本次调查设计了"你希望参加高考吗"这一问题，选项有：非常不希望；不希望；一般希望；很希望；非常希望。调查显示，44.40%的孩子"非常希望"参加高考，"很希望"的比例为15.70%，二者合计为60.10%（表6—25第3列数据：44.40% + 15.70%）；"不希望"和"非常不希望"的比例分别为6.50和9.03%，二者合计为15.53%。对参加高考有期望但又期望不高（"一般希望"）的孩子的比例为23.83%，应该说这一比例不算太低。分性别来看，"非常希望"参加高考的男孩比例为47.29%，女孩比例为41.81%，男孩比例超过女孩比例6个百分点，表明男孩参加高考的期望程度稍高于女孩，但如果把"非常希望"和"很希望"合二为一来看的话，男孩比例为60.47%，女孩的比例为60.20%，二者相差无几。从"一般希望"参加高考的比例来看，男孩为24.03%，女孩的比例为23.41%，二者之间相差也不多。把"不希望"和"非常不希望"合二为一来看，男孩的比例为14.73%，女孩的比例为16.05%，女孩比例高于男孩1个多百分点。通过交叉表分析发现，男孩、女孩间的高考期望不存在差异（卡方值为3.705，显著度为0.447）。

表6—25　　　　　　　　孩子参加高考的期望程度

期望程度	孩子的频数（人）	孩子的比例（%）	男孩的频数（人）	男孩的比例（%）	女孩的频数（人）	女孩的比例（%）
非常希望	246	44.40	122	47.29	125	41.81
很希望	87	15.70	34	13.18	55	18.39
一般希望	132	23.83	62	24.03	70	23.41
不希望	36	6.50	17	6.59	19	6.35
非常不希望	50	9.03	21	8.14	29	9.70
缺失	3	0.54	2	0.78	1	0.33
合计	554	100.00	258	100.00	299	100.00

　　如果把孩子参加高考的期望程度和父母对孩子参加高考的期望程度（见表6—2）比较来看，父母对孩子参加高考的期望程度远远高于孩子自己的期望。父母"非常希望"的比例高达66.17%，如果算上"很希望"的比例，二者更是高达84.30%，远远高于孩子的期望（60.10%）。从不期望高考的比例看，父母不期望的比例为0.60%，而孩子的比例高达15.53%。显然，父母和孩子在对高考的期望上有所不同，父母对孩子高考的期望远大于孩子。从这个意义上讲，父母比孩子更能推动高等教育需求的产生和发展。

　　从孩子所期望的自己的最高学历来看（见表6—26），期望为"高中"和"大专"的比例非常少，加起来只有2.51%；在所期望的"本科"、"硕士"和"博士"三个层次的学历上，比例依次增加，分别为28.98%、29.34%和35.60%，表明孩子不仅希望参加高考读大学，而且还希望获得更高的学历。分性别来看，无论是男孩还是女孩，期望自己的学历为"高中"和"大专"的比例非常少，分别只有1.94%和3.01%。除了期望"本科"层次的学历男孩比例超过女孩外，在"硕士"、"博士"层次的学历期望上，男孩比例均小于女孩比例。交叉表分析发现，男孩、女孩间在最高学历的期望上差异不显著（卡方值为3.843，显著度为0.572）。

　　但从孩子和父母对最高学历的期望情况看（见表6—3），孩子期望"大专"和"高中"的比例为2.51%，父母期望的比例为2.61%，二者之间的差值不大。但从期望学历为"本科"、"硕士"和"博士"的情况看，孩子在"本科"和"硕士"层次上分别高出父母7.3个百分点（28.98%－21.68%）和3.26个百分点（29.34%－25.98%），而到了"博士"层次上，母亲的比例反而高出孩子6.08个百分点（41.68%－35.60%）。这说明，父母比孩子对学历有更高的期望，但实际上反映出来的并不是真正期望孩子去获得更高的学位，而是一种对孩子得到最高、最高教育的希望。

表6—26 孩子期望的最高学历情况

期望的学历	孩子的频数(人)	孩子的比例(%)	男孩的频数(人)	男孩的比例(%)	女孩的频数(人)	女孩的比例(%)
高中	4	0.72	1	0.39	3	1.00
大专	10	1.79	4	1.55	6	2.01
本科	162	28.98	81	31.40	80	26.76
硕士	164	29.34	72	27.91	93	31.10
博士	199	35.60	89	34.50	110	36.79
缺失	20	3.58	11	4.26	7	2.34
合计	559	100.00	258	100.00	299	100.00

　　既然有60.10%（表6—25第3列数据：44.40% + 15.70%）的孩子期望参加高考，而且有64.94%（表6—26第3列数据：29.34% + 35.60%）的孩子期望将来能够获得硕士和博士学历，那么在激烈的高考竞争中，如果高考失败，孩子会采取什么措施予以应对呢？通过观察孩子的应对措施也可以发现其高考意愿的强烈程度。复读显然是很多高考生失败之后做出的第一选择。调查发现，46.33%的孩子认为自己"不会复读"，24.69%的孩子会在考上的"学校不理想"的情况下选择复读，11.45%的孩子会在"没有考上任何学校"的情况下选择复读，16.10%的孩子处于犹豫中，"还没有想好"这件事情。分性别看，男孩选择不会复读的比例为48.84%，女孩为44.48%，男孩高出女孩4个多百分点；在考上的"学校不理想"的情况下选择复读的男孩、女孩的比例分别为24.81%、24.75%，二者差异不大。在"没有考上任何学校"的情况下选择复读的男孩的比例为9.69%，女孩的比例为13.04%，女孩高出男孩3个多百分点。对是否会复读"还没有想好"的男孩和女孩的比例分别为15.12%和17.06%，二者相差不大（见表6—27）。总体上看，在是否会复读的问题上，男孩似乎比女孩更不容易复读，但从交叉表分析上看，二者之间并没有显著差异（卡方值为2.234，显著度为0.525）。

表6—27　　　　　　　孩子选择复读的前提情况分布

复读前提	孩子频数	孩子比例（%）	男孩频数	男孩比例（%）	女孩频数	女孩比例（%）
不会复读	259	46.33	126	48.84	133	44.48
学校不理想	138	24.69	64	24.81	74	24.75
没有考上任何学校	64	11.45	25	9.69	39	13.04
还没有想好	90	16.10	39	15.12	51	17.06
缺失	8	1.43	4	1.55	2	0.67
合计	559	100.00	258	100.00	299	100.00

　　男孩、女孩之所以期望参加高考获取更高的学历，其原因有很多，本书将其归纳为以下六点：读大学可以有好的就业机会；将来可以到国外发展；同龄的伙伴都参加高考；不考大学就落后于时代；考上大学能出人头地；学习成绩很好。调查结果发现，65.46%的孩子考大学是为了将来能有好的就业机会；9.97%的孩子认为不考大学就会落后于时代，同时有8.76%的孩子认为考上大学可以出人头地；8.42%的孩子参加高考是为了将来可以到国外去发展；由于同龄的伙伴而参加高考的比例为5.84%；由于学习成绩很好而参加高考的孩子的比例为1.55%，是所有选项中比例最少的（见图6—9）。

　　为了考察孩子参加高考的意愿，本次调查还询问了孩子对于读书考大学的人生态度。调查发现，"极不赞同""读书是唯一出路"这种说法的孩子的比例为31.84%，"不赞同"的比例为51.88%，二者合计，83.72%的孩子持反对态度，对此持赞同态度的非常少，只有9.12%（表6—28第3列数据：8.23%＋0.89%）。分性别来看，男孩持反对态度的比例为86.04%（表6—28第5列数据：36.82%＋49.22%），女孩持反对态度的比例为82.28%（表6—28第7列数据：27.76%＋54.52%）；男孩持赞同态度的比例为9.30%（表6—28第5列数据：8.14%＋1.16%），女孩持赞同态度的比例为9.03%（表6—28第7列数据：8.36%＋0.67%）。但交叉表分析显示，男孩、女孩在这一问题的认识上没有显著差异（卡方值为7.603，显著

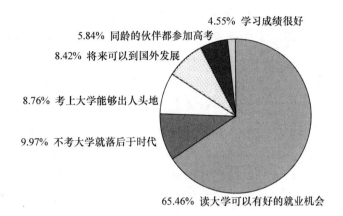

4.55% 学习成绩很好

5.84% 同龄的伙伴都参加高考

8.42% 将来可以到国外发展

8.76% 考上大学能够出人头地

9.97% 不考大学就落后于时代

65.46% 读大学可以有好的就业机会

图6—9　孩子参加高考的理由分布

度为0.107)。

表6—28　　　　**孩子对"读书是唯一出路"的看法**

孩子的看法	孩子的频数	孩子的比例（%）	男孩的频数	男孩的比例（%）	女孩的频数	女孩的比例（%）
极不赞同	178	31.84	95	36.82	83	27.76
不赞同	290	51.88	127	49.22	163	54.52
无所谓	32	5.72	10	3.88	22	7.36
赞同	46	8.23	21	8.14	25	8.36
非常赞同	5	0.89	3	1.16	2	0.67
缺失	8	1.43	2	0.78	4	1.34
合计	559	100.00	258	100.00	299	100.00

二　父母、孩子高考意愿的理论解析

通过分析可以发现，无论是父母还是孩子，其高等教育需求是非常强烈的。这种强烈的高等教育需求意愿来自于哪里？笔者相信，这与父母和孩子的人口特征具有很强的相关性，但不得不承认，参加高考获取更高的教育成就这首先源于每个个体的需求。美国心理学家亚伯拉罕·马斯洛于1943年在《人类激励理论》一文

中提出了"基本需求层次理论"。他把需求分成生理需求、安全需求、归属与爱的需求、尊重需求和自我实现需求五类，依次由较低层次到较高层次排列。马斯洛还认为，在尊重需求与自我实现需求之间还有两种需求：求知的需求和审美的需求。马斯洛认为，在通常情况下，某一层次的需求相对满足了，就会向高一层次的需求发展，追求更高一层次的需求就成为驱使行为的动力。五种需求可以分为两个等级，其中，生理上的需求、安全上的需求和感情上的需求都属于低一级的需求，这些需求通过外部条件就可以满足；而尊重的需求和自我实现的需求是高一级的需求，它们是需要通过内部因素才能满足的，而且一个人对尊重和自我实现的需求是永无止境的。马斯洛还认为，一个国家多数人的需求是有层次结构的，是同这个国家的经济发展水平、科技发展水平、文化和人民受教育的程度直接相关的。

显然，从历史的角度来看，自1977年恢复高考以来，随着80年代改革开放的不断深入发展，人们的物质生活水平有了很大的提高。生理上的需求、安全上的需求和感情上的需求已经渐渐成为人们的低层次需求，人们开始向更高的需求层次前进，即迈向尊重的需求和自我实现的需求以及中间必然经过的求知的需求和审美的需求。无论是尊重的需求、求知的需求、审美的需求还是自我实现的需求，这都离不开教育，即对这些需求的满足首先是对教育的满足。而在经济、科技和文化快速发展的过程中，简单、低层次的教育显然是不能满足人们的需求的，尤其是在改革开放过程中，随着和国际社会交往的日益紧密，普通的初等、中等教育显然无法应对尊重、求知、审美和自我实现的需求。

从数据上看，父母期望孩子参加高考的比例差不多高出孩子期望参加高考比例20%，为什么会有如此大的差距？如果从需求层次理论来解释，那就是父母比孩子更清楚大学对于他们满足尊重、求知、审美和自我实现的需求的重要性。在当前社会环境中，资讯无限丰富，科技突飞猛进，社会竞争不断加大，文化教育从中起到的作用至关重要。因此，高等教育需求的产生在某种程度上是社会、经济快速发展对人的挤压造成的，而不同人口特征对高等教育需求的影响又是怎样的，这正是本节要解决的问题。

三　孩子的人口特征

从性别上来看，接受调查的孩子中男孩有 258 人，占 46.20%，女孩有 299 人，占 53.50%，缺失 2 人，占 0.4%，共计 557 人。从年龄上来看，接受调查的孩子主要出生于 1992—1996 年，其中以 1993 年出生的为最多，几乎占到了被调查者的一半，其次是 1994 年和 1995 年出生的孩子，所占比例分别为 29.0% 和 12.7%。从受调查者的兄弟姐妹数量来看，43.1% 的孩子属于独生子女，没有任何兄弟姐妹；48.8% 的孩子有一个兄弟姐妹，有两个兄弟姐妹的占 5.4%，有三个、四个兄弟姐妹的分别占 0.9% 和 1.1%。从其居住地来看，30.81% 的孩子居住在城市中心区，16.94% 的孩子居住在城乡接合带，52.25% 的孩子居住在农村地区。

从孩子和父母的关系来看，41.16% 的孩子认为自己和父母的关系"非常融洽"，44.22% 的孩子认为"比较融洽"，二者合计为"融洽"的话，占比 85.38%。如果把"不融洽"、"很不融洽"和"非常不融洽"三项合并计算为"不融洽"，三者的比例也仅为 2.34%。分性别来看，男孩认为和父母关系"融洽"的比例为 83.34%，女孩的这一比例为 86.29%，稍高于男孩 3 个百分点。从"不融洽"的比例来看，男孩为 2.33%，女孩也为 2.33%（见表 6—29）。交叉表分析发现，男孩、女孩之间和父母的关系融洽程度没有显著性差异（卡方值为 4.754，显著度为 0.313）。如果和父母所做的与孩子关系融洽程度的评价进行比较可以发现，父母认为融洽的比例为 80.37%，约低于孩子 3 个百分点，父母认为不融洽的比例和孩子认为不融洽的比例相差不大（见表 6—16）。这都说明，孩子和父母对于二者之间关系的评价没有太大的差异，基本上互相印证了对方的评价。

表6—29 　　　　　　　　　　　孩子和父母关系融洽的程度

融洽程度	孩子频数	孩子比例（%）	男孩频数	男孩比例（%）	女孩频数	女孩比例（%）
非常融洽	228	41.16	93	36.05	135	45.15
比较融洽	245	44.22	122	47.29	123	41.14
一般融洽	68	12.27	35	13.57	33	11.04
不融洽	9	1.62	4	1.55	5	1.67
很不融洽	3	0.54	2	0.78	1	0.33
非常不融洽	1	0.18	0	0.00	1	0.33
缺失	0	0.00	2	0.78	1	0.33
合计	554	100.00	258	100.00	299	100.00

关于父母对孩子学习关心的程度，孩子的评价为"非常关心"的占 48.48%，评价为"很关心"的占 32.02%，二者合计为 80.50%；把"一般关心"和"偶尔关心"看作关心程度一般水平，那么这一比例为 17.89%；不关心的比例最低，只有 0.72%，完全可以忽略不计。分性别来看，男孩认为父母"非常关心"的占 50.39%，高于女孩的 47.16%；男孩认为父母"很关心"的占 32.56%，高于女孩的 31.77%。如果把二者合并来看，男孩的比例为 82.95%，女孩的比例为 78.93%，男孩高出女孩 4 个百分点。从关心程度一般的水平看，男孩的关心程度为 16.28%（表6—30 第5列数据：12.79% +3.49%），女孩的关心程度为 19.39%（表6—30 第7列数据：15.38% +4.01%），女孩高出男孩约 3 个百分点。但经过交叉表分析发现，这种差异并不显著（卡方值为 1.812，显著度为 0.770）。

一个很有趣的现象是，父母认为自己对孩子的学习"非常关心"和"很关心"的比例为 71.22%（见表6—20），远低于孩子认为父母"非常关心"和"很关心"自己学习的比例（80.50%）。这说明，尽管父母投入了较大的财力、物力来支持孩子参加高考，但父母对于这些投入显然认为还是不够，从而产生了孩子认为父母已经很关心自己的学习了，而父母却认为没有那么关心。从男孩和父亲的评价中也可以看出这种差异，男孩认为"非常关心"和"很关心"自己学习的比例为 82.95%，父亲相同评价的比例为 77.04%；女孩认为"非常关心"和"很关心"自己学习的比例为 78.93%，母亲相同评价的比例为 75.16%（见表6—20）。

表6—30　　　　　孩子对父母对自己学习关心程度的评价

关心程度	孩子的频数	孩子的比例（%）	男孩的频数	男孩的比例（%）	女孩的频数	女孩的比例（%）
非常关心	271	48.48	130	50.39	141	47.16
很关心	179	32.02	84	32.56	95	31.77
一般关心	79	14.13	33	12.79	46	15.38
偶尔关心	21	3.76	9	3.49	12	4.01
很少关心	4	0.72	1	0.39	3	1.00
缺失	5	0.89	1	0.39	2	0.67
合计	559	100.00	258	100.00	299	100.00

父母这种关心对孩子既产生了重要的学习动力，但同时也更是一种学习的压力。调查发现，认为高考最大的压力来自父母的占 36.31%，认为来自自己的占 41.86%，来自社会的占 13.24%。数据显示，占比最大的是孩子自己，这是可以理解的，因为孩子是具体的高考参与者，在紧张的学习和应考过程中，压力首先来自自己。但同时还应看到，来自父母的压力高达 36.31%，父母越是关心孩子参加高考，孩子来自父母的压力可能就越大。二者的压力相加为 78.17%，因此可以说，高等教育需求主要是孩子和父母共同推动的。分性别来看，认为参加高考的压力主要来自父母和自己的男孩的比例为 74.42%，女孩的比例为 81.94%，女孩高出男孩 7 个百分点，表明女孩来自父母和自己的压力比男孩还要大（见表6—31）。然而，方差分析发现，这种男女差异并不显著（卡方值为 6.666，显著度为 0.247），应该说，无论是男孩还是女孩，参加高考的压力主要是来自父母和自己，二者之间所承受的压力差不多，没有大小之分。

表6—31　　　　　**孩子参加高考最大的压力来源分布**

压力来源	孩子的频数(人)	孩子的比例(%)	男孩的频数(人)	男孩的比例(%)	女孩的频数(人)	女孩的比例(%)
父母	203	36.31	84	32.56	119	39.80
自己	234	41.86	108	41.86	126	42.14
社会	74	13.24	40	15.50	34	11.37
老师	14	2.50	9	3.49	5	1.67
同学	12	2.15	7	2.71	5	1.67
朋友	5	0.89	3	1.16	2	0.67
其他	11	1.97	4	1.55	7	2.34
缺失	6	1.07	3	1.16	1	0.33
合计	559	100.00	258	100.00	299	100.00

孩子的学习成绩在一定程度上也影响了孩子参加高考的意愿，因为学习成绩越好，参加高考的信心越足，参加高考的意愿也就越强烈；学习成绩越差，参加高考的信心越不足，参加高考的意愿也就越冷淡。基于此，本次调查询问了学生对自己学习成绩的评价。表6—32显示了调查结果。从结果上看，认为自己学习成绩"非常好"的只有3.83%，认为"很好"的比例也较低，只有13.66%，二者合计为17.49%。如果把"差"、"很差"和"非常差"都归为"差"的一类的话，15.85%的学生认为自己的成绩"差"。除此之外，大部分孩子认为自己的成绩"一般"，这样的学生的比例占到了66.67%。可见，孩子对自己学习成绩的评价呈正态分布。分性别来看，男孩认为自己学习成绩"好"的比例为17.45%（表6—32第5列数据：5.43% +12.02%），女孩的这一比例为17.06%（表6—32第7列数据：2.34% +14.72%），二者相差无几。但从认为"一般"的比例来看，男孩为61.24%，女孩为69.57%，女孩高出男孩8个百分点。从认为"差"的比例来看，男孩为20.55%（表6—32第5列数据：13.57% +3.49% +3.49%），女孩为12.71%（表6—32第7列数据：9.70% +1.67% +1.34%），男孩高出女孩8个百分点。交叉表分析发现，男孩、女孩之间的这种差异在统计上是显著的（卡方值

为 12.072，显著度为 0.034）。

表 6—32　　　　　　　　　**孩子对自己学习成绩的评价**

成绩评价	孩子的频数	孩子的比例（%）	男孩的频数	男孩的比例（%）	女孩的频数	女孩的比例（%）
非常好	21	3.83	14	5.43	7	2.34
很好	75	13.66	31	12.02	44	14.72
一般	366	66.67	158	61.24	208	69.57
差	62	11.29	35	13.57	29	9.70
很差	13	2.37	9	3.49	5	1.67
非常差	12	2.19	9	3.49	4	1.34
缺失	0	0.00	2	0.78	2	0.67
合计	549	100.00	258	100.00	299	100.00

四　序次逻辑斯蒂回归分析

本节在分析推动高等教育需求的孩子的因素时，所选取的因变量就是孩子希望参加高考的程度，因为孩子期望参加高考的程度实际上就是孩子推动高等教育需求的强度和动力大小。问卷调查中将孩子参加高考的期望分成了五类：非常不希望；不希望；一般希望；很希望；非常希望。这五个层次的希望程度是依次递加的，因此本节所使用的因变量是多分类有序变量，进行定量分析时适合采用序列逻辑斯蒂回归模型。

本书的自变量主要是前面已经分析的变量，包括两类：一类是孩子的个体特征，包括孩子的性别、孩子家庭人口的规模、孩子拥有的兄弟姐妹的数量、孩子的居住地、孩子的学习成绩、孩子高考的压力来源；另外一类是影响孩子参加高考的父母的态度和行动，主要表现在父母对孩子参加高考的期望、父母对孩子学习的关心程度、父母和孩子关系的融洽程度。"高考压力来源"这一变量在问卷调查过程中共设计了七类，本书在此将 3—7 类即"社会"、"老师"、"同学"、"朋友"和"其他"归为一类，即有别于"父母"和"自己"，以此观察除了这两类重要的原因之外其他原因的影响。

本节的研究假设是：

第一，性别。在中国当前社会男孩偏好的观念流行的影响下，男孩也被赋予了接受更多教育的期望，这种期望对男孩产生了巨大的动力，迫使男孩自己比女孩更希望参加高考。

第二，家庭规模。家庭规模大表示家庭人口多，在家庭资源有限的情况下，接受教育的孩子所能分享到的资源就会受到限制，其在高中学习和参加高考的竞争中就会处于劣势，进而影响其参加高考的期望程度。因此，家庭人口越多，其孩子参加高考的期望程度就会越低。

第三，孩子兄弟姐妹的数量。依据资源稀释假说，在家庭资源一定的情况下，孩子数量越少，其分享到的资源就越多，其在高中学习和高考竞争中就越有优势，相应地，其参加高考的期望也会越高。反之，孩子兄弟姐妹的数量越多，其分享到的家庭资源就越少，参加高考的期望就越低。

第四，居住地。居住在城市的孩子比居住在城乡接合带和农村的孩子在高中学习和参加高考的竞争中具有优势，其参加高考的信心更足，期望更大。

第五，学习成绩。学习成绩越好，越希望参加高考；学习成绩越差，越不希望参加高考。

第六，父母的态度。父母越是支持孩子参加高考，孩子参加高考的期望越高；父母对孩子参加高考的态度越是冷淡，孩子参加高考的期望就越低。

第七，父母对孩子学习的关心程度。父母对孩子的学习越是关心，孩子越期望参加高考；父母对孩子的学习越是不关心，孩子越不期望参加高考。

第八，孩子和父母的关系。孩子和父母的关系越融洽，父母越容易支持孩子参加高考，孩子参加高考的期望就越高；孩子和父母的关系越不融洽，父母越不容易支持孩子参加高考，孩子参加高考的期望就越低。

第九，孩子高考的压力来源。父母对孩子参加高考越施加压力，孩子参加高考的动力就越大，也就越期望参加高考；父母对孩子参加高考不施加压力，孩子参加高考的动力就越小，也就越不期望参加高考。

表6—33是回归结果。从结果上看，模型的拟合优度不是很高，但模型是显著的。从性别上看，男孩和女孩之间对高等教育机会的期望没有显著差异，性别不是高等教育需求的影响变量。在经过了十几年的学校教育后，无论是男孩还是女孩，对于是否参加高考读大学本质上选择是差不多的，期望程度也不会有太大的差距。家庭规模也不是影响孩子参加高考期望的显著变量，在当前中国经济快速发展的背景下，对于一个家庭来说，家庭资源在孩子受教育过程中的分配不是"有"和"无"的区别，而是"多"和"少"的区别。因此，无论家庭人口多与少，其对孩子参加高考的期望影响都不大。

从孩子兄弟姐妹的数量来看，其对孩子参加高考的期望具有显著的影响。随着孩子兄弟姐妹数量的增多，孩子参加高考的期望程度越高。这与本节的研究假设不一致，假设认为，兄弟姐妹的数量越多，孩子参加高考的期望越低。之所以产生这种背离，原因主要是，在家庭资源有限的情况下，孩子数量越多，其所获得的家庭资源越有限，孩子间的竞争就越大，其希望通过高考读大学，进而获得更好的人生发展的动机就越强烈。比较而言，没有任何兄弟姐妹的独生子女的高考意愿表现得不强烈，就是因为家庭资源在某种程度上来说都是他一个人的，没有任何"忧患"意识，其参加高考与否对其产生的压力不大。回归结果与研究假设不一致，并不是假设存在问题，而是假设的对象发生了变化。对于父母来说，在家庭资源一定的情况下，子女越多，越不希望其参加高考，因为那样会消耗更多的家庭资源；而对于孩子来说，兄弟姐妹越多，越希望自己利用有限的家庭资源获得更高的教育成就，进而实现自身更大的发展。

从孩子的居住地来看，其对孩子参加高考的期望具有显著的影响。从其参数的符号上来看，为负值，表明居住在农村的孩子与居住在城市和城乡接合带的孩子相比，其参加高考的期望程度要低。从参数大小上看，居住在农村的孩子的高考期望是城市孩子的94.5%，是城乡接合带孩子的 67.1%，说明居住在城乡接合带的孩子的高考期望高于居住在城市的孩子。这一点仍然可以通过家庭资源稀释假说来解释。城市家庭比农村家庭具有更高的经济收入能力，家庭资源更丰富，其对孩子参加高考的支持能力更强，这是很容易理解的。但为什么城乡接合带的孩子要比城市的孩子具有更高的参加高考的期望呢？这从家庭资源水平上来分析就可以解释清楚。城乡接合带既属于农村也属于城市，但其最终是属于城市的。居住在这些地带的孩子除了具有农村孩子学习刻苦、勤奋等品质外，还比农村孩子更能接触到城市丰富的信息，具有更广阔的眼界和思维。此外，在中国城市化快速发展的今天，城乡接合带的变迁往往是随着拆迁进行的，而拆迁往往伴随着巨额的补偿，这些补偿以及等待拆迁获取高额补偿的期待，使得这些家庭的孩子更有能力在参加高考的道路上"武装"自己，因而就有更高的参加高考的期望。

　　研究假设认为，孩子学习成绩越好，其参加高考的意愿越强，反之越弱。但从回归结果上看，假设并没有得到完全证实。在相同的条件下，学习成绩"非常好"的孩子是学习成绩"非常差"的孩子参加高考期望程度的两倍，但在其他学习成绩层次上，并没有类似显著的影响。这说明两个问题：第一，学习成绩不是孩子参加高考期望程度的重要影响变量；第二，只有学习成绩"非常好"的学生和"非常差"的学生在参加高考的期望上存在差异，而无论是感觉自己学习成绩"差"、"很差"，还是感觉"一般"、"很好"，都有差不多的参加高考的期望程度，即都要全力以赴迎战高考。

表6—33　孩子人口特征与参加高等教育需求意愿的序次逻辑斯蒂回归结果

自变量	自变量分类	参数估值	标准误	Wald	显著度	95% 置信区间	
						下限	上限
高等教育需求意愿	[B1=1]	0.775	1.753	0.196	0.658	-2.661	4.211
	[B1=2]	1.506	1.755	0.737	0.391	-1.933	4.946
	[B1=3]	2.982	1.760	2.870	0.090	-0.468	6.431
	[B1=4]	3.734	1.762	4.492	0.034	0.281	7.186

续表

自变量	自变量分类	参数估值	标准误	Wald	显著度	95%置信区间	
						下限	上限
性别	男	0.040	0.181	0.048	0.826	-0.316	0.396
	女	0.000	.	.	.	.	.
家庭规模	三口	1.021	0.859	1.413	0.235	-0.663	2.705
	四口	0.546	0.817	0.447	0.504	-1.055	2.147
	五口	0.253	0.852	0.088	0.766	-1.418	1.924
	六口	0.343	0.915	0.140	0.708	-1.452	2.137
	七口及以上	0.000	.	.	.	.	.
兄弟姐妹数量	没有	1.785	0.812	4.839	0.028	0.195	3.376
	一个	1.893	0.821	5.308	0.021	0.283	3.503
	两个	2.858	0.905	9.962	0.002	1.083	4.632
	三个	2.897	1.224	5.605	0.018	0.499	5.295
	四个及以上	0.000	.	.	.	.	.
居住地	城市中心区	-0.945	0.199	22.585	0.000	-1.334	-0.555
	城乡接合带	-0.671	0.232	8.348	0.004	-1.126	-0.216
	农村	0.000	.	.	.	.	.
学习成绩	非常差	-2.042	0.734	7.744	0.005	-3.480	-0.604
	很差	-1.118	0.722	2.394	0.122	-2.534	0.298
	差	-0.741	0.544	1.859	0.173	-1.807	0.324
	一般	-0.536	0.497	1.167	0.280	-1.510	0.437
	很好	-0.250	0.535	0.218	0.641	-1.299	0.799
	非常好	0.000	.	.	.	.	.
父母态度	不支持	1.416	1.409	1.010	0.315	-1.346	4.179
	无所谓	0.544	1.402	0.151	0.698	-2.204	3.292
	父亲支持母亲不支持	2.612	1.777	2.159	0.142	-0.872	6.095
	母亲支持父亲不支持	0.000	.	.	.	.	.

续表

自变量	自变量分类	参数估值	标准误	Wald	显著度	95%置信区间	
						下限	上限
父母关心程度	很少关心	0.182	1.004	0.033	0.856	-1.786	2.151
	偶尔关心	-1.153	0.461	6.266	0.012	-2.056	-0.250
	一般关心	-0.499	0.262	3.632	0.057	-1.012	0.014
	很关心	-0.289	0.193	2.235	0.135	-0.667	0.090
	非常关心	0.000	.	.	.	.	.
和父母关系	很不融洽	0.593	1.050	0.318	0.573	-1.466	2.651
	不融洽	0.336	0.710	0.224	0.636	-1.055	1.727
	一般融洽	-0.559	0.282	3.923	0.048	-1.111	-0.006
	比较融洽	-0.221	0.190	1.354	0.245	-0.593	0.151
	非常融洽	0.000	.	.	.	.	.
高考压力来源	父母	-0.017	0.229	0.006	0.939	-0.466	0.431
	自己	0.728	0.231	9.954	0.002	0.276	1.180
	其他	0.000	.	.	.	.	.
模型	-2对数似然值	1188.641					
	卡方值	116.110					
	Cox and Snell	0.195					
	Nagelkerke	0.208					
	McFadden	0.078					
	显著度	0.000					
	自由度	30					

　　本节假设认为，父母对孩子参加高考的态度越支持、对孩子的学习越关心和父母的关系越融洽，孩子参加高考的期望就越高。但回归结果发现，父母对孩子是否支持的态度对于孩子参加高考的期望没有显著的影响作用；而父母对孩子学习的关心以及与孩子之间的关系并不是完全影响孩子参加高考的期望程度。具体来说，"非常关心"孩子学习的父母和"一般关心"孩子学习的父母相比，前者孩子参加高考的期望程度是后者孩子的1.15倍；和父母关系"非常融洽"的孩子参加高考的期望程度是和父母关系"一般融洽"的孩子的0.56

倍。而在其他层次的关心程度和融洽程度上都没有相应显著的关系。因此可以说，无论是父母的态度，还是父母对孩子学习的关心程度以及和孩子关系的融洽程度，都没有对孩子参加高考的期望产生重要影响。从变量"高考压力来源"来看，父母对孩子参加高考带来的压力并没有对孩子参加高考产生显著的影响，而孩子给自己参加高考带来的压力却对自己参加高考的期望程度产生了显著的影响，也就是说，孩子参加高考的最大压力不是来自父母，而是来自自己。这就表明，父母对孩子参加高考与否所起到的作用并不大。当代孩子的个性很强，具有独立处理自己"人生大事"的意愿。

第七章　中国高等教育需求的趋势分析

　　本书第三章是对高等教育需求的测量，第四章、第五章和第六章分别利用宏观、微观数据从父母、家庭和孩子三个角度分析了其在高等教育需求的发展过程中所起到的作用，但高等教育需求的趋势是怎样的？父母、家庭和孩子对高等教育需求的影响持续性如何？尽管前面的分析已经证明，父母、家庭和孩子的人口特征对高等教育需求起到了推动作用，但高等教育需求的产生和发展除了上述参与者自身的特征变量的影响外，显然还有其他的因素在起作用，这些因素除了推动高等教育需求的发展外，在某些条件发生变化的情况下也可能向阻碍高等教育需求的方向发展。例如：高考招生政策的变动，假设高考政策进一步放宽，招生规模继续扩大，那么高等教育需求还会继续表现出较强烈的症状；假设高考政策开始收紧，招生规模开始萎缩，那么高等教育需求会表现出萎缩的症状。但本书主要是从人口变动的视角对高等教育需求进行分析，所以对上述随机变量的影响不予关注。

　　然而，人口变动的作用也是如此，和高考政策的这些作用有相同之处，在某些条件发生变化的情况下，也会对高等教育需求产生大小不等的影响，或者作用力相反的影响，即在某些时刻推动其发展，也会在某一时刻发生转向，阻碍其发展。本章正是从这个层面出发，通过对人口变动进行考察，进一步发现其对高等教育需求的影响，预测高等教育需求的发展趋势。

第一节　高考学生的数量分析

　　高等教育需求之所以持续扩大，首先主要是因为社会各界对高考报名人数的关注，即高考报名人数在 2008 年达到历史最高点 1050 万人之后，从 2009 年开始处于下降态势（图 7—1 中的圆圈处所示）。而实际上，高等教育需求不是一下子就迅速扩大起来的，但之前持续扩大的过程（图 7—1 中的箭头所示）并没有引起人们的重视和关注，反而是高考报名人数的突然减少，引起了人们对高等教育需求的探讨以及对高等教育需求的关注。那么，高等教育需求还会继续扩大下去吗？是在如图 7—1 所示的圆圈处继续下行，继续确认需求减少的走势，还是会跳出如图 7—1 所示的圆圈继续沿箭头的趋势向上，重拾需求扩大走势？

　　当然，本书第三章已经分析过，高考报名人数这一指标是绝对量指标，单纯的高考报名人数的增加和减少并不能很好地测量高等教育需求与"高考冷"。因此，本章将使用绝对量和相对量、定性和定量指标详细分析高等教育需求的趋势。

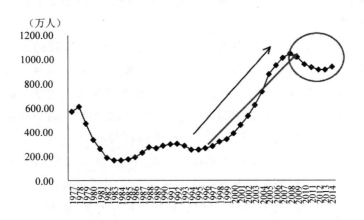

图 7—1　历年高考报名人数的变化情况

　　在对高等教育需求开始减少的原因的探讨中，最有分量的探讨就是生源数量的减少，尤其是出生人口的减少。从绝对量上来说，高考生源的减少，进一步来说出生人口的减少，是对高等教育需求开始减少起决定性作用的变量。

一　学龄儿童数量减少的影响

　　从在校生数量上来看，小学生的数量肯定要大于初中生的数量，初中生的数量大于高中生的数量，这主要有两个原因：一是教育发展的规律决定的，即只有读完了小学才能读初中，读完了初中才能读高中；二是学制的原因，即小学是5—6年的时间，初中和高中各只有3年的时间。但高中生的数量是不是一定会大于大学生的数量呢？在目前来看，这不是绝对的，原因也有两个：第一，学制的原因，高中只有3年的时间，虽然部分高等专科学校是2—3年的时间，但大部分的本科高等学校的学制是4年，此外这些学校还包括了4年制的硕士研究生和博士研究生的数量。第二，参加高考的主体发生了变化，在过去一段时间，只有高中生才能报考大学入学考试，而现在报考政策做了较大幅度的调整，普通中学、职业中学的学生也可以报考，所以普通高等学校所招收的学生就不仅仅是高中生了。

　　基于上述分析可以发现，如果某一年小学教育阶段的在校生数量很大，那么这一较大的学生"基数"就会在之后几年"过渡"到初中教育阶段，初中教育阶段的这一较大"基数"的学生数量也会在之后几年"过渡"到高中教育阶段，以此类推，高中教育阶段的这一部分学生最终会"过渡"到普通高等教育阶段。当然，在"过渡"的过程中，这一"基数"是在不断缩小的，因为期间会有弃学、辍学、弃考等情况发生，但这并不影响其对后续教育阶段较大的影响作用。图7—2是小学、初中、高中和普通高等学校在校生数的变化情况，从图7—2中可以清晰地看到这种"基数"的形成和变化过程。

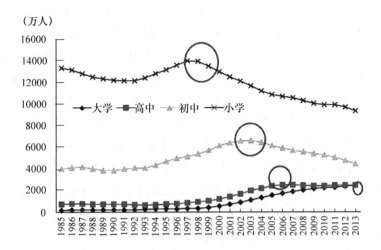

图7—2　小学、初中、高中和普通高等学校在校生数的比较

资料来源：据《中国统计年鉴（2014）》中的数据整理绘制。

　　图7—3显示了1991—1997年学龄儿童数较快增加的历史阶段与其后续教育阶段学生数的增加情况的比较。从图7—3中可以发现，小学生在校生数增加较快的年份为1991—1997年，从1991年的相对低点1.22亿人增加到了1997年的历史高点1.40亿人，即在6年的时间里增加了1831万人，平均每年增加305万人，年均增长率为2.51%。1991—1997年这一不断增加的庞大的学生"基数"对后来教育阶段的学生数量产生了重要影响。1991—1997年就读小学的学生最快在1991年即可考入初中教育阶段就读，最晚的在2003年也可以进入初中教育阶段就读。观察初中教育阶段在校生数的变化可以发现，1991—2003年，初中教育阶段的在校生数正处于强势增长中。1991年，初中教育阶段的在校生数为3960.6万人，2003年为人数最多的年份，为6618.4万人，即在12年的时间里增加了2657.8万人，平均每年增加221.48万人，年均增长率为5.59%。同理，1991—1997年小学教育阶段的在校生，最快在1994年即可升入高中教育阶

段读书，最晚也会在 2006 年进入高中教育阶段。从图 7—2 中可以看出，1994—2006 年正是高中教育阶段在校生数最多的年份，且处于不断增加的态势。1994 年，高中教育阶段在校生数为 664.9 万人，2006 年这一数字为 2514.5 万人，差不多是历史最高位，即在 12 年的时间里增加了 1849.6 万人，平均每年增加 154.13 万人，年均增长率为 23.18%。顺推下去，1991—1997 年小学教育阶段的在校生，最快在 1997 年即可参加高考，进入普通高等教育阶段学习，最晚也会在 2009 年进入普通高等教育阶段。通过对普通高等学校在校生数的变化进行观察可以发现，1997—2009 年普通高等教育阶段的在校生数处于较快速度的增长中，从 1997 年的 317.4 万人增加到了 2009 年的 2144.7 万人，即在 12 年的时间里增加了 1827.30 万人，平均每年增加 152.27 万人，年均增长率为 47.97%。

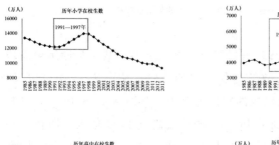
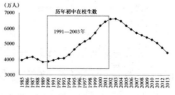

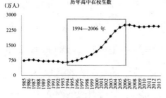
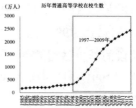

图 7—3　历年小学、初中、高中和普通高等学校在校生数
资料来源：据《中国统计年鉴（2014）》中的数据整理绘制。

以上分析了 1991—1997 年学龄儿童数量较快增加的历史阶段对

后续教育阶段学生数的影响，那么学龄儿童数量较快减少的历史阶段对后续教育阶段学生数的影响是怎样的呢？依据前面分析的"基数"通过不断转化慢慢"过渡"到后续教育阶段的规律，可以肯定，其减少的历史阶段将对后续教育阶段产生深刻、重要的影响，即不断削减的学龄儿童数量将对未来后续教育阶段的在校生数产生重要的削弱作用。

从图7—2中可以发现，在小学教育阶段，从1998年开始，在校生数量就开始下降，从1.40亿人下降到2009年的0.94亿人，11年的时间里减少了4635万人，平均每年减少933万人，年均减少6.67％。从图7—2和图7—3中可以发现，小学教育阶段在1998—2009年不断下降的在校生数对后续教育阶段的在校生数产生了重要的影响，直接减少了其在校生数。大致可以推测，1998—2009年就读小学的在校学生最快可在1998年考入初中教育阶段就读，最晚的在2014年也可以进入初中教育阶段就读。观察初中教育阶段在校生数的变化可以发现，从2004年，初中教育阶段的在校生数就开始下降，一直持续到2009年，可以有把握地判断，在2014年之前，初中教育阶段的在校生数是绝对不可能出现增加的现象的，因为1998—2009年就读小学的在校学生最晚会在2014年进入初中教育阶段之前，在这一批学生没有进入初中教育阶段之前，下降趋势显然是不可能改变的。同理，1998—2009年小学教育阶段的在校生最快会在2001年，最晚会在2018年进入初中教育阶段。观察初中教育阶段在校生的数量可以发现，从2004年开始，在校生的数量开始出现下降，从6475.0万人下降到了2013年的4440.9万人，9年的时间下降了2034.9万人，平均每年减少226.1万人，年均减少3.5％。而且，可以很有把握地判断，在2018年之前，这种高中教育阶段在校生数量的下降趋势是不会改变的。以此类推，1998—2009年小学教育阶段的在校生最快会在2004年，最晚会在2021年进入普通高等教育阶段。观察普通高等教育阶段在校生的数量可以发现，类似前面在校生数量下降的现象还没有出现，然而尽管其在校生数一直处于增加的态势，但通过计算其年增长率可以发现，其增长速度从2000年开始是

逐年下降的。2000 年，其增长率为 34.52%，但 2005 年即降为
17.12%，而到了 2013 年这一比例更是降为了 3.21%（见图 7—4）。
因此，有理由相信，其增长率还将进一步降低，并出现负增长，最终
导致普通高等学校在校生数出现下降，而且这种下降一旦出现，至少
会持续到 2021 年。

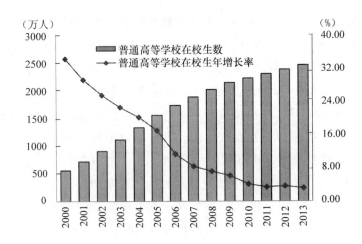

图 7—4　2000 年以来普通高等学校在校生数及其增长率的比较

资料来源：据《中国统计年鉴（2014）》中的数据整理绘制。

从图 7—2 中还可以看到，无论是小学、初中还是高中教育阶段
的在校生人数，都已经出现了下降趋势，前文已经详述了小学教育阶
段在校生数的增加和减少的变化对初中、高中和普通高等教育阶段在
校生数的影响，实际上，这种影响是通过不同层级的影响反映出来
的，即小学教育阶段在校生数的增减变化影响了初中教育阶段在校生
数的变化，而初中教育阶段又影响到了高中教育阶段，高中教育阶段
最后将影响传递到了普通高等教育阶段。因此，前一级教育阶段在校
生数的增减变化对后一级教育阶段的影响是有时间滞后效应的，但这
种时间滞后效应会随着教育阶段层级的不断升高而趋于扩大，最终也
就导致不同层级教育阶段在校生数之间差距的缩小。从图 7—2 中可

以看出，小学和初中教育阶段在校生数之间的差值要大于初中和高中教育阶段，而初中和高中教育阶段在校生数之间的差值又大于高中和普通高等教育阶段的差值。无论在校生数增加还是减少，不同层级教育阶段间的差异都遵循这样的变化。因此，高中和普通高等教育阶段在校生数的差值是所有差值中最小的。

由于普通高等教育阶段处于最高层级，因此其前面不同层级教育阶段在校生数的减少最终都影响到其在校生数。又由于它和高中教育阶段在校生数之间的差距是最小的，所以如果按照现在在校生数下降的趋势继续延续下去的话，高中教育阶段的在校生数将最快少于普通高等学校的在校生数。从图7—2中已经可以看出这种迹象。四条曲线中，只有普通高等教育阶段在校生数的曲线呈上升趋势，其余三条曲线一致朝图中右下角延伸，高中教育阶段在校生数的曲线将最快下降至越过普通高等教育阶段在校生数的曲线。数据显示，2004年高中教育阶段的在校生数超过普通高等教育阶段在校生数886.90万人，但随后2005—2013年这一数值一致呈现下降趋势，其数值分别为847.3万人、775.7万人、637.5万人、455.3万人、289.6万人、195.5万人、146.3万人、75.9万人和 − 14.2万人，即2013年普通高校在校生人数首次超过了高中在校生人数，这一变化具有重要的意义，表明生源数量急剧减少，高等教育需求下降的趋势不可避免。

以上是利用在校生数这个指标进行的分析，由于每个层级教育阶段的学习年制不同，最短的也有3年，所以每个层级教育阶段学生的在校生数量庞大，一下子难以看出其变化。然而，如果使用招生数就可以更清楚地看出学校生源的变化。图7—5是历年小学、初中、高中和大学的招生人数。从图7—5中可以看出，尽管大学招生人数还保持增加的态势，但小学、初中和高中的招生人数已经开始下降，更重要的是，小学的招生人数早在1999年就低于初中的招生人数了。从常理上来说，这是不正常的事情，因为尽管有九年制义务教育的法律法规约束，但初中每年的招生人数肯定要小于小学每年的招生人数。之所以会出现这种现象，主要还是小学招生人数快速下降造成的。小学招生人数快速下降的影响，将很快会波及初中，进而波及高中，最后影响高等教育需求。

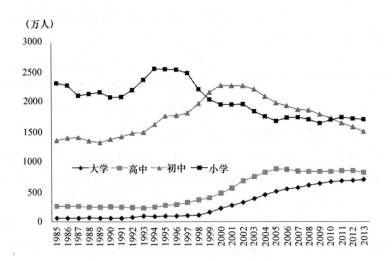

图 7—5　小学、初中、高中和大学招生人数比较

资料来源：据《中国统计年鉴（2010）》中的数据整理绘制。

　　小学招生人数的变化及其影响还可以通过小学和初中学校的数量表现出来。图 7—6 是 1978—2013 年小学和初中学校数量的变化情况。从图 7—6 中可以看出，小学学校数量从 1978 年以来几乎一直处于减少的状态。1978 年，中国小学学校数量为 949323 所，而到了 2013 年，这一数量仅为 213529 所了，35 年的时间里减少了 735794 所，平均每年减少 21022 多所。如果换算到每一天，平均每天将近有 60 所小学学校消失。小学学校的数量首先对初中学校的数量产生影响。从 1978 年起，初中学校的数量也开始减少了，这一状况一直持续到了 2013 年。1978 年，初中学校的数量为 113130 所，2013 年这一数字是 52804 所，即在 35 年的时间里减少了 60326 所，平均每年减少 1723 所。如果也换算成每一天，平均每天将近有 5 所初中学校消失。很明显，这种影响将顺次传递到高中学校，最后传递到大学学校。学校数量的下降归根结底是由入学学生的数量引起的，将来学龄儿童入学数量的减少将导致大学数量减少是完全有可能的，只是时间问题。

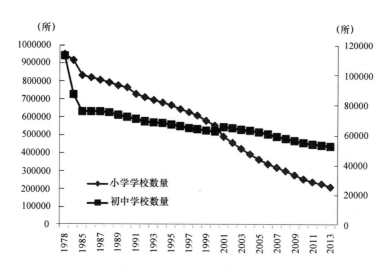

图7—6　1978—2013年小学和初中学校数量的变化情况

资料来源：据《中国统计年鉴（2014）》中的数据整理绘制。

二　出生人口减少的影响

前面主要分析了学龄儿童在校生数对后续教育阶段在校生数的影响，而实际上，学龄儿童并不是影响后续教育阶段在校生数的最终决定力量，最终的决定力量是每年出生的孩子数。在一般正常的情况下，出生的孩子越多，就学的孩子也就越多，将来参加高考的学生数量也就越多。新中国成立以来，有两次大的生育高峰期，一次是在1962—1972年，即如图7—7中圆圈1所示。在这11年间，新出生人口最少的年份是1962年，为2490.59万人，最多的年份是1963年，为2999.99万人，平均每年新出生人口为2700万人。另一次生育高峰期在1979—1987年，如图7—7中圆圈2所示。在这9年间，新出生人口最少的年份是1979年，为1738.20万人，最多的年份是1987年，为2549.97万人，平均每年新出生人口为2137.54万人。实际上，这一时期不应该称为生育高峰期，更准确地说应该是生育高速增长期。比较这两个生育高峰期，第二个生育高峰期虽然处于较快的增长中，但其总量水平显然是与第一个生育高峰期无法相比的。第二个生育高峰期出生人口最多的年份为 2549 万人，而这个水平仅仅处于第一个生育高峰期的下限水平；从平均水平上来看，第一个生育高峰期的出生人口数为 2700 万人，第二个生育高峰期的出生人口数为 2137 万人，二者平均每年相差 500 多万人。

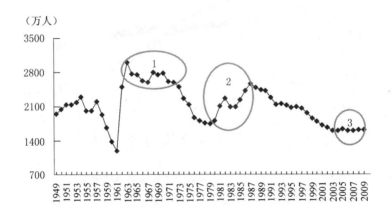

图 7—7　新中国成立以来历年出生人口数

资料来源：据《中国统计年鉴（2010）》中的数据计算绘制。

那么，新出生人口的数量和参加高考的学生数量之间有什么关系？如图 7—5 中圆圈 1 和圆圈 2 所示的两次生育高峰，对参加高考的学生数量有什么影响？在回答这两个问题之前，先假设绝大多数的孩子是在 19 岁参加高考的，那么根据其参加高考的年份可以推算出其出生的大致年份（表 7—1 第 4 列数据）。假设绝大多数的孩子 16 岁开始读高中，那么通过第 4 列数据就可以算出孩子读高中的年份（表 7—1 第 7 列数据）。这样，表 7—1 就有了出生人口数（表 7—1 第 5 列数据）、高中招生数（表 7—1 第 8 列数据）和高考报名人数（表 7—1 第 2 列数据），这三列数据可以看作一个队列群体的数据，即其出生后在 16 岁读高中、在 19 岁参加高考的队列人数。

表 7—1　　　　　孩子出生的数量与高考报名的人数比较

高考年份	报名人数(万人)	假设高考年龄(岁)	孩子出生年份	出生人口(万人)	假设读高中年龄(岁)	读高中年份	高中招生数(万人)
1977	570.00	19	1958	1928.34	16	1974	—
1978	610.26	19	1959	1665.39	16	1975	—
1979	468.48	19	1960	1381.08	16	1976	—
1980	332.79	19	1961	1186.78	16	1977	—
1981	258.90	19	1962	2490.59	16	1978	692.90
1982	186.70	19	1963	2999.99	16	1979	614.10
1983	167.27	19	1964	2759.33	16	1980	383.40
1984	164.36	19	1965	2747.74	16	1981	327.80
1985	175.90	19	1966	2612.70	16	1982	279.30
1986	191.43	19	1967	2593.46	16	1983	259.80
1987	227.51	19	1968	2795.03	16	1984	262.30
1988	271.64	19	1969	2751.69	16	1985	257.50
1989	266.21	19	1970	2774.42	16	1986	257.30
1990	283.28	19	1971	2604.60	16	1987	255.20
1991	295.63	19	1972	2595.26	16	1988	244.30
1992	302.64	19	1973	2491.66	16	1989	242.10
1993	286.14	19	1974	2255.12	16	1990	249.80
1994	250.81	19	1975	2126.58	16	1991	243.80
1995	253.08	19	1976	1865.91	16	1992	234.70
1996	264.23	19	1977	1797.86	16	1993	228.30
1997	280.69	19	1978	1756.73	16	1994	243.40
1998	316.01	19	1979	1738.20	16	1995	273.60
1999	337.32	19	1980	1797.42	16	1996	282.20
2000	389.00	19	1981	2092.51	16	1997	322.60
2001	457.99	19	1982	2264.85	16	1998	359.60
2002	530.76	19	1983	2079.73	16	1999	396.30

续表

高考年份	报名人数(万人)	假设高考年龄(岁)	孩子出生年份	出生人口(万人)	假设读高中年龄(岁)	读高中年份	高中招生数(万人)
2003	620.69	19	1984	2076.70	16	2000	472.69
2004	731.47	19	1985	2227.11	16	2001	557.98
2005	876.81	19	1986	2411.38	16	2002	676.70
2006	950.00	19	1987	2549.97	16	2003	752.10
2007	1010.00	19	1988	2483.65	16	2004	821.50
2008	1050.00	19	1989	2432.15	16	2005	877.73
2009	1020.00	19	1990	2407.85	16	2006	871.20
2010	957.00	19	1991	2279.40	16	2007	840.16
2011	933.00	19	1992	2137.20	16	2008	837.01
2012	—	19	1993	2143.97	16	2009	830.34

资料来源：历年高考报名人数来自《中国教育统计年鉴（2002—2009）》和胡平《从普通高等学校招生统一考试看中国女子接受高等教育的发展趋势》[《南京师大学报》（社会科学版）1996年增刊]中的数据整理绘制；出生人数及高中招生人数来自《中国统计年鉴（2001）》和《中国统计年鉴（2010）》。

　　图7—8是1958—1993年同年出生的一批人进入高中和参加高考的人数情况。例如，1965年出生人口数为2747.74万人，这一批人在1981年进入高中读书，人数为327.80万人，在1984年参加高考，人数为258.90万人，以此类推。当然，这只是假设的队列人数，不是真正的队列人数，其数值是一个粗略的估算数，可能和真正实际的人数存在较大误差，但不影响本书对其趋势和相关关系的判断。此外，由于1977年至1983年的高考报名人数受恢复高考之初报名人数不稳定和不规律的影响，本书将其排除在外。从图7—8中可以看出，尽管1965—1972年出生人口数量很大，但这一批出生人口在相应年份就读高中和参加高考的报名人数并未像出生人口数量一样在整个历史时期处于最高点，单就高考报名人数来看，具有增加的趋势，但就高中招生人数来看，其规模不是增加，而是处于下降态势。如果将观察视角再放大一点，从1972年再扩大到1979年，虽然这一时期新出生人口的数量处于较高的水平，但其总的趋势是下降的。如果单就这

一历史时期来看，新出生人口的数量和高中招生人数具有相同的趋势，和高考报名人数具有相反的趋势。

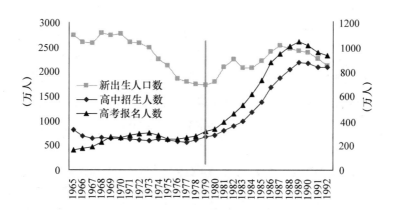

图 7—8　新出生队列人口的高中招生人数和高考报名人数

资料来源：据表 7—1 中的数据绘制。

　　如果以 1965—1979 年这一队列人口的高考报名人数为因变量，以这一队列的出生人口数和高中招生数作为自变量进行回归，可以发现，这一队列的出生人口数和高中招生数与其高考报名数具有较好的统计相关关系，结果见表 7—2 中的"模型一"。模型一表明，队列的高考报名人数受到了出生人口数和高考报名人数的影响，但其与出生人口数之间具有负向的统计关系（Beta 系数为 - 0.086），表明出生人口数的下降导致了报名人数的增长；与高中招生人数具有正向的统计关系（Beta 系数为 0.986），表明高中招生人数的增加导致了高考报名人数的增加。对于后者的关系，是很容易理解的，高中招生越多，报名参加考试的人数就会越多，但对于前者，这是不容易理解的。一般而言，出生的人口数越多，报名参加高考的人数应该是越多的，而出生人口数越少，报名参加高考的人数应该是越少的，但为什么出现了相反的现象呢？这其中固然有其他更深层次的原因，但如果从人口学中寻找原因，那就要从人口变动的内部规律出发来寻找。引起人口变动最重要的原因就是生育率的变化，再进一步讲，就是生育水平的影响。1965—1979 年总的出生人口是在减少的，从生育水平上来说，妇女总和生育率的下降更是剧烈，这一时期的妇女总和生育率在 1965—1968 年维持在 6 以上的水平，在 1969—1971 年维持在 5—6 之间，1972—1974 年维持在 4—5 之间，1975—1976 年维持在 2—3 之间，1977—1979 年维持在 2—3 之间。可见，整个妇女总和生育率的下降几乎是成倍数式的，在妇女总和生育率接近更替水平时，每个家庭所拥有的资源所对应的孩子数越来越少，其支持孩子参加高考的动力也就在不断增强，从而导致了高考报名人数的增加。

表7—2　队列出生人口数与高中招生数和高考报名数的回归分析

自变量	模型一				模型二			
	Beta 系数	B	标准误差	显著度	Beta 系数	B	标准误差	显著度
出生人口数	−0.086	−0.081	0.036	0.033	0.155	0.191	0.065	0.015
高中招生数	0.986	1.275	0.049	0.000	0.875	0.992	0.059	0.000
调整的拟合优度	0.961				0.991			
估计的标准误差	61.17				21.198			
F 值	336.011				389.166			
显著度	0.000				0.000			

　　观察图7—8 中竖线右侧的图形可以发现，自 1979 年之后，中国经历了一次较大的生育高峰，一直持续到 1987 年，这一时期出生人口显著增加，而这一队列相对应的高中招生人数和高考报名人数也呈现了相应的增加趋势。表7—2 中的"模型二"对出生人口数和高中招生数与高考报名人数之间的统计关系进行了回归分析，结果发现，出生人口数和高中招生数对高考报名数具有显著的正向作用（Beta系数分别为 0.155 和 0.875），出生人口数的增加显著推动了高中招生数和高考报名数的增加。同前理，对高中招生数的影响不言而喻，而对后者的影响为什么比 1979 年前的情况发生了根本性的改变呢？对于这一点，依然需要从妇女总和生育率上来寻找原因。尽管这一时

期出生人口数显著增加，但妇女总和生育率并没有增加多少，1980—1987 年的妇女总和生育率一直在 2.20—2.86 之间徘徊，即在更替水平附近。随着改革开放的深入，经济水平不断提高，家庭资源趋于丰富，对孩子参加高考的支持能力逐渐增强，在高校扩招的时代背景下，高考报名人数也随之不断增加。

既然出生人口数和高中招生人数对高考报名人数具有显著的影响作用，那么随着出生人口数和高中招生人数的减少，高考报名人数会发生怎样的变化？1990 年以来，中国的妇女总和生育率降至更替水平以下，平均每个家庭的孩子数在显著减少，其对高考报名人数会有正向的推动作用，这种推动作用主要体现在每个家庭孩子父母的意愿和行动上，但从图 7—7 所示的 1988—2003 年出生人口数持续下降的趋势看，其对高考报名人数的影响将超过前者。1988 年新出生的人口如果在 19 岁左右参加高考，其参加高考的年份正是 2007 年前后。从高考报名人数上来说，2008 年在达到历史高点 1050 万人之后就开始处于下降态势，那么在 1988—2003 年开始的这一段较长时间的出生人口下降过程，毫无疑问将直接影响到未来各年的高考报名人数，而且这一时期将和 1988—2003 年的历史时期一样长，即 15 年左右的时间。如果从 2008 年开始算的话，也就是说，高考报名人数要下降到 2023 年左右。

图 7—7 所示的圆圈 3 表明，2004—2009 年新出生人口一直徘徊在 1500 万人左右，虽然这对于长时间减少的出生人口规模来说是一件好事，但这对增加高考报名人数来说是不可能的，顶多迫使其在 2023 年停止下降并趋于稳定。然而，从图 7—2 所示的近几年的高中在校生数和图 7—8 所示的近几年的高中招生人数中可以看出，下降趋势已经开始，高考报名人数在出生人数下降和停滞的过程中持续下降的可能性更大。

第二节　高等教育需求意愿的分析

上一节主要是从人口变动，尤其是从出生人口、学龄儿童人口以及高中招生数、在校生数的增减变化的视角分析了其对高考报名人数表征的高等教育需求的影响。本节将从高中学生对参加高考的意愿分析其对高考的态度和热衷程度，进而分析未来高等教育需求的强度。如果说上一节的内容主要是利用人口宏观数据来分析高等教育需求，那么这一节将是利用高中生群体的微观数据分析高等教育需求的热度，并对这一热度的未来趋势进行预测。

一　高中生的流失迹象

参加高考的学生主要来自普通高级中学。尽管目前高考复读的现象比较严重，非应届高中学生的报名人数几乎占到了所有报名人数的30%，但这一部分学生显然不是主力。即便这一部分学生对高考报名人数有较大的影响，也不影响本书在这里的分析，因为这一部分学生的数量越多，表明高考越"热"。本书在这里主要分析的是应届高考生对高考的态度和行动问题。

一般来讲，初中学生考入高中学校，其主要目的是为了参加高考，否则的话可以进入社会求职，可以进入职业技术学校学习技术，而不是为了到高中学校经过三年紧张刻苦的学习获取一张高中学历文凭。进入高中学校后，要想报名参加高考，首先必须完成高中三年的学业，获得高中学历文凭。如果学生没有完成三年高中的学习，没有获取高中学历文凭，那么他就不算是高中毕业生，也就无法报名参加高考。因此，通过考察进入高中学校的学生数量和没有获取高中学历文凭毕业的学生数量之间的差值，就可以判断有多少学生放弃了高中毕业的机会，进而放弃了对参加高考机会的追求。显然，通过对这一指标的考察，可以发现高中学生的高考热情。

学生进入高中学校学习，通过三年的努力没有获取毕业证书的比例非常低，完全可以忽略不计，也就是说，进入高中学校而没有毕业的可以认为不是其能力有限，而是其对参加高考的放弃，这一部分学生大部分是在高一、高二就学期间放弃的，由于高三离高考很近了，所以高三期间放弃高考的很少。从这层意义上来说，这一部分学生可以称为高考弃学生或者高中辍学生。这种弃学或者辍学的原因有很多，有的是客观的，有的是主观的，本书在此不做区分。

表7—3计算了高中学校学生的辍学率。表7—3第2列数据是当年的高中学校招生人数，第3列数据是3年后当年所招收学生的毕业人数。很明显，招生人数减去3年后的毕业人数就是当年招考学生队列中辍学的人数（第4列数据），进而可以计算出各年的辍学率。从第5列的辍学率可以发现，1985—1992年高中学校的学生经历了一段持续增长的辍学潮，其中在1991年和1992年达到历史新高，14%左右的学生没有选择报名参加高考，而是选择了辍学。也就是说，如果一个班里有50名同学，那么平均会有7名同学选择辍学。但从1993年开始，辍学现象得到了遏制，并呈现了较大幅度的下降，一直下降到2001年，辍学率为1.99%。也就是说，如果一个班里有50名同学，那么平均只有1名同学选择辍学。这一比例还是较低的。然而，从2002年开始，这一比例持续升高，2002—2006年的辍学率分别为2.24%、3.32%、4.04%、4.75%、5.45%。从绝对量上来看，这一部分学生在2006年达到了47万人，从全国水平来看，不是很多，但这表明一个现象和问题，即不愿意参加高考的学生呈小规模的渐增状态。在高等教育需求如火如荼的背后仍有一种不"热"，甚至是相反的，即"冷"的力量在悄然变化和酝酿，这不得不说是一个非常值得重视的问题。

表7—3　　　　　　　　　　　高中学校学生的辍学率

年份	当年招生数（万人）	3年后毕业数（万人）	辍学数量（万人）	辍学率（%）
1985	257.50	250.60	6.90	2.68
1986	257.30	243.20	14.10	5.48
1987	255.20	233.00	22.20	8.70
1988	244.30	222.90	21.40	8.76
1989	242.10	226.10	16.00	6.61
1990	249.80	231.70	18.10	7.25
1991	243.80	209.30	34.50	14.15
1992	234.70	201.60	33.10	14.10

年份	当年招生数（万人）	3 年后毕业数（万人）	辍学数量（万人）	辍学率（%）
1993	228.30	204.90	23.40	10.25
1994	243.40	221.70	21.70	8.92
1995	273.60	251.80	21.80	7.97
1996	282.20	262.91	19.29	6.84
1997	322.60	301.51	21.09	6.54
1998	359.60	340.46	19.14	5.32
1999	396.30	383.76	12.54	3.16
2000	472.69	458.10	14.59	3.09
2001	557.98	546.90	11.08	1.99
2002	676.70	661.57	15.13	2.24
2003	752.10	727.10	25.00	3.32
2004	821.50	788.31	33.19	4.04
2005	877.73	836.06	41.67	4.75
2006	871.20	823.72	47.48	5.45

资料来源：据《中国统计年鉴（2010）》中的数据整理计算。

　　上述是从"有无毕业"的角度分析高中在校学生对高考的热情，下面将从"有无报名"的视角分析。从"有无报名"的视角来分析较从"有无毕业"的视角分析多包括了一种情况，即有些高中学生在 3 年高中学习过程中对参加高考失去了信心，或者学习成绩很好，但有比认为参加高考更好的选择，如出国读大学等，所以放弃了高考报名。这种情况的出现显然也是对高考的一种放弃，在高考"热"占主流的社会现实中发出了一种异样的声音。这种情况下的考生不能被称为"辍学"，因为他们已经通过自己的刻苦学习取得了高中毕业证书，而且其中还有些学生的学习成绩非常好，属于同批学生中出类拔萃的，因此这一部分学生只能属于参加高考的队伍中流失的那一部分。表 3—3 对高考报名流失的学生比例做了计算。从高考报名流失比例看，1990 年和 1995 年的比例非常高，分别有 32.93% 和 26.20%，即有近 1/3 的高中学生放弃了参加高考的机会。如果这可以代表 90 年代的水平的话，那么这一比例是相当高的。进入 21 世纪，随着高校扩招的不断推进，以及人们对高等教育的重视和追求，高考报名流失比例降至 10% 左右，这一比例在高等教育需求的今天显然也不算是很低的水平。而且还应该看到，从 2005 年开始，这一比例出现了持续小幅度增加的态势，且在 2008 年达到了 13.37%。这说明，高考的魅力在某种程度上开始遭到否定，而且这种力量处于不断增加的趋势，对高等教育需求来说这无疑是一种不大不小的打击。

高等教育需求之所以"热"，除了越来越多的应届高中生的追捧外，另外还有两支重要的力量：一支是高考复读生；另一支是非高中毕业学生。高考复读生一次又一次地冲击高考的大门，显然是对高考执着追求使然；非高中毕业学生，主要包括职业技术学校学生对参加高考热情的不断高涨，也使得高等教育需求"热上加热"。图 3—7 和图 3—8 显示了非应届高中生的报考报名人数，这些报名人数虽然出现了一段时间的上涨，但从近两年的情况看，已经明显地出现了下降的迹象。这也从一个侧面反映了非应届高中生对参加高考的一种态度，随着高等教育需求的开始，非应届高中生也积极活跃起来，参与到高考过程中，但随着高等教育需求开始降温，非应届高中生也逐渐退出高考大军。在某种程度上来说，高等教育需求的"热"首先开始于应届高中生，后开始于非应届高中生，但其"渐冷"可能要首先开始于非应届高中生，而后开始于应届高中生。

二　参加高考动力的弱化

（一）不支持参加高考的理由分析

具体到每一个个体来讲，高等教育需求的产生主要源于父母和孩子对高考的看法。如果认为高考能够为孩子未来的生计和事业发展带来有利的作用和影响，父母都会支持孩子参加高考，孩子也乐于参加高考，一旦高考中这些"功利性"的价值和"理想化"的价值难以实现，无论是父母还是孩子，对高考的热情就会有减无增。本书在第六章对父母支持孩子参加高考以及孩子自愿参加高考的理由进行了调查分析，同时也对父母不支持孩子参加高考以及孩子不愿意参加高考的理由进行了询问。调查发现，尽管父母对孩子参加高考大力地支持并行动起来，孩子也有较高的参加高考的志愿，但在孩子是否读了大学真的就能找到工作，并取得较好的人生事业发展时，很多父母还是没有信心，很多孩子的态度也不够乐观，总起来说，他们的态度是纠结而矛盾的。

　　表7—4和表7—5分别计算了父母不支持孩子参加高考的理由以及孩子不想参加高考的理由。从父母的情况看，占比最高的理由是"考上大学也找不到工作"，为43.3%；其次是"现在的大学学不到东西"，比例为19.1%；再次是"学习成绩太差了"，为15.6%；然后是"学费太高，家庭收入太低"，为15.3%；最后是"大学毕业后工资不高"，为6.7%。可见，父母不支持孩子参加高考的理由中，首先考虑的是"工作"，即解决"饭碗"的问题，其次考虑的是"技能"的问题，即孩子能否在大学里学到将来安身立命的真本事，然后考虑的是"实际"，即孩子的能力能否实现读大学的问题，最后重点考虑的才是"经济"问题，即家庭经济能否支付孩子读大学的教育费用问题。"大学毕业后工资不高"所占比例最低，也说明父母还是相对忽视孩子大学毕业后即期收入高低的，重点考虑的是"饭碗"、"技能"、有无能力考上大学以及考上大学后家庭能不能支撑的问题。分性别来看，父母不支持孩子参加高考的理由中，母亲选择"考上大学也找不到工作"的比例为50.8%，父亲为39.9%，母亲高出父亲近11个百分点，表明母亲比父亲更注重孩子考大学的实际价值，更希望孩子将来能够通过高考获取生活支撑；父亲、母亲选择"现在的大学学不到东西"的比例差不多，认识趋同。但在"学费太高，家庭收入太低"的选项上，父亲的比例为17.8%，母亲的比例为10.2%，父亲高出母亲7.6个百分点，表明在不支持孩子参加高考的理由中，父亲更看中家庭的实际支撑能力，而母亲在这一问题上更"理想化"，只要孩子有能力参加高考并取得成功，母亲会比父亲付出更多的努力予以支持。而在其他理由的选择上，父亲和母亲没有较大的差异。

表 7—4　　　　　　　　**父母不支持孩子参加高考的理由分布**

不支持的理由	父母频数	父母比例(%)	父亲频数	父亲比例(%)	母亲频数	母亲比例(%)
考上大学也找不到工作	161	43.3	101	39.9	60	50.8
现在的大学学不到东西	71	19.1	49	19.4	22	18.6
学费太高，家庭收入太低	57	15.3	45	17.8	12	10.2
大学毕业后工资不高	25	6.7	18	7.1	7	5.9
学习成绩太差了	58	15.6	40	15.8	17	14.4
合计	372	100.0	253	100.0	118	100.0

资料来源：据问卷调查数据分析计算。

　　从孩子的情况看，在不想参加高考的理由中，占比最大的仍是"考上大学也找不到工作"，为 46.3%；其次是"学习成绩太差了"，比例为 19.6%；再次是"现在的大学学不到东西"，为 16.6%；然后是"大学毕业后工资不高"，比例为 9.1%；最后是"学费太高，家庭收入太低"，比例为 8.5%。上述比例表明，孩子不想参加高考首要的、最重要的理由就是将来找工作难的问题，"饭碗"的问题是他们重要的考量。孩子其次考虑的是自身实际的问题，即自己能否考上大学，再次是大学学不到东西的原因，最后才是家庭能否支撑的问题。可见，他们对不想考大学具有更加实际的想法。分性别来看，在不想参加高考的理由中，女孩选择"考上大学也找不到工作"的比例为 53.5%，男孩为 38.3%，女孩高出男孩 15 个百分点，表明女孩比男孩更看中将来读大学能够解决"饭碗"的问题，更希望自己将来能够通过高考获取生活支撑。而在"现在的大学学不到东西"的理由上，男孩的比例为 19.1%，女孩的比例为 14.2%，男孩高出女孩 4.9 个百分点。在"学费太高，家庭收入太低"的选项上，男孩和女孩的比例差不多，表明他们在家庭能否支撑其参加高考的问题上认识趋同。在"大学毕业后工资不高"的选项上，男孩的比例为 12.3%，女孩的比例为 6.2%，男孩高出女孩 6 个百分点。从"考上大学也找不到工作"的理由看，女孩的比例高于男孩，而在工资不高的问题上，男孩的比例高出女孩，说明女孩更看中的是高考能否给其带来稳定的工作，而男孩比女孩更看中收入本身，男孩比女孩考虑得更加实际。在自身学习能力的原因上，男孩比例为22.1%，女孩比例为17.3%，男孩高出女孩近5个百分点，说明男孩更会由于自身能力而选择放弃高考。上述分析发现，男孩、女孩除了在"学费太高，家庭收入太低"这个理由上差距较小外，在其他理由上具有较大的认识差距。

表7—5 孩子不想参加高考的理由分布

不想参加高考的理由	学生频数	学生比例（%）	男生频数	男生比例（%）	女生频数	女生比例（%）
考上大学也找不到工作	229	46.3	90	38.3	139	53.5
现在的大学学不到东西	82	16.6	45	19.1	37	14.2
学费太高，家庭收入太低	42	8.5	19	8.1	23	8.8
大学毕业后工资不高	45	9.1	29	12.3	16	6.2
学习成绩太差了	97	19.6	52	22.1	45	17.3
合计	495	100.0	235	100.0	260	100.0

资料来源：据问卷调查数据分析计算。

通过对父母和孩子、父亲和男孩以及母亲和女孩之间在不支持和不想参加高考的理由上的比较分析可以发现：第一，在不支持孩子参加高考和孩子不想参加高考的理由中，父母和孩子都认为"学费太高，家庭收入太低"是一个重要原因，但相比于其他理由来说却又不是最重要的。而且，父母和孩子在这个理由的选择上有显著差异，父母倾向于认为这是一个重要原因，而孩子持相反的观点，这可能是"不当家不知柴米贵"的原因，即孩子不如父母更了解家庭收入与教育收费之间的关系，因此对其评估存在偏差。第二，除了"学费太高，家庭收入太低"这一理由存在较显著的性别差异和代际差异外，其他理由不存在明显差异，这表明父母和孩子对于其他理由影响的认识是一致的，父母和孩子的选择在阻碍高等教育需求的过程中的作用是相同的。第三，无论是父母还是孩子，在对不支持孩子参加高考和不希望参加高考的理由中，首当其冲的是"考上大学也找不到工作"，这个比例均在40%以上。因此，反过来说，如果大学毕业生就业难，包括大学毕业生工资待遇不高的问题解决不好，将直接影响到父母和孩子对参加高考的热情，对高等教育需求起到阻碍的反作用。而从社会现实来看，在大学毕业生日趋增多以及中国产业结构发展不合理的情况下，大学毕业生的就业难和工资水平偏低的状况将在未来一段时间内持续下去，无疑，这对高等教育需求具有不利的阻碍作用。

（二）对读书态度的分析

一般来讲，一个孩子从小学教育阶段开始，需要连续学习12年以上才能参加高考。在这期间，只有对读书持积极赞同和支持的态度，才有可能产生到普通高等学校继续深造的愿望。因此，通过调查父母和孩子对读书的态度，尤其是迫近高考期间父母和孩子对读书的态度，对于了解其参加高考的意愿程度以及是否对高等教育需求产生正向、负向的影响具有重要的意义。

表7—6和表7—7所示为父母和孩子对"读书是唯一出路"的态度。从父母的态度来看，持"极不赞同"和"不赞同"的比例分别为11.96%和44.30%，二者合计为56.26%。"赞同"和"非常赞同"的比例分别为22.80%和7.48%，二者合计为30.28%。持"无所谓"态度的占4.86%。可见，受调查的父母有超过一半以上持不赞同的态度，认为对于孩子的未来来讲，读书不是唯一的出路，也可以进一步理解为参加高考并不是唯一的出路。分性别看，父亲持"极不赞同"和"不赞同"的分别为15.11%和47.13%，二者合计为62.24%；持"赞同"和"非常赞同"的比例分别为24.17%和8.46%，二者合计为32.63%。母亲持"极不赞同"和"不赞同"的分别为8.70%和50.31%，二者合计为59.01%；持"赞同"和"非常赞同"的比例分别为26.09%和6.83%，二者合计为32.92%。从父亲和母亲所持态度的比例上看，二者相差不大。通过交叉表分析发现，二者之间确实不存在明显的差异（卡方值为5.263，显著度为0.261），说明二者认识趋同。

表7—6　　　　　父母对"读书是唯一出路"的态度频数分布

父母的态度	父母频数	父母比例（%）	父亲频数	父亲比例（%）	母亲频数	母亲比例（%）
极不赞同	64	11.96	50	15.11	14	8.70
不赞同	237	44.30	156	47.13	81	50.31
无所谓	26	4.86	15	4.53	11	6.83
赞同	122	22.80	80	24.17	42	26.09
非常赞同	40	7.48	28	8.46	11	6.83
缺失	46	8.60	2	0.60	2	1.24
合计	535	100.00	331	100.00	161	100.00

资料来源：据问卷调查数据分析计算。

　　从孩子对"读书是唯一出路"的态度来看，持"极不赞同"和"不赞同"的比例分别为31.80%和51.90%，二者合计为83.70%；持"赞同"和"非常赞同"的比例分别为8.20%和0.90%，二者合计为9.10%。持"无所谓"态度的比例为5.70%。可见，绝大多数的孩子对"读书是唯一出路"持否定态度，他们把读书当成了人生众多选择中的一个选项，这也表明他们在参加高考的问题上并不笃定，而是相信会有其他更多、更好的选择。分性别来看，男孩持"极不赞同"和"不赞同"的比例分别为36.80%和49.20%，二者合计为86.00%；持"赞同"和"非常赞同"的比例分别为8.10%和1.20%，二者合计为9.30%；持"无所谓"态度的比例为3.90%。可见，绝大部分的男孩对"读书是唯一出路"持反对态度。女孩持"极不赞同"和"不赞同"的比例分别为27.80%和54.50%，二者合计为82.30%；持"赞同"和"非常赞同"的比例分别为8.40%和0.70%，二者合计为9.10%；持"无所谓"态度的比例为7.40%。相较而言，男孩对"读书是唯一出路"反对的比例要高于女孩，而持反对态度的男孩、女孩比例相差无几。方差分析发现，男孩和女孩间的差异并不显著（卡方值为7.603，显著度为0.107），表明二者在对"读书是唯一出路"的态度上认识趋同。

表 7—7　　　　　孩子对"读书是唯一出路"的态度频数分布

孩子的态度	学生频数	学生比例（%）	男生频数	男生比例（%）	女生频数	女生比例（%）
极不赞同	178	31.80	95	36.80	83	27.80
不赞同	290	51.90	127	49.20	163	54.50
无所谓	32	5.70	10	3.90	22	7.40
赞同	46	8.20	21	8.10	25	8.40
非常赞同	5	0.90	3	1.20	2	0.70
缺失	8	1.40	2	0.80	4	1.30
合计	559	100.0	258	100.0	299	100.0

资料来源：据问卷调查数据分析计算。

　　但比较父母和孩子之间在这一问题上的态度可以发现，二者还是有所差异的。父母对此所持反对态度的比例为 56.26%，而孩子的比例高达 83.70%；父母持赞同态度的比例为 30.28%，而孩子的这一比例仅为 9.10%。从父亲和男孩之间的比例比较可以发现，父亲持反对和赞同的比例分别为 62.24% 和 32.63%，男孩为 86.00% 和 9.30%，二者之间的差异也较为突出。从母亲和女孩之间的比例比较可以发现，母亲持反对和赞同的比例分别为 59.01% 和 32.92%，女孩为 82.30% 和 9.10%，二者之间的差异也较为突出。

　　这些差异充分表明，父母和孩子虽然在这个问题上的看法是一致的，都认为孩子除了读书外，还有其他更好的人生选择，但孩子持此态度的比例超过 80%，而父母的比例还不到 60%。这就说明，尽管很多孩子从行动上来说即将参加高考或者已经参加了高考，但他们内心对高考的热衷程度显然低于父母，因为他们中 80% 以上的人认为除了高考上大学还有更多的道路可以选择。可以相信，在大学毕业生就业压力加大，学历难以提高工资水平，价值观越来越趋于多元化的今天，父母和孩子对高考的热衷程度会进一步降低。

第三节 社会性格演变的影响

美国社会学家大卫·理斯曼在讨论美国社会性格的形成和演变时借用了人口学中人口转变的相关理论（见图7—9）。他认为，某段时间内的社会性格是由这段时间内的人口情况、经济因素、社会因素共同作用形成的，并与它们相互影响、相互制约。在出生率较高、死亡率较高、人口增长率较低的人口高增长潜力时期，社会成员的顺承性来自于遵循传统的内在倾向，即他们是传统导向性格的人。这一时期主要是人口—土地比例失调，食物供应不稳定，经济以农业、畜牧业、渔业、采矿业为主。这一时期价值观稳固，社会秩序不会轻易改变，人们紧随某一社会参照体系行事，人与人之间具有明确的功能性的关系，且关系稳定。在出生率较高、死亡率较低、人口增长率较高的人口过度增长期，社会成员的顺承性来自于早年生活的内心目标，即他们是内在导向性格的人。这一时期人口

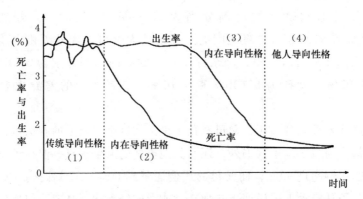

（1）出生率和死亡率都很高，人口自然增长率较低；（2）出生率高，死亡率快速下降，人口增长迅速；（3）死亡率进一步下降，出生率也开始下降，人口增长速度开始放慢；（4）死亡率下降到很低水平并稳定下来，出生率也趋于低水平并逐步稳定，人口自然增长率低。

图7—9 人口转变过程中的社会性格导向划分

出生和死亡的不平衡给社会带来了巨大压力，经济主要以制造业为主。这一时期人口流动加剧，人们主要通过社区、社团相互建立联系，人们吃苦耐劳，具有较强的进取心。在出生率较低、死亡率较低、人口增长率较低的初期人口减少时期，社会成员的顺承性来自于对他人期望和喜爱的敏感，即他们是他人导向性格的人。这一时期主要表现为工业化、都市化、国际化并存的时代特征，经济以贸易、通信、服务业为主。这一时期时尚潮流取代道德和习俗的统治地位，人们所追求的目标随着导向的不同而改变，即紧跟别人的步伐调整自己的追求，人们注重精神享受而不是奋斗。

如果仔细观察和对照一下新中国成立以来的人口出生率和死亡率（见图7—10）可以发现，新中国成立以来人口出生率和死亡率的变化与人口转变过程有很大的相似之处，尤其是第三个阶段和第四个阶段。1980年以前，中国实行严格的计划经济体制，经济以农业、畜牧业、渔业、采矿业为主，人们的价值观单一且稳固，人们紧随某一社会参照体系行事，不敢越雷池半步。这一时期社会成员的性格基本上可以认为是传统导向性格。1980—1987年，随着改革开放的实行，经济快速发展，制造业兴起，人口流动趋于频繁，人们思想开始活跃起来，具有较强的进取心。1990年后，随着社会主义市场经济的繁荣，市场化深入人心，人们的创新意识增强，思想更加解放，人与人之间的联系更加紧密，社团、社区的作用不断加强。这一时期社会成员的性格基本上可以认为是传统导向性格。进入21世纪，人口出生率下降到很低的水平，进入初期人口减少时期，第三产业更加发达，以旅游业为主导的服务业及网络科技的发展给社会生活带来重大改变，人们更加追求个性，追求时尚，需要放松自己，享受生活。这一时期社会成员的性格基本上可以认为是他人导向性格。

但需要指出的是，由于中国长期受封建主义制度的影响，而且农业经济一直占据重要地位，相对而言，传统导向性格的影响无论在城市还是在农村，时间要长，且更为深入和广泛，但这种性格随着社会的进一步发展将慢慢退出历史舞台。由于中国所经历的人口过度增长时间短，这一时期内在导向性格的形成并不是很完善，虽然其在历史上曾有过重要的影响，但随着改革开放的深入，尤其是国外文化传播、国外交往程度的加深，这种性格也在淡出历史舞台，但在部分农村地区及偏远地区仍处于主导地位。

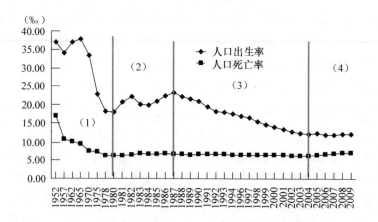

图 7—10　新中国成立以来人口出生率和死亡率比较

资料来源：据《中国统计年鉴（1996、2010）》中的数据绘制。

而真正需要我们引起重视的是进入 21 世纪之后出现的他人导向的性格。在网络科技日新月异的今天，信息爆炸，各种价值观、各种文化和花样繁多的信息不加选择地扑面而来，不仅让大人应接不暇，无所适从，也更让孩子们不知所措。正如当下高考给父母和孩子们带来的矛盾心态，多元文化、多种学业选择让他们既对高考丧失兴趣，但同时又充满不离不弃的纠结，抑或高考已经不是唯一的选择，而是备选，又抑或高考依然是某些孩子应付家长的功课，而不是内在导向下为了将来美好人生、事业的积极奋斗。从这个角度说，在经济发展、科技进步、国际交往紧密、资讯发达所决定的他人导向型的社会性格的今天，高等教育需求只能是越来越"冷"，而不是相反。

第四节　小结

　　本章主要从学龄儿童数量、出生人口数量以及父母和孩子关于高考意愿的角度分析了未来"高考热"的趋势。从趋势上看，学龄儿童人口的减少，直接影响了初中、高中在校生数量，虽然大学在校生数仍在增加，但从增加的速度上来看是呈下降趋势的，即在不久的将来，大学在校生数将和小学、初中、高中在校生数一样，处于下降趋势。学龄儿童人口的减少主要是出生人口的减少造成的，1965—1979年中国的出生人口处于不断下降的过程中，但由于当时的妇女总和生育率较高，出生人口规模仍然很大，在一定程度上保证了高考报名人数的增加。1980—1987 年中国出现了一次生育高峰，尽管当时的出生人口较之前有了很大的缩减，但由于改革开放以来，家庭经济的改善，较低的生育水平反而促使人们重视教育投资，因此这一次生育高峰促进了参加高考人数的激增。但之后，自 1988 年开始中国的出生人口规模出现了长时间的下降，直到 2003 年左右才止跌企稳，这一时期的出生人口从 2500 万人的水平降到了 1500 万人的水平。这一时期的出生人口规模下降已经影响到了高考报名人数的增加，迫使其出现下降的趋势，这一趋势会延续和出生人口规模下降大致相等的时间，即 1988—2003 年 15 年的时间。如果从 2008 年高考报名人数达到历史新高 1050 万人开始算起，那么高考报名人数的下降将持续到 2023 年左右。总之，从"量"上来说，高等教育需求将彻底表现出较长时期的"冷"。

　　尽管从数量上来说，高考报名人数出现了下降，表现出了"渐冷"的迹象，但对于每个家庭来说，由于孩子数量减少，家庭资源趋于对有限数量孩子的集中，父母和孩子的高考意愿依然旺盛。然而从问卷调查的情况看，在支持孩子参加高考的理由中，接近 80% 的父母认为孩子参加高考将来可以有更好的就业机会（参见第六章第二节"父母支持孩子参加高考的理由"）；在不支持孩子参加高考和不希望参加高考的理由中，分别有 43% 的父母和 46% 的孩子认为

"考上大学也找不到工作"。这种矛盾而又纠结的心理状态，主要源于中国当前大学毕业生就业压力加大、就职工资偏低的社会现状，一方面是考上大学找不到工作，另一方面是不考大学更找不到工作。从父母和孩子关于读书是否是孩子唯一出路的态度判定中发现，无论是父母还是孩子，虽然行动上冲向了高考大军，但从内心深处并没有笃定参加高考。接近60%的父母认为孩子可以有其他更好的选择，而孩子的这一比例更是超过了80%。因此，如果不加快产业结构调整，改善就业环境，提高大学毕业生就业待遇，参加高考将不再是父母和孩子的不二之选，高考将被父母和孩子从心理和行动上抛开，"高考冷"也便如期而至。

第八章 主要结论及政策建议

从总体上看，本书主要解决了三个问题：第一个问题是对高等教育需求现状进行了考察；第二个问题是利用时间序列数据和时点调查数据对影响高等教育需求的人口学因素进行了探讨；第三个问题是从人口变动的角度对未来高等教育需求的趋势进行了分析判断。本书重点是对第二个问题的解决，阐述了人口学因素对高等教育需求产生和发展的影响。本章将对本书通过定量分析得出的结论予以总结，并提出相关的政策建议。

第一节 主要结论

一 高等教育需求从高考恢复后就持续扩大

从高考意愿、高考行动和高考结果三个纬度对高等教育需求的测量来看，高等教育需求确实存在，而且数据表明，高等教育需求的产生和发展几乎是伴随着高考开始的。表征参加高考意愿的指标"初中毕业生弃学的人数和比例"和"初中升高中的人数和比例"说明，无论从绝对量上还是相对量上来说，从20世纪90年代开始，初中毕业生弃学的水平不断下降，升入高中就读的学生逐渐增多，到了1999年之后，这一趋势更加明显。从表征高中学生积极参与高考行动的"高考报名人数"、"高考复读人数"以及"非高中生高考报名人数"三个指标看，高等教育需求从80年代中期就开始了，但从1999年开始得到了总爆发，这一期间融合了复读生和非高中生的积极参与。从表征高考结果的"普通高等教育毛入学率"和"每万人人口平均普通高校在校生数"两个指标看，高等教育需求从 80 年代初期就已经存在，几乎是伴随着高考恢复之后开始的。这些指标考察角度各异、思路迥然，但测量结果都表明，高等教育需求不单单是家长和孩子们希望参加高考取得更高教育成就的美好愿望，更是他们为之积极付出、坚持不懈参与的实际行动，更是推动中国高等教育事业发展的重要力量。

二　人口因素对高等教育需求起到了重要的推动作用

本书主要利用时间序列数据和时点调查数据对高等教育需求产生和发展过程中的人口变动因素进行了分析，发现人口因素是推动高等教育需求产生和发展的重要力量，它不仅仅通过中间变量发挥作用，更是直接对高等教育需求的发生、发展产生影响。

（一）时间序列数据发现的推动作用

时间序列数据的分析表明，父母的受教育水平对高等教育需求具有显著的影响作用，其每提高 1 个单位，高等教育需求的水平就上升1.174 个单位。父母的受教育水平越高，父母对孩子的教育就会越重视，对孩子的教育投入也就越大，对孩子参加高考的期望也就越高；妇女的总和生育率对高等教育需求具有显著的影响作用，其每下降 1个单位，高等教育需求的发展水平就会提高 0.132 个单位。从家庭资源稀释假说的角度分析，妇女生育孩子数量的减少有利于父母将家庭资源更多地分配到少量的孩子身上，从而对其产生更高的参加高考的期望，进而推动了高等教育需求的发展。时间序列数据的分析还表明，在控制了父母人口特征的情况下，家庭收入对高等教育需求具有显著的影响作用，其每提高 1 个单位对高等教育需求水平的促进作用有 0.166 个单位。家庭收入的推动作用可以分两个方面来看：第一，收入水平的提高加大了人们对精神文化产品的需求，而教育需求也是精神文化需求的体现；第二，随着教育收费制度的实行，参加高考需要一定的物质基础，而收入水平的提高正好满足了这一方面的需求。从家庭户平均规模这一变量来看，它对高等教育需求水平的发展起到了推动作用，家庭户平均规模每下降 1 个单位，高等教育需求的水平提高 0.398 个单位。尽管中国家庭户的立户模式越来越受到社会化的影响，但在家庭户平均规模缩减的过程中，家庭户中孩子的数量肯定是在减少的，这一减少对于家庭资源在有限数量孩子的分配上起到了有利的效应，加强了家庭孩子的资源获取量，保证了其获得接受更高教育的机会，从而促进了高等教育需求的发展。

此外，需要指出的一点是，表征家庭人口特征之一的城市化水平在本模型逐步回归的过程中被剔除，原因是其与父母的受教育水平存在严重的共线性，二者的相关系数为"1"。这一变量虽然对模型来说是被弃而不用的，但从这一变量自身的解释能力来看，其作用等同于父母的受教育水平。那么，当前中国快速发展的城市化无疑对高等教育需求起到了巨大的推动作用，关于这一点，我们不能不重视。

总之，时间序列数据的分析结果表明，影响中国高等教育需求产生和发展的重要因素主要来自父母和家庭两个方面，而这两个方面综合起来看就是人口因素。因此，无论是父母受教育水平的提高、妇女总和生育率的下降，还是家庭收入水平的提高以及城市化水平的快速发展，都是中国当前社会发展最为迅速和猛烈的变革。这些变革或直接或通过中间变量间接影响高等教育需求的发展水平，但如果追本溯源，这些都可以归因于最基本又最根本的人口变动。

（二）时点调查数据发现的推动作用

时点调查数据分别从父母的人口特征、家庭的人口特征和孩子的人口特征三个方面分析了其对高等教育需求的推动作用。从父母的人口特征看，父母的受教育水平对高等教育需求存在显著的影响，即随着父母受教育水平的提高，其对高等教育需求的推动作用也在加强；父母的居住地对高等教育需求也存在显著的影响，即居住在城市地区的父母比居住在农村的父母更能推动高等教育需求的发展水平。

从家庭的人口特征看，家庭年收入是影响高等教育需求的显著变量，但这一显著性局限在一定的收入水平上。具体而言，在同等条件下，年收入为 10001—30000 元和 30001—50000 元家庭的父母期望程度分别是年收入为 90001 元以上家庭的 1.22 倍和 1.26 倍，而年收入为 10000 元以下以及 50000—70000 元之间的家庭的父母，其期望程度并不显著，即在收入水平对高等教育需求的影响上表现出了选择性。对孩子学费的评价也对高等教育需求起到了显著的影响，表现在认为孩子学费水平"不高"的父母对高等教育需求的推动作用是认为孩子学费水平"承担不起"的父母的 1. 39 倍，即表明：父母越是认为学费水平不高，越是有能力支持孩子参加高考，也就越希望孩子参加高考。

从孩子的人口特征来看，孩子兄弟姐妹的数量对高等教育需求有显著的影响，表现在：随着孩子兄弟姐妹数量的增多，孩子对高等教育需求的推动作用越强。其原因主要是，在家庭资源有限的情况下，孩子数量越多，其所获得的家庭资源越有限，孩子间的竞争就越大，其希望通过高考读大学，进而获得更好的人生发展的动机就越强烈。相较而言，没有任何兄弟姐妹的独生子女的高考意愿表现得不强烈，就是因为家庭资源在某种程度上来说都是他一个人的，没有任何"忧患"意识，其参加高考与否对其产生的压力不大。孩子的居住地对高等教育需求的推动作用也是显著的，居住在农村的孩子对高等教育需求的推动作用是城市孩子的 94.5%，是城乡接合带孩子的 67.1%。

父母的其他人口特征如父母对孩子高考的态度，以及家庭关系中父母与孩子以及父母之间的相互关系，都没有对高等教育需求的发展水平起到较大或者较显著的推动作用。时点调查数据表明，当前父母对高等教育需求的推动作用是刚性的，即无论什么特征的父母，其对"高考热"的追逐目的、程度都是一样的。数据分析还发现，孩子参加高考的最大压力不是来自父母，而是来自自己。这就表明，尽管父母对高等教育需求起到了较大的推动作用，但孩子从中起到的推动作用仍不可小觑，当代孩子具有很强的个性，善于独立处理自己的"人生大事"。

三　高等教育需求不会持续扩大下去

从趋势上看，学龄儿童人口的减少，直接影响了初中、高中在校生数量，虽然大学在校生数仍在增加，但从增加的速度上来看是呈下降趋势的，即在不远的将来，大学在校生数将和小学、初中、高中在校生数一样，处于下降趋势。学龄儿童人口的减少主要是出生人口的减少造成的。从1988年开始，中国的出生人口规模出现了长时间的下降，直到2003年左右才止跌企稳，这一时期的出生人口从2500万人的水平降到了1500万人的水平。这一时期的出生人口下降已经影响到了高考报名人数的增加，迫使其出现下降的趋势，这一趋势会延续出生人口规模下降大致相等的历史时期，即1988—2003年15年的时间。如果从2008年高考报名人数达到历史新高1050万人开始算起，那么高考报名人数的下降将持续到2023年左右。从"量"上来说，高等教育需求将彻底表现出较长时期的"冷"。

尽管从数量上来说，高考报名人数出现了下降，表现出了"渐冷"的迹象，但对于每个家庭来说，由于孩子数量减少，家庭资源趋于对有限数量孩子的集中，父母和孩子的高考意愿依然旺盛。然而从问卷调查的情况看，在支持孩子参加高考的理由中，接近80%的父母认为孩子参加高考将来可以有更好的就业机会；在不支持孩子参加高考和不希望参加高考的理由中，分别有43%的父母和46%的孩子认为"考上大学也找不到工作"。这种矛盾而又纠结的心理状态，主要源于中国当前大学毕业生就业压力加大、就职工资偏低的社会现状，一方面是考上大学找不到工作，另一方面是不考大学更找不到工作。从父母和孩子关于读书是否是孩子唯一出路的态度判定中发现，无论是父母还是孩子，虽然行动上冲向了高考大军，但从内心深处并没有笃定参加高考。接近60%的父母认为孩子可以有其他更好的选择，而孩子的这一比例更是超过了80%。因此，如果不加快产业结构调整，改善就业环境，提高大学毕业生就业待遇，参加高考将不再是父母和孩子的不二之选，高考将被父母和孩子从心理和行动上抛开，"高考冷"也便如期而至。

第二节 政策建议

一 加大产业结构调整力度，着力解决就业问题

就业问题是经济社会发展过程中的大问题，其是否能够得到合理、高效、公平、有序的解决，直接关系到就业群体的直接利益，更关系到社会的和谐和国家的稳定。但随着这些年高校扩招力度的不断加大，2005—2009 年的普通高校毕业生数分别为 306.8 万人、377.5 万人、447.8 万人、511.9 万人和 531.1 万人。到了 2010 年，全国高校毕业生达到 630 万，加上初高中毕业后不再继续升学的学生以及大量的城镇下岗失业人员、军队退伍人员，全年需要就业的人员达 2400 万人左右，而当年只能安排 1200 万人就业。而到了 2011 年，全国大学毕业生数量将达 650 万人，再加上往届没有实现就业的需要就业的毕业生，预计毕业生总量将超过 900 万人。可见，在未来相当长的时间内，大学生就业压力不会减弱。

从目前情况看，要解决大学生的就业问题，必须和解决全国的就业问题一起抓，而不能分开解决。其解决的根本渠道在于加大产业结构调整力度，大力发展第三产业，使第三产业成为大学毕业生就业的主渠道。但从目前来看，中国的第三产业仍然落后于早期发达国家的产业结构转换起点，而且也落后于后起的发达国家和发展中国家。第三产业发展落后，就业空间就变得有限，难以承载大量的农业剩余劳动力和工业部门转移下来的劳动力，更不用说每年新增的数量巨大的大学毕业生。因此，未来一段时间内，除了快速推进城市化积极解决大学毕业生的就业外，还必须把视野从城市拓展到农村，加强农村产业结构的升级换代，推进农村地区的第三产业的发展，积极吸引大学毕业生到农村创业，在农村科技进步、农村产业现代化的领域施展其才华，为农村科技普及、科技进步做出更多的贡献，更好、更快地推进城乡一体化发展。

二　大力发展职业技术教育，重点培养蓝领工人

每年春节过后，很多大城市，尤其是长三角、珠三角地区的城市都会面临"民工荒"。从表面上看，"民工荒"与大学生就业冰火两重天，没有多少关系，是两个不同层次和领域的就业问题。但如果深究起来可以发现，这其实是一个问题。第一，中国当前的确缺少劳动力，大部分劳动力都通过高等教育需求考上了大学，成了暂时找不到工作的大学毕业生；第二，中国当前并不缺少普通的劳动力，而是结构性地缺少具有一定劳动技能的劳动力，这一部分劳动力虽然没有考上大学，但其技能不足以满足岗位需求。这两个问题都从一个侧面反映了普通高等学校和职业技术学校之间的关系问题。1999 年开始的高校扩招，在吸收了大量的高考生的同时，大大缩减了原来职业技术学校的生源，迫使一些职业技术学校不断升级成为"大学"，而另外一些不能升级的要么合并，要么被撤销。这样，当所有的高中生都能上"大学"的时候，中国的第一、第二产业发展却再也找不到工人。

实践证明，职业技术教育与经济发展联系最直接、最密切，能够直接面向市场，为经济社会发展服务，快速创造生产力。因此，当前必须大力发展职业技术教育，培养高素质技能型、应用型人才，尤其是要重点培养有技能的蓝领工人，以缓解当前各地对工人需求的紧张程度。在大力发展职业技术教育的过程中，首先要根据各地的实际情况，调整和优化职业教育层次结构，合并优化和组合已有的职业技术学校，使其发挥更大的作用；其次要不断改革和完善职业技术学校的招生制度，通过有效的宣传，尤其是国家要通过相关的渠道宣传吸引初中生、高考生报考，减缓高考报考压力以及未来的大学毕业生就业压力；再次要根据社会经济发展的需要改革课程设置和教学内容，使学校教授的内容能够真正符合社会实际所需，而且在很长一段时间内不会被社会淘汰；最后要在市场经济条件下，积极探索发展职业技术教育的办学方法和思路，吸引社会力量参与职业教育的发展，保证职业技术学校顺利开办。

三　统筹考虑教育发展战略，积极应对生源短缺

1978 年，全国共有小学学校 949323 所，而到了 2009 年，全国只有 280184 所，31 年间减少了 669139 所，减少率为 70%，平均每天减少 60 所。1978 年，全国共有初中学校 113130 所，而到了 2009 年，全国只有 56167 所，31 年间减少了 56963 所，减少率为 50%，平均每天减少 5 所。与此相对的是，1978 年全国共有普通高等学校 598 所，而到了 2009 年，这一数字上升为 2305 所，31 年间增加了 1707 所。其间，增加最快的是 2000—2009 年这一阶段，2000 年全国普通高等学校有 1041 所，即在不到 10 年的时间里翻了一番还要多。一方面是小学学校数量、初中学校数量的锐减，另一方面是普通高等学校数量的激增，而且还呈继续增加的态势。

上述学校两种相反的发展方向势必构成一对尖锐的矛盾。小学、初中生源的短缺终究要波及普通高等学校，普通高等学校应如何面对？众所周知，建设一所小学学校所花费的成本和建设一所普通高等学校所花费的成本是无法比较的，二者之间不是简单的倍数关系；同理，随着学生生源数量的下降，撤并一所小学所花费的成本和撤并一所普通高等学校所花费的成本又是不能比较的，二者更不是简单的倍数关系，普通高校的撤并涉及的是方方面面异常复杂的关系问题。近几年来，高校扩招期间"异军突起"的高校中，已有一部分出现了类似生源危机、办学经费危机等问题。一旦高校"破产"，利益受损的不仅仅是学生，学校的教职员工安置等都是棘手的问题，更重要的是国家资产、社会资源的极大浪费。

因此，如何面对、解决和预防这些问题的发生是现在和将来必须引起高度重视的问题。首先必须要禁止高校规模的继续扩大，从源头上控制高校成立的数量，加大高校新建审批的难度，未雨绸缪，时刻谨防生源短缺时代的彻底到来；其次，建立普通高校退出机制，撤并一些教学设施差、师资力量差、招生日渐困难的普通高校，将其资源分配到条件好的高校，即优胜劣汰，优化资源配置；再次，加强对普通高校的审计工作，监督检查教育经费的使用情况，对于普通高校办

学经费强化管理，严防资不抵债情况的出现，避免高校"破产"带来的一系列不良后果；最后，加大目前已有的其他形式的高等教育办学力度，吸引一部分学生选择其他形式的高等教育，减轻普通高等教育的压力，帮助普通高等教育"瘦身"，迎接生源短缺时代的到来。

四　注重基础教育发展质量，为更高一级教育奠定良好基础

基础教育的质量是更高一级教育发展的前提，只有基础教育做得好，高等教育需求才能更容易满足。学前教育是整个教育体系的起始部分，学前教育质量的高低影响到后面整个教育的质量，因此办好学前教育对于我国的整个教育体系的发展具有重要意义。尽管我国幼儿园的数量急剧缩减，在园幼儿数量较过去也有较大幅度的下降，但从待入园人数与幼儿园的数量比较看，学前教育的需求仍然很大。随着计划生育政策的长期实行，我国的出生率一直处于较低的水平，独生子女的数量越来越多。与此同时，我国经济快速发展，城乡居民的收入水平不断提高，家庭用于子女教育的经济资源较为丰厚；随着父母受教育水平的提高，其对于子女的教育观念也发生了很大的变化，越来越追求教育质量，注重对子女的学前教育。在此时代背景下，我国的学前教育资源必须做到优质化。学前教育资源的优质化包括很多内容，既包括教育资金的充足，也包括教育设备的先进、师资队伍的优秀，还包括教育学科课程安排的合理等内容。因此，我国必须从上述几个方面入手，着力提高学前教育的资金投入，树立先进的学前教育理念，设置适合我国幼儿的课程，培养、培训优秀的师资队伍。

此外，还必须注意到，义务教育是整个教育体系中时间最长的，其关系到整个人口的教育素质。当前，全国在义务教育需求方面存在的问题，是所有教育需求中问题最多、难度最大的，相较于农村地区，这一问题在城市地区便显得更为突出，其根本原因就在于教育资源分布不均。优质的义务教育资源分布不合理将会对地区教育的整体发展水平产生影响，在教育资源分布方面主要存在的问题是学校间资源非均衡化与地区间的非均衡化。若要解决这一问题，就必须采取合理的改革措施使教育资源得到有效配置，将优质资源向薄弱方面适当

倾斜，从而缓解教育资源分布中存在的困难。

五　塑造新型教育成才观念，消除学历主义影响

近两年，高考报名人数出现了拐点，有观点认为高考已经"降温"，理由之一是当前价值观多元，父母和孩子有了其他更多的选择。但应该看到，这一部分考生还是少数，大部分考生还是选择参加高考。参加高考本身没有任何问题，但需要指出的是，高考并不适合所有的孩子，必须要引导父母和孩子选择科学的、适合自己的教育道路。高等教育需求的出现有中国传统文化观念根深蒂固的影响，当高校扩招，所有的孩子都成为大学生之后，这种现象可能就不存在了，但所有的孩子都读大学给社会带来的可能并不是生产力的成倍发展，可能是越来越多的社会问题需要解决，譬如就业问题。

此外，高等教育需求的出现有全社会对学历尤其是名校学历高度重视的影响，唯学历主义影响了父母和孩子的高考决策，导致他们非大学不上、非名校不进，而这又反过来进一步促进用人单位在招人、用人上更加重视学历、重视名校学历。在今天"海归"就业都有压力的情况下，父母和孩子在教育模式的选择上要有清醒的认识，更重要的是，国家在媒体宣传上要禁止吹捧名校情结，要树立"不拘一格"使用人才的新观念，要建立正确评价人才的机制，破除"唯学历论"思想。

六　适度调整现行人口政策，统筹教育持续发展

很长一段时间以来，我们只注意到了人口的消费作用，却忽略了人口的生产作用。对人口消费作用的强调和重视，会夸大人口对自然资源的消耗，表现在人口政策方面，就会采取积极的干预措施降低人口的出生率，阻止人口规模不断增长。然而，人口作为消费者的同时，也是生产资料、生活资料的制造者，是物质生产者。消费和生产是辩证统一的，消费可以刺激生产，而生产可以满足消费，提高消费水平，促进经济增长。当人口增长过快时，通过适当的人口政策调整，可以降低增长速度，使人口生产和物质资料生产相匹配、优化，

更好地促进经济发展；而当人口增长减慢甚至停止、停滞时，就需要改变人口控制政策，使人口增加适应经济社会发展的需要。本书在这里之所以要提出人口适度增加的调控政策，还有一个重要的原因：人口变动的过程不是短时间内一蹴而就的，它有其背后深层次的复杂的机制、机理，必须未雨绸缪，先行采取措施，不能"临阵磨枪"。譬如，当生育率下降到足够低（低于更替水平以下较大幅度）的水平时再实行提高人口生育水平的政策，往往起不到提高的作用。因此，人口总量的调控就是如此，等人口总量开始减少时再采取增加人口的措施，往往为时晚矣。

前文已经分析过，随着人口生育水平的不断下降，适龄入学儿童数量也处于不断下降过程，这一下降将逐渐波及小学、初中、高中及未来的大学的在校生数量。这一影响在短时间内难以显现，但从长期来看其影响是巨大的，主要表现在未来普通劳动力及高级人才数量的供给水平将会受到影响，出现人才短缺的局面。而未来国家与国家的竞争，主要体现在人才的竞争，在劳动力资源不丰富的情况下，很难产生出大量优秀的人才。因此，必须采取措施适当增加人口生产，以此保证年轻人口的充足供给，进而维持各级教育的可持续发展，造就优秀的人才。

附录一　关于高中生高等教育需求的父母意愿调查

您好！

　　本次调查是由中国人民大学人口与发展研究中心举行的一次全国性的关于孩子高考的家长意愿调查，主要目的是了解家长对孩子的教育投入情况以及对孩子参加高考的态度。您是我们经过严格的科学抽样选中的调查代表，您的合作对我们了解有关信息和制定决策具有十分重要的意义。请您务必按照您的实际情况在"＿＿"上填写数字，您的回答不涉及是非对错。本次调查采取无记名的方式进行，您的回答我们将按照《统计法》予以保密。

A1．您的性别是＿＿＿

1．男　2．女

A2．您是哪一年出生的＿＿＿年；您爱人是哪一年出生的＿＿＿年。

A3．您的受教育程度是＿＿＿；您爱人的受教育程度是＿＿＿。

1．文盲　2．小学　3．初中　4．高中　5．职高、技校　6．中专

7．大专　8．本科　9．研究生及以上

A4．您是哪一年结婚的＿＿＿年

A5．您家中有几口人＿＿＿

1．三口　2．四口　3．五口　4．六口　5．七口及以上

A6．您有几个孩子＿＿＿

1．一个男孩　2．一个女孩　3．一个男孩和一个女孩　4．两个男孩

5．两个女孩　6．三个孩子

A7. 您现在居住在哪里＿＿＿

1. 城市中心区　2. 城乡接合带　3. 农村

A8. 您的户籍所在地是哪里＿＿＿；您爱人的户籍所在地是哪里＿＿＿

1. 本地城市　2. 外地城市　3. 本地农村　4. 外地农村

A9. 您的家庭年收入大约是多少＿＿＿元

A10. 您认为您的家庭收入在本地属于哪个层次＿＿＿

1. 上层　2. 中上层　3. 中层　4. 中下层　5. 下层　6. 不好说

A11. 您的职业是什么＿＿＿；您爱人的职业是什么＿＿＿

1. 党政机关事业单位工作人员　2. 个体户/私营业主　3. 企业/公司职员　4. 医生/教师/律师　5. 自由职业者　6. 农业种植、畜牧　7. 无业　8. 其他（请注明）＿＿＿

A12. 您在省内打过工吗＿＿＿；您爱人在省内打过工吗＿＿＿

1. 有　2. 没有

A13. 您在省外打过工吗＿＿＿；您爱人在省外打过工吗＿＿＿

1. 有　2. 没有

A14. 您的健康状况是＿＿＿；您爱人的健康状况是＿＿＿

1. 很差　2. 较差　3. 一般　4. 较好　5. 很好

B1. 您希望孩子参加高考吗＿＿＿；您爱人的态度是怎样的＿＿＿

1. 非常不希望 2. 不希望 3. 一般希望 4. 很希望 5. 非常希望

B2. 如果您希望孩子参加高考，理由是什么＿＿＿

1. 读大学可以有好的就业机会　2. 将来孩子可以到国外发展

3. 同龄的孩子都参加高考　4. 亲戚朋友、邻居家的孩子都参加高考

5. 考上大学能出人头地　6. 孩子学习成绩很好

B3. 如果您不希望孩子参加高考，理由是什么＿＿＿

1. 考上大学也找不到工作　2. 现在的大学生学不到什么东西

3. 学费太高，家庭收入太低　4. 大学毕业后工资不高

5. 孩子学习成绩太差了

B4. 您期望孩子的最高学历为＿＿＿；您爱人期望孩子的最高学历为＿＿＿

1. 高中　2. 大专　3. 本科　4. 硕士研究生　5. 博士研究生

B5.　您赞同"读书是唯一出路"吗____

1.　极不赞同　2.　不赞同　3.　无所谓　4.　赞同　5.　非常赞同

B6.　孩子高中毕业后，您打算让他（她）____

1.　坚决考大学　　　　2.　考不上大学去打工

3.　上不了大学回家乡　　4.　现在不好说

B7.　什么情况下您会让孩子去复读____

1.　什么情况下都不会让他去复读　2.　没有考上理想的学校的情况下

3.　什么高校都考不上的情况下　4.　还没有想好

B8.　您想让孩子到高考录取分数低的省份去参加高考吗____

1.　不知道这种事情　2.　想　3.　不想

B9.　您对孩子性别的看法是____您爱人对孩子性别的看法是____

1.　男女都好，一个就行　2.　男女一样，最好两个

3.　男孩好，一个就行　4.　还是多生几个，孩子多了利于成长

5.　不管多少，生到男孩为止

B10.　您对男孩读大学的态度是____；您爱人的态度是____

1.　非常不支持　2.　不支持　3.　一般　4.　比较支持　5.　非常支持

B11.　您对女孩读大学的态度是____；您爱人的态度是____

1.　非常不支持　2.　不支持　3.　一般　4.　比较支持　5.　非常支持

B12.　您是否同意"女儿应当享有与儿子同等受教育的权利"的说法
　　____；您爱人的态度是____

1.　非常不同意　2.　不同意　3.　同意　4.　比较同意　5.　非常同意

C1.　您和孩子大约多长时间见面一次____

1.　天天　2.　一周　3.　一个月　4.　两三个月　5.　半年　6.　一年

7.　一年以上

C2.　您和爱人大约多长时间见一次面____

1.　天天　2.　一周　3.　一个月　4.　两三个月　5.　半年　6.　一年

7.　一年以上

C3.　您对孩子的学习关心程度如何____

1.　完全不关心　2.　很少关心　3.　偶尔关心

4.　一般关心　5.　很关心　6.　非常关心

C4. 您和孩子之间沟通交流的机会多吗____

1. 非常少　2. 很少　3. 不多　4. 一般　5. 很多　6. 非常多

C5. 您对孩子的个人意见怎么看____

1. 不尊重　2. 一般尊重　3. 比较尊重　4. 非常尊重

C6. 您感觉和孩子的关系怎么样____

1. 很不融洽　2. 不融洽　3. 一般融洽

4. 比较融洽　5. 非常融洽

C7. 您对自己目前在家中的地位是否满意____

1. 非常不满意　2. 较不满意　3. 不满意　4. 较满意　5. 很满意

C8. 在您家里谁做家务劳动____

1. 妻子做　2. 丈夫做　3. 妻子和丈夫一起做　4. 谁有时间谁做

5. 其他

C9. 关于孩子的高考问题，谁说了算____

1. 自己说了算　2. 爱人说了算

3. 两个人共同决定　4. 听从孩子的意愿

D1. 在您家孩子读书过程中，是否有辍学的经历____

1. 有　2. 没有

如果有，原因是____

1. 没钱交学费　2. 成绩不好　3. 自己厌学

4. 升学没考上　5. 家里缺劳动力

D2. 除孩子在校正常缴纳的各项费用外，您主要还有哪些投入（可多选）____

1. 购买课外辅导书　　2. 订阅有关学习的报纸杂志

3. 选择好学校　　4. 请家庭教师进行辅导

D3. 您的孩子在高中有没有交过择校费的经历____

1. 有　2. 没有

D4. 您孩子的学习成绩____

1. 非常好　2. 很好　3. 一般　4. 差　5. 很差　6. 非常差

D5. 对您的家庭来说，花费在孩子教育上的费用____

1. 不高　2. 一般　3. 较高　4. 承担不起　5. 说不清

D6. 孩子在过周末节假日的时候您是怎样要求的＿＿＿

1. 孩子想干什么就干什么　2. 不让孩子学习，让孩子完全放松

3. 一半时间学习，一半时间帮家里做事

4. 绝大部分时间让孩子自己学习　5. 参加业余辅导班

D7. 您是如何关心孩子学习的＿＿＿

1. 检查孩子的作业　2. 口头督促孩子的学习

3. 找老师谈话，了解孩子的学习　4. 了解孩子考试成绩

5. 辅导孩子的学习课程　6. 给孩子讲学习的方法

7. 给孩子讲励志的故事

附录二　关于高中生参加高考的意愿调查

A1．您的性别是＿＿

1．男　2．女

A2．您是哪一年出生的＿＿年

A3．您家中有几口人＿＿

1．三口　2．四口　3．五口　4．六口　5．七口及以上

A4．您有几个兄弟姐妹＿＿

1．没有　2．一个　3．两个　4．三个　5．四个及以上

A5．您现在居住在哪里＿＿

1．城市中心区　2．城乡接合带　3．农村

A6．您的户籍所在地是哪里＿＿

1．本地城市　2．外地城市　3．本地农村　4．外地农村

A7．您有过转学的经历吗＿＿

1．有　2．没有

B1．您希望参加高考吗＿＿

1．非常不希望　2．不希望　3．一般希望　4．很希望　5．非常希望

B2．您父母对您参加高考的态度是怎样的＿＿

1．支持　2．不支持　3．无所谓　4．父亲支持，母亲不支持

5．母亲支持，父亲不支持

B3．如果您希望参加高考，理由是什么＿＿

1．读大学可以有好的就业机会　2．将来可以到国外发展

3．同龄的伙伴都参加高考　4．不考大学就落后于时代

5．考上大学能出人头地　6．学习成绩很好

B4. 如果您不希望参加高考，理由是什么____

1. 考上大学也找不到工作　2. 现在的大学生学不到什么东西

3. 学费太高，家庭收入太低　4. 大学毕业后工资不高

5. 学习成绩太差了

B5. 您期望自己的最高学历为____

1. 高中　2. 大专　3. 本科　4. 硕士研究生　5. 博士研究生

B6. 您赞同"读书是唯一出路"吗____

1. 极不赞同　2. 不赞同　3. 无所谓　4. 赞同　5. 非常赞同

B7. 高中毕业后，您打算____

1. 坚决考大学　2. 考不上大学就去打工　3. 还没有什么打算

B8. 什么情况下您会选择复读____

1. 什么情况下都不会去复读　2. 没有考上理想的学校的情况下

3. 什么高校都考不上的情况下　4. 还没有想好

B9. 您想到高考录取分数低的省份去参加高考吗____

1. 不知道这种事情　2. 想　3. 不想

C1. 您和父母大约多长时间见一次面____

1. 天天　2. 一周　3. 一个月　4. 两三个月

5. 半年　6. 一年　7. 一年以上

C2. 父母对您的学习关心程度如何____

1. 很少关心　2. 偶尔关心　3. 一般关心　4. 很关心　5. 非常关心

C3. 如果您有高考压力的话，最大的压力来自哪里____

1. 父母　2. 自己　3. 社会　4. 老师

5. 同学　6. 朋友　7. 其他

C4. 您感觉和父母的关系怎么样____

1. 很不融洽　2. 不融洽　3. 一般融洽　4. 比较融洽　5. 非常融洽

D1. 您的学习成绩____

1. 非常差　2. 很差　3. 差　4. 一般　5. 很好　6. 非常好

D2. 您的周末节假日是怎样过的____

1. 想干什么就干什么　2. 不学习，完全放松

3. 一半时间学习，一半时间帮家里做事

4．绝大部分时间自习　5．参加业余辅导班

D3．对您的家庭来说，花费在高考教育上的费用＿＿＿

1．不高　2．一般　3．较高　4．承担不起　5．说不清

D4．您在备战高考期间，每年在下列项目上的投入各是多少元

学杂费	课本书具	买课外书	培训班费	补习班费	家教费	交通费	上网费	买电脑	租房费用	其他支出

参考文献

1. Anh T. S. , Knodel J. , Lam D. , Friedman J. , Family Size and Children, *Education in Vietnam*, *Demography*, Vol. 35, 1998.

2. Axinn W. G. , The Effects of Children's Schooling on Fertility Limitation, *Population Study*, Vol. 47, 1993.

3. Becker, G. and N. Tomes, Child Endowments and the Quantity and Quality of Children, *Journal of Political Economy*, Vol. 8, No. 4, 1976.

4. Behrman, J. R. and J. C. Knowles, Household Income and Child Schooling in Vietnam, *The World Bank Economic Review*, Vol. 13, No. 2, 1999.

5. Behrman, Jere, Introhousehold Distribution and the Family, in Mark Rosenzweig and Oded Stark (Eds.), *Handbook of Population and Family Economics*, Volume 1, Amsterdam Elsevier Science, 1997.

6. Benson C. S. , *The Economics of Public Education*, Boston: Houghton. Mifflin, 1961.

7. Blake J. , Family Size and the Quality of Children, *Demography*, Vol. 18, No. 4, 1981.

8. Blake J. , *Family Size and Achievement*, Berkeley: University California, 1989.

9. Boserup E. , *Woman's Role in Economic Development*, London: Earthscan, 1989.

10. Brown P. , A. Park, Education and Poverty in Rural China,

Economics of Education Review, Vol. 21, 2002.

11. Buchmann C. , Family Structure, Parental PercePtions and Child Labor in Kenya: What Factors Determine Who Is Enrolled in School? *Social Forces*, Vol. 78, 2000.

12. Caldwell J. C. Mass, Education as a Determinant of the Timing of Fertility Decline, *Population Development Review*, Vol. 6, No. 2, 1980.

13. Connelly R. , Z. Zheng, Determinants of School Enrollment and Completion of 10 to 18 Years Olds in China, *Economics of Education Review*, Vol. 22, 2003.

14. Csapo M. , Religious, Social and Economic Factors Hindering the Education of Girls in Northern Nigeria, *Comp. Educ.*, Vol. 17, 1981.

15. Deaton, A. , *The Analysis of Household Surveys*, Baltimore: The Johns Hopkins University Press for The World Bank, 1997.

16. CH Bledsoe, J. Casterline, J. Johnson – Kuhn, J. Haaga, *Critical Perspectives on Schooling and Fertility in the Developing World*, Washington D. C. Natl. Acad. Press, 1999.

17. Deolalikar A. B. , Gender Differences in the Returns to Schooling and in School Enrollment Rates in Indonesia, *Journal of Human Resources*, Vol. 28, 1993.

18. DeTray, D. , Government Policy, Household Behavior, and the Distribution of Schooling: A Case Study of Malaysia, Research in Population Economics, No. 6, 1988.

19. Downey D. B. , When bigger is not better: family size, parental resources, and children's educational performance, *American Sociological Review*, Vol. 60, 1995.

20. Eric Maurin, The Impact of Parental Income on Early Schooling Transitions A Re – examination on using Data over Three Generations, *Journal of Public Economics*, Vol. 85, 2002.

21. Filmer D. , Pritchett L. , The Effect of Household Wealth on Educa-

tional Attainment: Evidence from 35 Countries, *Population Development Review*, Vol. 25, 1999.

22. Fuller Bruce, and XiaoyanLiang, Which Girls Stay in School? The influence of Family Economy, Social Demands, and Ethnicity in South Africa, in C. H. Bledsoe, J. B. Casterline, J. A. Johnson – Kuhn and J. G. Haaga (eds.), *Critical Perspectives on Schooling and Fertility in the Developing World*, Washington D. C. : National Academy Press, 1999.

23. Fuller B. , Singer J. , Keiley M. , Why Do Daughters Leave School in Southern Africa? Family Economy and Mothers' Commitments, *Soc. Forces*, Vol. 74, 1995.

24. Glick p. , Sahn D. , Schooling of Girls and Boys in a West African Country: The Effects of Parental Education, Income and Household Structure, *Economics of Education Review*, Vol. 19, 2000.

25. Gomes M. , Family Size and Educational Attainment in Kenya, *Population Development Review*, Vol. 10, 1984.

26. Greenhalgh S. , Sexual Stratification: the Other Side of Growth with Equity in East Asia, *Population Development Review*, Vol. 11, 1985.

27. Hannum E. , *Opportunity Lost: Rural Children and Educational Opportunity in Reform era China*, Harvard University, Mimeo, 2000.

28. Hannum E. , Political Change and the Urban – Rural Gap in Education in China. 1949 – 1990, *Comparative Education Review*, Vol. 43, 1999a.

29. Hannum Emily, Poverty and Basic Education in Rural China: Villages, Households, and Girls' and Boys' Enrollment, *Comparative Education Review*, Vol. 47, No. 2, 2003.

30. Hashimoto K. , Health J. A. , Income Elasticities of Educational Expenditure by Income Class: the Case of Japanese Households, *Economics of Education Review*, Vol. 14, No. 1, 1995.

31. Hermalin A. I. , Seltzer J. A. , Lin C. H. , Transitions in the Effect

of Family Size on Female Education and Educational Attainment: the Case of Taiwan. Comparative, *Education Review*, Vol. 26, 1982.

32. Heyneman S. p., Influences on Academic achievement: A Comparison of Results from Uganda and more Industrialized Societies, *Social Education*, Vol. 49, 1976.

33. Hossain S. A., *Making An Equitable and Efficient Education: the Chinese Experience*, Mimeo, revised from China: Social Sector Expenditure Review, Washington D. C. : World Bank, 1996.

34. Houton S. E., Hafstrom J. L., Income Elasticities for Selected Consumption Categories: Comparison of Single Female – headed and Two-parent Families, *Home Economics Research Journal*, Vol. 13, 1985.

35. Jamison D., Van der Gaag J., Education and Earnings in the People's Republic of China, *Economics of Education Review*, Vol. 6, 1987.

36. John Knight, Song Lina, Increasing Wage in Equality in Transition: Efficiency versus Equity, *Economics of Transition*, 2001.

37. Karine S. Moe, *Women, Family, and Work*, Blackwell Publishing Ltd. , 2003.

38. King E. , M. A. Hill, *Women's Education in Developing Countries*, Baltimore, MD: John's Hopkins University Press, 1993.

39. King E. M. , Lillard L. A. , Education Policy and School Attainment in Malaysia and the Philippines, *Economic Education Review*, Vol. 6, 1987.

40. Knight, J. and L. Song, *Differences in Educational Access in Rural China*, Presented at the American Economics Association Annual Meeting. Boston, Massachusetts, USA. 7 – 9 January, 2000.

41. Knodel J. , G. W. Jones, Post – Cairo Population Policy: Does Promoting Girls' Schooling Miss the Mark? *Population and Development Review*, Vol. 22, 1996.

42. Knodel J. , Havanon N. , Sittitrai W. , Family Size and the Education

of Children in the Context of Rapid Fertility Decline, *Population Development Review*, Vol. 16, 1990.

43. L. Y. Yueh, St. Edmund Hall, *A model of Parental Investment in Children's Human Capital*, SKOPE Research Paper, 2001, No. 15.

44. Leibowitz A., Home Investment in Children, *Journal of Political Economy*, Vol. 82, No. 2, 1974.

45. Lin J., *Education in Post-Mao China*, Westport, CT: Praeger, 1993.

46. Lloyd, C. B., Blanc, A. K., Children's Schooling in Sub-Saharan Africa: the Role of Fathers, Mothers, and Others, *Population and Development Review*, Vol. 22, No. 2, 1996.

47. Lockheed M. E., Fuller B., Nyirongo R., Family Effects on Students, Achievement in Thailand and Malawi, *Socio. Educ*, Vol. 62, 1989.

48. Lopez – Acevedo, Gladys, Angel Salinas, *Marginal Willingness to Pay for Education and the Determinants of Enrollment in Mexico*, Working Papers No. 2405, World Bank, Washington D. C., 2000.

49. Mason Andrew, *Schooling Decisions, Basic Education, and the Poor in Rural Java*, Stanford University, 1995.

50. Montgomery M. R., Lloyd C. B., *Excess Fertility, Unintended Births and Children's Schooling*, Policy Res. Div. Work Pap. No. 100. New York: Population Council, 1997.

51. Mukhopadhyay, Sudhin, Adapting Household Behavior to Agricultural Technology in West Bengal, India: Wage Labor, Fertility, and Child Schooling Determinants, Economic Development and Cultural Change, Vol. 43, 1994.

52. Niles F. S., Social Class and Academic Achievement: A Third World Reinterpretation, *Comp. Educ. Rev.*, Vol. 25, 1981.

53. Papanek H., Class and Gender in Education – Employment Linkages, *Comparative Education Review*, Vol. 29, 1985.

54. Parish W. L. , Willis R. J. , Daughters, Education, and Family Budgets: Taiwan Experiences, *Journal of Human Resources*, Vol. 28, No. 4, 1993.

55. Patrinos H. A. , Psacharopoulos G. , Socioeconomic and Ethnic Determinants of Age Grade Distortion in Bolivian and Guatemalan Primary Schools, *Int. J. Educ. Dev.* , Vol. 16, 1996.

56. Philip H. Brown, Albert Park, Education and Poverty in Rural China, *Department of Economics*, 2001.

57. Plug Erik, Wim Vijverberg, *School, Family Background, and Adoption: Does Family Income matter?* IZA, 2001.

58. Pong S. L. , School Participation of Children from Single – mother Families in Malaysia, *Comparative Education Review*, Vol. 40, 1996.

59. Powell B. and Steelman L. C. , The Liability of Having Brothers: Paying for College and the Sex Composition of the Family, *Sociology of Education*, Vol. 62, 1989.

60. Rosenzweig M. R. et, T. p. Schultz, Market Opportunities, Genetic Endowments and Intrafamily Resource Distribution: Child Survival in Rural India, American Economic Review, Vol. 72, 1982.

61. Sandra J. Huston, The Household Expenditure Ratio: Exploring the Importance of Education, *Journal of the Family Economics and Resource Management division of AAFCS*, 1995.

62. Sathar Z. , Lloyd C. , *Who Gets Primary Schooling in Pakistan: Inequalities among and within Families*, Population Council Work Paper, Vol. 52, 1993.

63. Sawada, Yasuyuki, Michael Lokshin, *Household Schooling Decisions in Rural Pakistan*, Working Papers No. 2541, World Bank, Washington D. C. , 2000.

64. Schultz T. p. , *Investments in the Schooling and Health of Women and Men: Quantities and Returns in Investments in Women's Human Capital*, edited by T. p. Schultz, Chicago: University of Chicago

Press, 1995.

65. Shapiro David, B. Oleko Tambashe, Gender, Poverty, Family Structure, and Investments in Children's Education in Kinshasa, Congo, *Economics of Education Review*, Vol. 20, 2001.

66. Shavit Y. , H. p. Blossfeld, *Persistent Inequality: Changing Educational Attainment in Thirteen Countries*, Boulder: Westview Press, 1993.

67. Shavit Y. , Pierce J. L. , Sibship Size and Educational Attainment in Nuclear and Extended Families: Arabs and Jews in Israel, America, *Sociol. Rev.* , Vol. 56, 1991.

68. Shreeniwas S. , Family Size, Sex Composition and Children's Education: Ethnic Differentials over Development in Peninsular Malaysia, *Population Study*, Vol. 51, 1997.

69. Shreeniwas S. , Family Size, Sex Composition and Children's Education: Ethnic Differentials over Development in Peninsular Malaysia, *Population Study*, Vol. 51, 1997.

70. Stash S. , Hannum E. , Who Goes to School? Educational Stratification by Gender, Caste and Ethnicity in Nepal, *Comparative Education Review*, Vol. 45. , 2001.

71. Steelman L. C. , Powell B. , Acquiring Capital for College: the Constraints of Family Configuration, *Am. Sociol. Rev.* , Vol. 54, 1989.

72. Stromquist N. p. , Determinants of Educational Participation and Achievement of Women in the Third World: A Review of the Evidence and a Theoretical Critique, *Review of Educational Research*, Vol. 59, 1989.

73. Tansel Aysit, *Determinants of School Attainment of Boys and Girls in Turkey*, *Economic Growth Center*, Yale University, 1998.

74. Tansel Aysit, Schooling Attainment, Parental Education and Gender in Coted' Ivoire and Ghana, *Economic Development and Cultural Change*, 1997.

75. Treiman D. J. , *Industralization and Social Stratification*, In Social Stratification：Research and Theory for the 1970s, edited by E. O. Laumann, Indianapolis. IN：Bobbs – Merrill. 1970.

76. World Bank, *China：Strategies for Reducing Poverty in the* 1990s, Washington D. C. , 1992.

77. Zheng Z. , R. Niu and L. Xing, Determinants of Primary and Middle School Enrollment of 10 – 18 Year Olds in China, *Population and Economics*, Vol. 131, 2002.

78. L. Y. Yueh, St Edmund Hall, *A Model of Parental Investment in Children's Human Capital*, SKOPE Research Paper, 2001.

79. 陈凤娟：《关于"高考移民"国际化的理性思考》,《教育测量与评价》（理论版）2009 年第 5 期。

80. 陈江：《北京市城镇居民家庭教育投资的变动分析》,《商场现代化》2009 年第 7 期。

81. 陈金梅、王群松：《家庭教育投资的非理性化探析》,《当代教育论坛》2007 年第 7 期。

82. 陈青松、蒋玉：《农村高三学生心理卫生状况调查》,《健康心理学杂志》2000 年第 6 期。

83. 陈荣：《农村家庭高等教育需求的质性研究——以东部地区的一个家庭为例》,硕士学位论文,青海师范大学,2013 年。

84. 陈晓展、冯晓彤：《高考复读热的背后》,《瞭望》2007 年第 34 期。

85. 陈益林、韦宁：《复读现象剖析及对策》,《教学与管理》2008 年第 10 期。

86. 陈友华、虞沈冠：《八十年代中国两性平均初婚年龄研究》,《南方人口》1993 年第 4 期。

87. 陈友华：《中国女性初婚、初育年龄变动的基本情况及其分析》,《中国人口科学》1991 年第 5 期。

88. ［美］大卫·理斯：《孤独的人群》,王昆、朱虹译,南京大学出版社 2002 年版。

89. 邓建生:《关于"复读生"现状的分析及理论思考——兼评"复读是对教育资源的一种浪费"》,《青年研究》2002 年第 4 期。

90. 丁小浩:《对中国高等院校不同学生群体的调查报告》,人民教育出版社 2005 年版。

91. 杜堂、任丽莉、刘守义:《农村家庭子女数量对农村家庭教育投入影响的研究》,《安徽农业科学》2009 年第 24 期。

92. 段雪倩:《高等教育需求及专业选择中的性别差异及影响因素分析》,《当代职业教育》2015 年第 3 期。

93. 樊本富:《社会学视角下的"高考移民"问题》,《教育与考试》2007 年第 3 期。

94. 范国睿:《论教育资源浪费及对教育生态系统发展的影响》,《河北师范大学学报》(教育科学版) 1998 年第 1 期。

95. 方光宝:《高考复读热的原因及影响分析》,《科技信息》2009 年第 13 期。

96. 封永昌、丁林:《174 例高考复读生考前心理健康状况调查》,《中国健康心理学杂志》2007 年第 5 期。

97. 符太胜、王培芳:《从高考复读生群体的主体视角透视高考改革:问题及方向》,《现代教育管理》2010 年第 6 期。

98. 傅泉胜:《社会正义与高考移民》,《中央社会主义学院学报》2006 年第 1 期。

99. 耿俊峰:《"高考移民"问题探析及治理对策》,硕士学位论文,西南政法大学,2009 年。

100. 龚继红、钟涨宝:《农村家庭子女数量对家庭教育投资行为影响的实证研究——基于湖北省随州市农村家庭的调查》,《经济师》2006 年第 8 期。

101. 龚继红、钟涨宝:《农村家庭子女性别结构对家庭教育投资行为的影响——湖北省随州市农村家庭的调查》,《青年研究》2005 年第 3 期。

102. 古光启:《当代中国"高考移民"问题的政策取向研究》,《天津师范大学学报》(基础教育版) 2010 年第 2 期。

103. 郭书君、米红：《我国高等教育规模与城市化互动发展的实证研究》，《现代大学教育》2005 年第 5 期。

104. 郭维明：《20 世纪 90 年代我国婚育模式的初步分析》，《人口学刊》2003 年第 5 期。

105. 国家统计局：《中国统计年鉴》，中国统计出版社 2010 年版。

106. 韩欣欣：《私权利之视角下的高考移民现象》，《河北师范大学学报》（教育科学版）2006 年第 5 期。

107. 何更生：《家庭教育投资行为的动机分析》，《教育与经济》1999 年第 4 期。

108. 何志方：《城市化在高等教育规模发展中的作用》，《城市发展研究》2001 年第 4 期。

109. 何志方：《高等教育规模与城市化联动发展的国际经验》，《比较教育研究》2001 年第 9 期。

110. 洪恺、李克强、周亚家：《家庭教育投资的动机与行为分析》，《北京师范大学学报》（自然科学版）2008 年第 10 期。

111. 侯慧、陈亮：《对"高分复读"热的冷思考》，《湘潮》2007 年第 10 期。

112. 胡芳日：《我国家庭教育投资偏好形成及其影响》，《企业家天地》2006 年第 12 期。

113. 胡晖：《家庭教育投资数量规律的国际比较研究》，《比较教育研究》1998 年第 3 期。

114. 胡秀锦：《农民工随迁子女高考升学政策思考——基于上海的研究》，《教育发展研究》2011 年第 3 期。

115. 黄乾：《孩子质量数量替代与持续低生育率》，《人口学刊》1999 年第 3 期。

116. 黄庆峰：《"高考移民"及其背后的制度原因探讨》，硕士学位论文，中国政法大学，2006 年。

117. 黄蓉：《近十年海南封堵高考移民相关政策浅析》，《内蒙古师范大学学报》（教育科学版）2009 年第 6 期。

118. 黄伟：《高考复读之风为何盛行不衰》，《中国教育报》2010 年

11 月 10 日。

119. 黄信恒:《"高考移民"政策分析》,《现代商贸工业》2009 年第 9 期。

120. [美]加里·S. 贝克尔:《人类行为的经济分析》,上海人民出版社 1993 年版。

121. 姜传松:《高考供求均衡问题探析——"高考移民"的视角》,《高教探索》2008 年第 2 期。

122. 姜世健:《高考移民现象的成因分析》,《教育发展研究》2008 年第 17 期。

123. 焦巍巍、王祯昌:《北京市居民家庭教育投资分析》,《商场现代化》2009 年第 12 期。

124. 教育部基础教育司:《新编基础教育文件汇编(1999—2003)》,北方交通大学出版社 2003 年版。

125. 金玫:《对"高考移民"现象的思考》,《科技文汇》2010 年第 20 期。

126. 孔凡东:《高分复读的理性化思考》,《辽宁行政学院学报》2007 年第 7 期。

127. 孔慧:《贫困地区妇女地位对农村家庭教育投资影响的实证研究——以云南省梁河县为例》,硕士学位论文,云南师范大学,2008 年。

128. 赖德胜、郑勤华:《当代中国的城市化与教育发展》,《北京师范大学学报》(人文社会科学版)2005 年第 5 期。

129. 赖志琼、吴中宇:《"高考移民"现象分析》,《当代青年研究》2003 年第 4 期。

130. 兰军:《关于家庭教育投资的理性思考》,《统计与决策》2002 年第 8 期。

131. 刘慧:《我国家庭教育投资行为分析》,硕士学位论文,首都师范大学,2009 年。

132. 雷宇、袁于飞、陈红艳:《高考复读深陷应试怪圈为哪般》,《中国改革报》2008 年 8 月 6 日。

133. 雷宇：《应届生几成弱势群体》，《中国青年报》2007 年 8 月
　　　5 日。

134. 李爱良：《"高考移民"的利益博弈》，《中国教育学刊》2006
　　　年第 4 期。

135. 李国经：《我国妇女平均生育年龄动态分析（1960—1981
　　　年)》，《人口学刊》1988 年第 6 期。

136. 李红伟：《中国城镇居民家庭教育消费实证研究》，《教育与经
　　　济》2000 年第 4 期。

137. 李宏：《农村家庭人力资本投资：基于现状与基本模型的框架
　　　分析》，《新疆财经》2006 年第 1 期。

138. 李立荣、林荣日：《上海居民家庭教育投资行为的调查》，《上
　　　海教育科研》2009 年第 7 期。

139. 李立荣：《上海城乡居民家庭教育投资行为实证研究》，硕士学
　　　位论文，复旦大学，2009 年。

140. 李凌燕、黄民、陈涵：《高考复读的变化趋势及其规范化管理
　　　研究》，《文教资料》2014 年第 4 期。

141. 李旻、赵连阁、谭洪波：《农村地区家庭教育投资的影响因素
　　　分析——以河北省承德市为例》，《农业技术经济》2006 年第
　　　5 期。

142. 李鹏举：《关于当前普通高中复读现状的思考》，《中国建设教
　　　育》2007 年第 2 期。

143. 李若衡、陈志霞：《封堵"高考移民"的社会学思考》，《湖北
　　　社会科学》2006 年第 1 期。

144. 李小运：《"高考移民"现象的成因及出路——以西藏为例》，
　　　《教育发展研究》2006 年第 8 期。

145. 李著、林毅夫、姚洋：《信贷约束、土地和不发达地区农户子
　　　女教育投资》，《中国人口科学》2006 年第 6 期。

146. 联盟中国网：《教育部部长周济：公办高中明年起禁办复读
　　　班》，2007 年 8 月 5 日，http：//union. china. com. cn/jxnews/
　　　txt/2007 -08/05/content_ 1709126. htm。

147. 林安春：《文化传播对家庭教育投入的影响》，《新闻爱好者》2009 年第 6 期。

148. 刘福才：《供求失衡：高考复读政策的实施困境》，《中国教师》2014 年第 1 期。

149. 刘衡：《大众化发展阶段"高考移民"现象长期存在的合理性分析》，《当代教育论坛》2008 年第 4 期。

150. 刘建：《"高考移民"何时休——基于我国"高考移民"现象的理性思考》，《教育测量与评价》（理论版）2008 年第 11 期。

151. 刘魁、高慧君：《"高考移民"现象的社会学分析》，《教育学术月刊》2010 年第 11 期。

152. 刘立国：《基于复读生的现状调查及理论分析》，《出国与就业》（就业版）2011 年第 3 期。

153. 刘爽：《中国的出生性别比与性别偏好》，社会科学文献出版社2009 年版。

154. 刘守义、刘佳君：《农村家庭子女数量对家庭教育投资目的与期望的影响研究》，《河北北方学院学报》（社会科学版）2010年第 1 期。

155. 刘守义、任丽莉、韩惠鹏：《农村家庭子女性别结构对家庭教育投资行为影响的研究》，《教育经济》2008 年第 35 期。

156. 刘守义：《农村家庭母亲文化程度对家庭教育投资影响的研究》，《河北北方学院学报》（社会科学版）2009 年第 2 期。

157. 刘守义等：《农村家庭经济状况对家庭教育投资行为影响的研究》，《会计之友》2009 年第 1 期。

158. 刘婷、尧新瑜：《高中生"高分复读"的原因及对策》，《教育理论及实践》2010 年第 11 期。

159. 刘运华：《从"高考移民"现象引发对教育公平的思考》，《内蒙古电大学刊》2008 年第 8 期。

160. 刘文晓：《高等教育需求影响因素的国内外比较研究——兼论劳动力市场的信号功能"悖论"》，《煤炭高等教育》2015 年第 2 期。

161. 刘祖强：《"高考移民"反思：一种教育失范的社会制度分析》，《当代教育论坛》2006 年第 7 期。

162. 柳建云、高鹤涛：《"中国高校扩招之父"：我不后悔谏言大学扩招》，《广州日报》2007 年 8 月 27 日。

163. 栾俪云：《城镇居民家庭教育投资趋向探析》，《教育与经济》2001 年第 2 期。

164. 马瑾莹：《高考复读问题研究综述》，《河南职业技术师范学院学报》（职业教育版）2008 年第 3 期。

165. 马岩茹：《对"高考移民"问题的法理思考》，《法制与社会》2009 年第 11 期。

166. ［英格兰］麦迪森：《世界经济二百年回顾》，李德伟、盖建玲译，改革出版社 1997 年版。

167. 毛磊：《不惜血本的家庭教育投入令人忧》，《中国改革报》2007 年 2 月 5 日。

168. 米红、徐益能：《高考复读：中国教育的沉重话题》，《学习月刊》2006 年第 8 期。

169. 苗宁礼：《高考移民问题的基本分析及解决思路》，《菏泽学院学报》2006 年第 6 期。

170. 潘彩霞：《高等教育公平视角下应对"高考移民"现象的路径选择》，《中国成人教育》2010 年第 7 期。

171. 潘俊峰：《关于高考复读生增多的思考及对策》，《黑龙江教育学院学报》2004 年第 5 期。

172. 彭春妹、罗润生、王孟成：《高三复读生心理健康状况及主要影响因素研究》，《江西教育科研》2006 年第 10 期。

173. 彭霞：《我国高等教育需求的主体差异性》，《学园》（教育科研）2013 年第 4 期。

174. 彭秀丽：《"高考移民"现象的成因及其对策》，《现代教育科学》2005 年第 3 期。

175. 丘兆逸：《浅析不确定性条件下家庭教育投资的风险》，《广西师范学院学报》（哲学社会科学版）2004 年第 1 期。

176. 任丽莉、李凤云、刘守义：《农村家庭子女数量对家庭教育投入及投资选择影响的研究》，《安徽农业科学》2009 年第 26 期。

177. 邵云娜：《"高考移民"的教育社会学分析》，《教学与管理》2008 年第 1 期。

178. 孙彩虹：《重庆市中小学生家庭教育消费支出差异分析》，《重庆工商大学学报》（西部经济论坛）2003 年第 1 期。

179. 孙冬梅：《"高考移民"现象的公共政策思考》，《知识经济》2011 年第 7 期。

180. 孙平：《"高考移民"现象与教育平等权问题的法学思考》，《教育考试》2011 年第 1 期。

181. 孙欣：《白居易也是"高考移民"》，《国学》2008 年第 12 期。

182. 孙志军、杜育红：《农村居民的教育水平及其对收入的影响——来自内蒙古赤峰市的证据》，《教育与经济》2004 年第 1 期。

183. 陶磊：《高中生高等教育需求实证研究——以深圳市 BH 中学为例》，硕士学位论文，华中师范大学，2012 年。

184. 谭琳：《试论女性人口教育状态对婚育状态的影响》，《人口与经济》1992 年第 5 期。

185. 谭秀森、孙兆风：《论高考移民与教育机会均等》，《当代教育科学》2006 年第 23 期。

186. 汤胤：《浙江省民办高等教育需求研究》，硕士学位论文，浙江工业大学，2013 年。

187. 唐国锋、徐梅：《高考"高分复读"现象分析及学习建议》，《教学与管理》2004 年第 7 期。

188. 唐丽静：《经济学视角下的"高考移民"现象》，《现代教育科学》2008 年第 2 期。

189. 滕朝阳：《"高考移民"的体制性基础》，《瞭望新闻周刊》2003 年第 18 期。

190. 田虎：《我国高考复读群体的现状分析与发展趋势》，《上海教育科研》2009 年第 1 期。

191. 田虎：《我国高考复读现象透视》，《教育发展研究》2007 年第
21 期。

192. 王冲：《关注高考复读生》，《中国教育报》2003 年 8 月 5 日。

193. 王刚：《高考移民：从哪里来，到哪里去?》，《中小学管理》
2005 年第 5 期。

194. 王怀章、朱晓燕：《高考移民现象的再认识——从分配公正的
视角》，《黑龙江教育学院学报》2005 年第 6 期。

195. 王锴、谭才锋：《试论高考复读现象存在的合理性及其局限
性》，《教学与管理》2014 年第 6 期。

196. 王学海：《浅析西部地区出现的"高考移民"现象》，《西藏民
族学院学报》（哲学社会科学版）2004 年第 3 期。

197. 王燕：《"高考移民"现象的博弈分析》，硕士学位论文，华南
师范大学，2007 年。

198. 王远伟、朱苏飞：《中国城镇居民家庭教育投入的状况和特
征》，《教育与经济》2009 年第 4 期。

199. 王远伟：《个人家庭教育投入及其社会影响的国际比较研究》，
《比较教育研究》2010 年第 6 期。

200. 王远伟：《中国个人教育投入的总量与结构的最新变化研究》，
《2007 年中国教育经济学年会会议论文集》，2007 年。

201. 王仲：《结婚年龄之制约性条件研究——平均初婚年龄为什么
推迟了》，《西北人口》2010 年第 1 期。

202. 韦芳：《民族地区中学生高等教育需求地域性差异比较研
究——以云南省红河州为例》，硕士学位论文，云南大学，
2012 年。

203. 吴颢、肖蓉：《高考复读生生存质量及其影响因素研究》，《中
国健康心理学杂志》2010 年第 10 期。

204. 吴晟：《现代家庭教育投资问题的分析与对策》，《湖南广播电
视大学学报》2006 年第 4 期。

205. 吴银涛：《城市新移民家庭教育影响因素探索——以成都市部
分流动家庭的亲子关系为例》，《成都大学学报》（人文社会科

学版）2007 年第 1 期。

206. 肖娟群、王彦民：《"高考移民"国际化与教育公平问题》，《教育与考试》2007 年第 1 期。

207. 谢秀英：《"高考移民"政策限制的合理性分析》，《陕西青年管理干部学院学报》2007 年第 1 期。

208. 新华社：《高考复读市场：繁盛得让人难以接受》，《新华每日电讯》2007 年 8 月 18 日。

209. 许涤新：《当代中国的人口》，中国社会科学出版社 1988 年版。

210. 闫敏姣、王之希：《当前高考移民现象的成因及解决对策——基于价值层面的思考》，《东方企业文化》2010 年第 6 期。

211. 闵琪、伊淑彪：《异地高考与税感：高等教育需求的地区差异性分析》，《江苏高教》2013 年第 3 期。

212. 杨高安：《抚州市普通高考复读行为调查研究》，硕士学位论文，江西师范大学，2005 年。

213. 杨利平、宋元梁：《西部农村家庭教育投资意愿影响因素的 Logistic 分析——以陕西省为例》，《农业技术经济》2007 年第 5 期。

214. 杨润勇：《农村地区"高中复读"现象的新特点及其产生的根源：政策分析的视角》，《当代教育科学》2006 年第 18 期。

215. 杨淑娥：《"高考移民"现象研究——高考录取制度地区差异问题归因分析及解决策略思考》，硕士学位论文，西南大学，2006 年。

216. 杨学为：《高考文献（1977—1999）》，高等教育出版社 2003 年版，第 183 页。

217. 杨业兵、刘芳娥、马骏等：《高三学生心理健康状况调查分析》，《健康心理学杂志》2003 年第 5 期。

218. 叶文振：《论孩子的教育费用及其决定因素》，《统计研究》1999 年第 5 期。

219. 殷红霞：《西部地区农户家庭教育投资与收入变动关系的调查分析——以陕西关中地区为例》，《教育科学》2007 年第 5 期。

220. 尹勤：《女性人口文化程度对其婚育状况的影响探析》，《南京人口管理干部学院学报》1998 年第 4 期。

221. 于时语：《美国的名校竞争和"高考移民"》，《南风窗》2006 年第 2 期。

222. 余欣欣、肖庆延：《高中复读生心理健康状况及其对策》，《桂林师范高等专科学校学报》2003 年第 12 期。

223. 喻柔涓：《高考复读生的社会支持网——基于江苏省南通市 150 例在读高复生调查的研究报告》，《教育学报》2008 年第 5 期。

224. 曾毅：《利用普查数据估算平均初婚年龄与平均初婚初育间隔的方法及其在"四普"资料分析中的应用》，《人口与经济》1992 年第 3 期。

225. 曾毅：《逐步提高平均生育年龄对我国人口发展的影响》，《人口与经济》1991 年第 5 期。

226. 张蓓、李芬、邬远和：《"高考移民"的失规和规范》，《中国青年研究》2004 年第 9 期。

227. 张辉：《我国城镇居民家庭教育投资利他动机研究与实证分析》，《未来与发展》2009 年第 4 期。

228. 张继明、闫月娇：《为"高考移民"辩》，《学习月刊》2008 年第 6 期。

229. 张继明：《慎行复读：关于复读的冷思考》，《教学与管理》2008 年第 1 期。

230. 张俊浦：《甘肃农村家庭教育投资状况报告》，《青年研究》2007 年第 1 期。

231. 张俊浦、李燕琴：《西北农村家庭教育投资影响因素分析——以甘肃农村为例》，《河西学院学报》2008 年第 3 期。

232. 张克新、朱成科：《关于我国高考复读现象之"繁荣"的思考》，《当代教育论坛》2007 年第 6 期。

233. 张学强、张建伟：《明清"冒籍跨考"现象探析——兼论对解决当代"高考移民"问题的启示》，《高等教育研究》2007 年第 5 期。

234. 张艳华：《农村人力资本投资的影响因素分析》，《中国劳动关系学院学报》2007 年第 6 期。

235. 赵士谦、康翠萍：《高等教育与城市化进程关系辨析》，《沈阳师范大学学报》（社会科学版）2007 年第 2 期。

236. 郑德威、唐上洁：《家庭教育支出和学生在校教育成本的个案调查》，《钦州学院学报》2008 年第 3 期。

237. 郑玉、汤宇梅：《家庭教育投资的盲目性及原因探析》，《当代教育论坛》2007 年第 9 期。

238. 周绣阳：《由"高考移民"现象引起的高考过程中教育不公思考》，《东方企业文化》2010 年第 10 期。

239. 朱剑：《高校扩招何以实施——基于"资源稀释模型"的解释》，《中国高教研究》2011 年第 4 期。

240. 宗利永、孙绍荣：《家庭教育投资行为误区与决策认知偏差》，《成人教育》2007 年第 7 期。

241. 邹小芃、杨莹、钱英：《影响家庭教育投资收益的因素：来自中国的实证数据》，《浙江统计》2007 年第 6 期。